U0580816

数字化引擎

DIGITAL BUSINESS ENGINE

龙典 赵昌明 付圣强 著

中信出版集团 | 北京

图书在版编目（CIP）数据

数字化引擎 / 龙典，赵昌明，付圣强著 . -- 北京：
中信出版社，2021.6
ISBN 978-7-5217-2783-8

Ⅰ. ① 数… Ⅱ. ① 龙… ② 赵… ③ 付… Ⅲ . ① 数字技
术—应用—企业管理 Ⅳ . ① F272.7

中国版本图书馆 CIP 数据核字（2021）第 026940 号

数字化引擎

著　者：龙　典　赵昌明　付圣强
出版发行：中信出版集团股份有限公司
　　　　　（北京市朝阳区惠新东街甲 4 号富盛大厦 2 座　邮编　100029）
承 印 者：北京瑞禾彩色印刷有限公司

开　　本：880mm×1230mm　1/32　　印　张：9.75　　字　数：186 千字
版　　次：2021 年 6 月第 1 版　　　　印　次：2021 年 6 月第 1 次印刷
书　　号：ISBN 978-7-5217-2783-8
定　　价：69.00 元

版权所有·侵权必究
如有印刷、装订问题，本公司负责调换。
服务热线：400-600-8099
投稿邮箱：author@citicpub.com

推荐序
不落地，数字大爆炸只会炸伤自己

美国麻省理工学院教授兼媒体实验室主任尼古拉·尼葛洛庞帝在20世纪提出了"数字化生存"的概念，短短20多年时间，"数字化"已经从概念变为真正的数字镜像和孪生，并成为当今和未来社会的核心驱动力。

这20多年来，无论是供给侧还是需求侧，大部分的商业要素都被数字化深入骨髓地重新塑造了。新世纪的第一个10年，我们对互联网和数字化亦步亦趋地跟进与学习；最近的这10多年，移动互联网和数字化已经成为中国"弯道超车"欧美国家的真正底层动力。

通过不断地对各个阶层的人赋权，数字化不仅让一个工业化程度并不高的国家找到了自己发展的独特路径和内在驱动，它同时也深刻再造了今天的中国商业世界。无数后起之秀让改革开放后的很多中坚企业家逐渐让出了权柄，甚至让更多名不见经传的"普罗大众"有机会超越阶层，成为当今社会的中流砥柱。所以，在今天我们甚至可以说，数字即权力，数字即资产，数字即燃料，数字即引擎。

重要的现实是，数字化变革进入真正的深水区，灵长类数据和机器智能、大众智能结合在一起，一种新的数字化组织形式也应运而生。平台化组织利用移动互联及量子计算算力，让众人之力有了实时汇聚之所。大众和平台之间涌现了一种新的数字化智能，中国可以说是这种平台智能企业最为勃发之地，阿里、腾讯、字节跳动、美团、拼多多更是在大数据与机器智能的帮助下迅猛发展。平台型组织将借由机器智能日益增长的运算能力与大量实时更新的信息流，连接资源方与需求方，提炼有效的数据，重新定义具体且有先见性的场景，汇集更多的力量，获取更大的权力，推动与改变世界。这一切"新浪潮"，由不得你置之不理。正所谓，沉舟侧畔千帆过，病树前头万木春！

然而，现在的困境是，许多大型企业在面临这些全新的权力、资产、燃料和引擎时，无所适从。在被动应对的情形下，企业的经营陷入一种如鲠在喉、如芒在背、如坐针毡的艰难境地。

我们不妨一起回溯一下1997年全球市值最高的5家公司：通用、可口可乐、日本电报电话、埃克森美孚石油、微软。我们再来看一下2007年全球市值排名前5位的公司：埃克森美孚、通用、微软、壳牌石油、中国石油。最后，我们再来看看2017年全球市值排名前5位的公司：苹果公司、Alphabet、微软、亚马逊、脸书（Facebook）。这个变革中最重要的驱动力就是"数字化"。换句话说，这个榜单就是数字化的资产和权力更迭之后的结果。像通用、可口可乐、日本电报电话、美孚石油等工业化引擎驱动的公司，至今已经无一例外地跌出五强，更有甚者，通用在2008年金融危机时还一度陷入破产保护的窘境。

真正残酷的其实还不是那些尾大不掉的大企业，而是各类传统的中大型企业，它们不上不下、不大不小、不快不慢……在数字化转型的挑战面前，它们是不得不做，甚至是面临"不做会死"的艰难抉择。

我们都知道，真正的大企业家底雄厚，在转型过程中也有足够的资金和时间来试错，它们一边亦步亦趋地落地数字化转型，一边等待在社会数字基础设施的深刻转型之后，数字动能对大企业的反向驱动。经过这个阶段，即便沦为中流企业，它们也至少是"瘦死的骆驼比马大"，至少它们翻身的机会要远比大部分新创企业和中小企业大。

所以，真正迫切需要把数字化力量和转型落地的是所有中型、中大型企业。因为我们不难看到，很多传统的中大型企业在资本市场中的竞争力真可谓寥寥无几，一些企业即便净利润很高，其市值也很低，甚至会出现营收比市值高很多的情况。这就是典型的数字化引擎没有被点燃的基本症候。

还有一类企业，这些年虽然在移动互联网时代创业，但是做得也很传统，还是靠传统渠道和商业模式驱动，虽然收入增长也非常可观，但其依然属于传统企业中的新创企业。它们陷在更大的尴尬之中——从其规模和增速看，有可能是明日之星，但从其底层驱动力看，又毫无未来空间。

以上这两类企业，在此之前大多曾经向各类战略及管理咨询公司求助，它们希望从外部寻求力量来解决自身的数字化转型问题。但是，据我所知，那些全球顶级的战略和管理咨询公司如今自身也都陷入了转型困境。

一方面，它们过去的很多优势和能力都是在工业企业基础上积累而来的，或者说，商业咨询的底层认知是经过商学院高度概括和抽象的第一性原理。咨询实践虽然也有大量成功案例的积累，但实际情况是，旧的工业化认知解决不了新的数字化问题。

另一方面，关于全球基于数字化生态的共性商业认知，只在企业个体实践层面有一些个案输出，比如谷歌、脸书、奈飞（Netflix）、亚马逊、特斯拉、优步（Uber），这类数字化基因公司都有自己的战略和管理新方案。但是，它们的认知都还不足以成为一种普遍适用的规律性认知。这就让目前的主流商业咨询公司陷入一种工具匮乏的"空窗"陷阱：如果使用新的不成熟工具，很多时候普遍适用性很弱，效果不好；如果使用旧的成熟工具，效果甚微。所以，外部咨询只有在商业认知成为通行工具的阶段，才能大规模地成为商业模式并助力企业走出因为格局缺陷而带来的经营困境。咨询在本质上很难解决企业基因和转型的重大问题。

所以，不能落地的数字化"大爆炸"，实际上是劳民伤财的

"自残"。这是一个非常残酷的现实——企业花了无数精力、财力和时间，甚至牺牲了很多人才，最后仍然在原地打转。

那么，这两类企业如何找到真正可行的数字化转型落地方案呢？我从这本书中看到了一种真正"有种"的数字化转型落地方案。

我暂且可以把这种方式称为"沉浸式"咨询，他们三位年轻的战略转型践行者在过去的商业实践里已经用这种方式帮助过很多企业实现了真正的数字化转型。那么，如果你想知道具体是怎么做到的，就请你花点儿时间，读完这本《数字化引擎》，我相信你能从中找到真正的行动方案。

而且，有趣的是，这本书可能是出版史上第一部用数字化思维策划和创作的作品，因为你通过阅读产生的"数字化积分"将作为你转型新动力的入口，也欢迎你一起加入这场代表真正转型的"新数字实验"。

转型的智慧和方案不在过去，也不在将来，就在你的认知变革之中。相信这本书，会带给你想要的认知变革。

卢俊

原中信出版集团常务副总裁，副总编辑兼COO

序1
打造数字化引擎，构建"数据矿场"

在这世界上，那些少数能掌握先进技术力量的人更容易胜出。

经济学家陈志武在《十三邀》中说：

"每次技术进步都导致了财富差距的恶化，一项新技术发明出现了，有的人根本就不会去学这项新技术，而另外一些人，即使学了，也不能够把这项新技术带来的潜力挖掘出来，而越往前走，就越使得人类每100个人里面，能够创造最多财富的人的比例越来越低。"

如今，这种进步的力量就是数字化。

通过思考和实践，我个人对"数字化"的认知是：**数字化是一个将过往数十年人类对科技的创新和想象进行大融合且落地应用的过程**。数字化与信息化最大的不同在于，数字化将彻底改造我们所处的物理世界，带领人类进入一个前所未有的数字时代。

美国前副总统艾伯特·戈尔，于1998年1月在加利福尼亚科学中心开幕典礼上首次提出"数字地球"的概念。简单来讲，就是未来人类通过数字化技术将物理世界完整地镜像到计算机网络中。

22年过去了，技术的进步使得这种原本在科幻电影中才存在的场景不再是一种"幻想"，小到家里的智能马桶，大到遨游太空的载人飞船，从5G手机的快速普及到星链（Starlink）卫星互联网即将遍布全球，一部小小手机的运算能力已远超曾经三间房大小的计算机。全球化贸易、数字经济、太空经济……人类正在用超强的创造力构建一部大多数人无法想象的数字史诗。

数字化是人类文明进程中不可逆转的鸿篇巨制，信息化与互联网是这宏大叙事中短暂而又辉煌的序章，我们已经迎来了史无前例的数字化变革。

数字化变革关乎未来世界格局与国家命运，它将再一次彻底地改变我们所处的世界。正如工业革命之于农业时代，又如信息革命之于工业时代的剧烈变迁。

当然，它也关乎商业领域乃至每一个个体的命运。如果说互联网彻底改变了我们的生活方式，那么数字化将彻底改变我们的"生存方式"。数字化升级的号角已经吹响，未来是属于懂科技的传统企业的。

本书希望通过通俗易懂的方式，将"数字化"描述得不那么"技术思维"，让更多传统实体产业的朋友们能理解相关内容。为了能更好地深入研究和推进更多传统企业的数字化升级，本书的三位作者倡议并发起了数字化升级研究机构：新数字（DIGINEW）①。我们会将新数字社群作为本书后续不断完善的阵地，邀约和整合更多专家，共同推动传统企业的数字化升级。

这或许是第一本揭示数字化战略与新基建对商业影响的系统性指南。对传统产业而言，数字化与新基建带来的不仅是机遇，更多的是挑战。帮助读者从看客或过客的角色转变为数字化时代的创造者与推动者，并领先其他竞争者，优先享受未来30年的数字化红利，是本书出版的最大契机。

数字化是当今商业领域不可回避的话题，如何做好数字化升级则众说纷纭。信息化、互联网、数字化究竟是什么关系？它们又有何区别？本书将围绕"数字化升级"这一核心主题，从全局出发，

---

① 新数字（DIGINEW）是本书三位作者共同成立的"数字化升级研究机构"。

构建一幅系统性的数字化升级全景图。

数字化升级绝不是对某个技术或工具的应用，只有从战略层出发，企业才能完成数字化的全局升级，"一体化"是数字化升级的核心。

构建"数字化引擎"是数字化升级的核心工具。数字化引擎需要用数字化思维和技术，对企业的战略、组织、产品、供应链、营销、渠道、资产7个部分进行打通、贯穿，使其无缝衔接。

在数字经济时代，每一个企业都应该着手构建自己的"数据矿场"。一体化、系统性的数字化战略是"数据矿场"构建的基础，"数据矿场"的开采需要企业在思维层面具备"开放式接口"，在技术层面具备"数字化架构"。

读到这里读者或许会问，数字化最终带给企业什么价值？最直观的答案是：企业生意的增长。如果进一步去看，数字化是进入数字经济时代的"钥匙"，而数字经济最大的价值载体是"数字资产"。在数字经济时代，无论个体，还是企业或组织，都将拥有自己的"数字资产"，数字化镜像的结果是将物理世界的一切行为、信用、资产数字化。企业只有真正形成系统性的数字化战略，才能将自己的"数据矿场"面向全社会，最终沉淀和积累属于数字时代最重要的价值——"数字资产"。

本书是基于数字化思维的"新物种"，是一本"活着"的书。希望本书能够通过数字化的方式，与读者产生深度连接并带来脑洞大开的新玩法。希望未来能够有更多人的智慧参与其中，对数字化商业做持续性的完善。

在这里，我们也邀请更多的原生数字化团队与传统企业加入"新数字创新智库"，来共建一个有影响力的数字化战略智库及社群。我们还计划推出"新数字实验室"，邀您一起开启数字化商业与数字经济的新篇章。

龙典（王俊）

序2
为什么本书值得一读

作为新作者,最害怕辜负了读者的期待与时间。因此,我们竭尽所能对本书的内容及知识密度进行了详尽的设计。在此,我且当个导游带领读者把全书"路线"和"景点"走一遍。

首先是阅读体验,我们的写作期望是做出一本大多数人能读懂而又不失精髓的关于数字化的书。在关键概念的诠释上我们并没有照搬学术名词,而是给读者明确的阅读承诺:

能看懂葫芦娃漫画,就能读懂数字化。

这样看似怪诞的比喻并非博人眼球之举,而是对一个难题极为具体的解答。因为根据我们的了解,绝大多数企业都无法正确理解信息化与数字化的关系,在已经部署了传统ICT(信息及通信技术)项目的企业内更是如此。5G、大数据、云计算是否算传统ICT的延伸(也有人直接称其为"新ICT")?企业是否一直在进行数字化?数字化到底是什么?问题重重。因此,我们用"葫芦兄弟"比喻数字化时代的基础设施5ABCDIR——5G、AI、区块链、云计算、大数据、物联网、机器人。严格来说,企业部署这些单个项目的集合并不能称作全面数字化,只有当它们像葫芦兄弟组合成金刚葫芦娃之后,即数字化镜像完成,才能称作真正的数字化。

本书的主体结构由数字化时代、数字化思维、数字化组织、数字化创新等部分组成。本书并不追求结构上的精确及板块上的严密，这主要出于两方面的考虑：一是碍于结构庞大的信息量，我们并不能简单地将其打造为一本数字化转型工具书——将阅读目标指向明确的行动；二是在数字化商业理论及学术研究领域，已有的著作能更好地完成这样的目标，读者需要在此之前有所取舍。

本书的开篇是数字化时代章节，主要从宏观角度剖析了历史上几次技术革命的演进过程，并站在2020年的时间点上，从国外看到国内，从政府决策看到企业动向，再聚焦到某个个体生活场景，完整展现了一幅数字化时代正在到来的广阔图景，从而传递给读者这样一种信息：**纵观历史，新趋势、新时代的到来并非一蹴而就，但也不是遥不可及，在许多我们不曾关注的领域，早已有了数字化商业的身影。**

而对中国的每个企业而言，数字化也不同于过去20年的信息化和互联网化，其关键程度和影响都有着巨大的差异，要不要数字化并非生活问题，而是生存问题。对未来的企业而言，要么数字化，要么格式化（清零重来）。

其次，我们谈到了数字化思维，这是本书和其他书籍角度差异很大的章节，也是我们认为能为读者带来差异化价值的主要章节。相对于数字化工具，我们认为数字化思维对世界产生的影响更为巨大。比如读者熟知的互联网思维，其关键词是连接一切——脸书连接全球近30亿人，而微信及新浪微博也覆盖了中国总人口的60%，阿里巴巴让全球企业跨越地域和时间的阻隔互通有无。而数字化思维则包含着驱动一切和激励一切的底层能量，这将彻底颠覆现有的生产力和生产关系。如果不理解数字化思维，从远处看，没有一个CEO也没有一位员工但是能做到千亿市值的比特币网络就只能被归为骗局；而从近处看，拼多多、新闻客户端（趣头条和今日头条），乃至新浪微博等使用的用户激励手段只能被纳入运营技巧的范畴，这些都是令人遗憾的偏见。

在接下来的章节中，我们讨论了基于传统商业的各个环节所能带来的数字化想象力（许多行业已经率先应用和实施），从消费者研究、产品研发、生产制造，再到运营推广、供应链管理及供应链金融。降低90%研发代价的数字孪生技术、基于真实消费者数据而非突出个体经验的完备C2B、基于用户激励的流量变革、颠覆性的资产上链打破中小企业的金融枷锁是本部分的亮点，涵盖了绝大多数企业的实际运营流程，读者也能从这个架构上看到我们的写作初衷——回到具体的商业节点呈现新的可能性，充分给予读者"与我有关"的启发和联想。

本书中，我们选取了部分数字化转型案例，对每个企业经营者而言，这是同行者的鼓励。在呈现企业数字化战略落地的过程中，我们并没有选择回避其中的一波三折以及创始人的犹豫和纠结，因为这是我们所理解的商业温度的一部分。读者大可将其当作一次大餐之后的小点心，同时也可畅想自己业务突破、迈向发展的第二曲线的光辉场景。

在部分章节的结尾处，我们增加了作业及思考题。一本有效的书一定要能落地到实践环节，而本书作为一本讲述数字化的书，也许是第一本融合了数字化思维和玩法的书。读者可以通过章节内的二维码获得相关的更新内容，我们也会以知行合一的态度，为读者贡献富有启发性及颠覆阅读感受的体验。

我们三位均不是专业的文字工作者，比起码字，我们更擅长用语言与读者交流。笔力不达之处，还请读者不吝指出，帮助我们对改版及后续作品加以完善。

大象（赵昌明）

序3
欢迎来到数字化时代

你好，欢迎来到数字化的时代。

在第四次工业革命浪潮下，随着移动互联网主导地位的确立，整个世界仿佛变成了数字世界。人们习惯了移动支付和电商、网络媒体带来的便捷，在人类通往数字世界的路上，一声"芝麻开门"也已成为现实，数字和物理世界的边界也就越发模糊。

这些年，我们绞尽脑汁研究增长，在企业鼎盛期就思考下一个发展引擎，学贝佐斯把每天当成创业的第一天，把"增长黑客""第二曲线"等概念牢记在心。人类社会的发展史其实就是一部对抗不确定性、寻求最终的确定性的历史，对企业而言，更是时刻面临发展的不确定性。

你可能会很困惑，什么是数字化？数字化时代来了吗？数字化与我有什么关系？

阿里巴巴董事会主席兼首席执行官张勇在2020年度投资者大会上答投资者问时说："现在大家看到一些全球的变化和不确定性。但疫情本身发生、发展到今天，我们看到一个巨大的确定性就是，疫情加速了全社会数字化的进程，无论是消费者的生活方式，还是生产、工作的方式以及其他。"而我们同样相信并且期待着这个未来。因此，我们呈上这本和数字化相关的书，希望能带给你一些启发。

信息时代，随着人工智能技术、互联网大数据、云计算技术等一系列新兴技术的高速发展，并开始慢慢向生产产业链和制造行业转移，人们完全可以运用这种技术把现实世界的物质在计算机内通过信息技术表示出来，这就是我们所说的数字化。如果站在更宏观的角度去理解数字化驱动企业变革，我们可以从马克思关于生产力和生产关系的辩证论述中去理解：是科学技术推动了工业革命，工业革命的产生推动了社会经济和企业管理的深刻变革，以及企业商业模式的重构；每一次工业革命都会由于新技术的产生及应用而催生出新的社会生产要素。

　　2020年4月9日，《中共中央、国务院关于构建更加完善的要素市场化配置体制机制的意见》（下称《意见》）正式公布。《意见》分类提出了土地、劳动力、资本、技术、数据5个要素领域改革的方向，明确了完善要素市场化配置的具体举措。这次中央把"数据"作为了新的生产要素提了出来，给我国经济指出新的生产资源，促使新的技术来提升生产力，从而不断解放人的生产劳动。数字化本质就是用新的技术手段驱动社会新的生产要素产生，企业变革如果不结合好这个生产工具，那么就无法在接下来的经济运行中获得新动能驱动，只能面对更加残酷的市场淘汰。

　　事实上，真正的数字化转型需要从战略上重新考虑业务模型和流程，而不仅仅是在现有模型中添加更多数字技术。数字化转型不应是企业锦上添花的工程，不能让数字化停留在某个部门，而是要让数字化转型由企业最高决策者来部署和推动，使之成为企业发展的共识。同时，企业需要使数字化切实地贯穿整个组织和职能，从战略、组织一直到运营各环节落地并予以执行。要想大幅提升企业转型的成功概率，应对不确定性风险，管理层应着眼于以下几项"变革智慧"：强大的业务领导力，良好的体系和流程，清晰的愿景，以及高度的激情和动力。数字化转型只有在强大的领导力推动、自上而下给出清晰有力的战略方向下，才能激发全员动力。

　　所有企业家、创业者、公司高管甚至职场新人，都必须充分认识到，数字时代已经到来，传统的、已沿袭百年的企业管理模式，已无法应对新时代的要求与挑战。要想在新时代求生存、求发展、求突破，必须勇敢探索。

这不是一种选择，而是必须去做。

如果你是企业家、创业者

未来，所有企业都会是数字化企业。传统企业要么被新物种颠覆，要么自我颠覆。

从1亿人"拼"到6亿人"拼"，5岁的拼多多正在成为中国互联网公司中的一个奇迹。2015年9月拼多多成立，随后在一片红海的电商领域"开挂"发展，仅仅用了3年时间就上市；上市后不满2年，其市值就突破千亿美元，而达到这个数字，淘宝用了5年，京东用了10年。

在房产服务领域，链家更是用18年筑起又高又厚的城墙方成为行业老大，刚大功告成就自我颠覆，自营模式的链家转型为开放平台模式的贝壳。资本市场热烈欢迎这一转型——贝壳28个月上市，市值接近本行业所有上市公司总和的5倍。

挑战与机遇并存。这本书及书中的研究案例将为领导者把握这一机遇提供契机。许多企业在实施数字化的过程中好似盲人摸象，缺乏对数字化战略的完整思考，导致在实际应用中困难重重。如果此时你能拥有长远的战略眼光，持续创新，也许就能把握住时代机遇，实现超高速增长。

如果你是公司高管

数字化能够给我们带来的价值在于让企业的一切都变成数字和自动化，这样就能实现更及时、更准确和更细致的管理。此外，数字化转型也会带来企业文化的变革。在数字化的过程中，最难的或许不是技术，而是企业要适应业务、流程、模式、结构的转变。管理创新的核心诉求是"增效"，即提高管理效率；业务创新的诉求是"增长"，即以增长为目的。数字化时代对企业高管提出更高的要求，作为企业的中坚力量，将来的接班人也会从你们之中诞生，能不能更好地支撑企业，进行管理创新，将会是你们晋级的关键要素之一。

如果你是职场新人

这是对年轻人最友好的时代。在数字化转型过程中，赋能只是第一步，大多数企业要做的肯定不止于此，所以会逐渐进入真正意义上的转型阶段。此时，各企业会面临一个缺口：数字化人才的缺失。未来的一些工作，可能有1/3或者1/4会产生剧烈的变化，一些岗位会消失，一些岗位会被重新定义，还有一些岗位需要有新的技能。很多新物种、新场景、新需求即将出现，你和前辈们站在同一起跑线，谁能跑得更快、更远，就看谁能把握数字化时代的发展机遇。

大音希声，大象无形。不论你现在在哪儿，不论你在做什么，不论你有没有意识到这一切，数字化都将变成我们的未来。愿你与我们一起躬身入局，在数字化的时代，用数字化思维迎接新的纪元，见自我，见天地，见众生。

未来已来，不能等待。江湖路远，你我共勉。

付圣强

目录

DIRECTORY

01

CHAPTER

第1章

数字化时代

个体的奋斗固然重要，
但也要考虑历史的进程。

宏观进程下的微观迷失

一个新事物被误解和被神化是同样糟糕的结果。比如数字化，近年来铺天盖地的相关报道，会让我们产生一个疑问：是否有必要再来强调一遍数字化的重要性？这似乎是多此一举，但随着写作和访问的深入，我们坚定了这种必要性，因为从主流认知中我们看到了以下三种观点：

第一种是误解，是无法分辨信息化和数字化；

第二种是冲动，是盲目上马所谓的数字化项目并付出巨大代价；

第三种是妄念，是没有结合自身业务状况，以一种神化的方式看待数字化，觉得其无所不能，而罔顾了一切革命性工具都需要服务商业本质——提升效率，降低成本，优化服务和产品。

作为本书的开篇，我们将从宏观层面来勾勒数字化时代的整体样貌，逐一展开从国家战略到商业机遇的数字化时代。

时代的注脚是一个值得所有中国人关注的词语：高质量发展。新基建和随之到来的数字化升级，都指向全社会全产业的高质量发展。

由于数字化在不同层次、不同维度上会产生完全不同的影响，我们将从五个层面来讨论本章节的内容。

第一个层面是国家战略，将介绍什么是新基建，新基建和数字化时代有何关系，一直在说的数字化强国又是什么，各地新基建的进程如何。

第二个层面是社会治理，将展示数字化给农业、城市管理、公共卫生、交通、教育五个领域带来的变化。

第三个层面是产业机遇，将分析为什么产业机遇至关重要，而产业机遇蕴藏着何种红利，这些红利对企业来说又意味着什么。

第四个层面是企业机会，将从拼多多、字节跳动、美团三大企业入手，分析数字化对目前存在的企业产生的正面或负面的影响，揭示数字化时代新的生产资料与生产关系。

第五个层面是个体崛起，将分析数字化时代给每个人带来了多大的机遇与可能，有哪些人已经抢占了时代红利成为赢家，个体如何抓住数字化时代带来的红利。

01
PART 国家战略：万物数字化展望

不妨想象我们国家是一列以时速240千米行驶的超高速列车，这超越了其他绝大多数交通工具的惊人数字会让我们的骄傲感油然而生。毕竟60年前，这列古老的"东方"号走走停停，陈旧且布满疮痍，每一口喷出的蒸汽都像是大口喘气，透露着说不出的疲惫。能提速到今天，每个人嘴上不说，但看着车窗外的风景，心里都有一份沉甸甸的满足感。

直到一列时速2 000千米的列车从后方驶来。

我们有3秒的时间来决定，要不要换上这辆更快的列车。而此刻我们面临的最大障碍，竟然是对现状的满足，恰恰是这份满足会限制绝大部分人的想象力。

幸运的是，我国决定从时速240千米的列车换乘到时速2 000千米的列车，只用了0.1秒。而这辆更快的列车名就叫"数字化时代"号。

我国的决定并非偶然。这既是苦难历史的深刻教训，也是快速崛起的经验累积。在人类社会千百年的相爱相杀中，有过惊艳世人的艺术创造，有过黯淡无光的荒谬历史，有过荒芜绝望的现世炼狱，有过风光绮丽的人间天堂。然而动荡和安稳从来不是人类社会的终极法则，人类之间的较量无论从国家层面还是企业层面，从来没有变过的是一行用无数鲜血和灵魂书写的底层代码：落后就要挨打。

尼玛扎西上一次因为放羊时丢了羊而挨打已经是6年前的事了，他是一名藏区的失学儿童。直到4年前，他才在乡政府的对接下进入位于拉萨的雪堆白手工艺术学校，跟随唐卡大师嘎玛丹增学习绘制唐卡。在那里，他一天会练习超过10个小时，几乎除了吃饭、睡觉都是在绘制唐卡，而用极细的笔尖蘸着矿物颜料的特别技法需要用到一种特殊的溶剂——唾液，因此一整天下来，他的嘴唇和唐卡一样是彩色的。

在雪堆白，这样的孩子有数十名，他们来自藏区的各个地方，有的是因为留守，有的则是单纯失学。在此之前没人关注他们，或者说他们难以被关注到，这既有当地经济水平的限制，也有地处高原地带的特殊地理因素。

创办一个工艺学校不能只靠初心宏愿，必须有可持续的经济来源，宋明很清楚这一点。从18年前来到拉萨，他就一直试图找到一条能够通往藏传美学的顺利传承道路。政府很支持，西藏大学也为之出人出力，学校在艰难中办起来，开始招收藏族儿童开班学习。无论是唐卡还是铜像打造，从人才的学习培训到建立生产线和销售渠道，成长期都长达4～5年，只有被更多人知道，才可能有持续不断的收入来源，为此他能做的只有等待。

等待中，来西藏旅游的人数从2008年的224万提升到了2019年的4 000万。

火遍全网的神山圣湖、风土人情、牦牛和蓝天，撩动着每个都市男女渴望自由的心，于是这种渴望变成了一张张机票、火车票、汽车票。网络拉近了彼此的距离，让这个曾经不为人知的角落得以被点亮，雪堆白的名声逐年扩大，越来越多的人从贡嘎机场、从青藏铁路、从青藏公路踏着风景而来，仿佛现实的童话。童话的书写者，有着中国上一次大规模基础设施建设——老基建的身影。

从一项国策，到一所社会学校，再到一个失学儿童，这里充满着偶然和必然的思考，大的历史机遇与个体感受的鸿沟从来都令人置身其中而又毫无察觉。实际上，在上一次基础建设中，中国搭建起了覆盖广阔领土的铁路、公路、机场设施，以及全球领先的宽带网络覆盖。经济在连接中被激活，个体的生活中则有了网上可购物、快递员在敲门的体验，一切称得上是天翻地覆。

在这样的时代背景之下，我们都非常期待中国2020年开启的新基建大幕。

新基建就是新饭碗

2020年3月4日，中国政府扣响了发令枪。

中央决策层强调要加快5G网络、数据中心等"新型基础设施建设"进度，新基建的大幕开启。许多人开始困惑：什么是新基建？

政策解读

新基建的官方定义是：新型基础设施，是以新发展理念为引领，以技术创新为驱动，以信息网络为基础，面向高质量发展需要，提供数字转型、智能升级、融合创新等服务的基础设施体系。

与新基建对应的是老基建，重大节点是中国政府自2008年推出的4万亿拉动内需计划的核心组成部分，因为其大量涉及铁路、公路、机场建设工程，也被称为"铁公机"项目。老基建完成了中国全境在物理距离上的畅通与交流，这在理解上没有太大困难。

但新基建存在显著的认知鸿沟。为了便于理解，让我们把时钟拨回到2010年，回忆当年中国人的典型生活是什么样子。那时候，带有键盘的手机还是市场霸主，没有4G网络，没有微信，没有短视频直播，没有手机支付。如今，现代人赖以生活的一切，在10年前仿佛天方夜谭。短短10年，我们却仿佛生活在两个时代，中间横跨着充满无数信息的高速互联网。而这张带我们跨越时代的互联网，背后分布着全国数百万个4G基站。换句话说，依靠这张巨大的基站网络，我们便搭建起眼前庞大如巨兽的互联网，以及我们全新的生活体验。

而在未来的数字化时代，更先进的基础设施将隆重登场，并打开人们对下一个时代生产、生活的想象力，它主要包括三大方面内容：

一是基于新一代信息技术的基础设施，比如以5G、物联网、工业互联网、卫星互联网为代表的通信网络基础设施，以人工智能、云计算、区块链等为代表的新技术基础设施，以数据中心、智能计算中心为代表的算力基础设施等。

二是指深度应用互联网、大数据、人工智能等技术，支撑产业升级融合形成的基础设施，比如智能交通基础设施、智慧能源基础设施等。

三是指支撑科学研究、技术开发、产品研制的具有公益属性的创新基础设施，比如重大科技基础设施、科教基础设施、产业技术创新基础设施等。

下面我们列举其中几种加以介绍。

首先登场的是5G网络。试着回想一下，网络游戏的兴起是因为中国电信的ADSL宽带逐渐普及，手机游戏的爆发则是因为3G时代的到来使得移动互联成为可能。而你现在能够流畅地打《王者荣耀》，顺利地大吉大利"吃鸡"，4G成为当之无愧的功臣。目前，"5G网络"随着华为被美国封杀的事件而引发全球热议，已经成为我们耳熟能详却尚未清晰定义的名词。其实，5G指的是下一代超高速移动网络，4G与它有着指数级的差距。5G网络的速率比4G快100倍，比4G的时间延迟少了1/10。举个例子来说，一部2G的电影用4G可能要下载十多分钟，但用5G只需要十几秒，这也意味着与家人接上电影级画质的视频通话指日可待。除此之外，商用领域无人驾驶和远程医疗会议，所有因为网速不够快而被限制的领域都将井喷发展。5G凭借着它的超高速度，将给我们的生活带来颠覆性的便利。

其次是人工智能，简称AI。这里要介绍的可不是科幻电影里的机器人，实际上人们对AI的理解比较极端，要么觉得AI时代像人类移居火星一样特别遥远，要么觉得AI就像恐怖的操控者终将奴役人类。但这些都是对人工智能的极大误解，我们应该以公正客观的视角审视AI，AI既不是洪水猛兽，也不是天煞孤星。站在2020年的时间点上，我们已经可以预见AI给人类生活带来的优化与改变。我们通过海量的数据设计出足以震撼人心的智能算法，从各色各样的语音助理，到规划一个城市的打车路线，再到完成对山地果树的科学施肥，甚至判断养殖场里的一头猪是否心情尚佳……AI出色地完成了对日常生活从高大上到接地气的完美融入。

然后是大数据。因为大数据，手机购物车里永远躺着"种不完的草"，每一个推荐都直戳你心；因为大数据，大多数人已经习惯了出门只带手机的生活；因为大数据，疫情期间的健康宝、健康码应运而生，通过大数据整合减轻了检查负担，保护市民的安全以及城市的正常运转。大数据操控着城市的每个角落，出行、购物、运动、理财、金融、安防、能源、业务……因为大数据的存在，生活中的一切都变得智能而简单。

紧接着是工业互联网。这是一个对多数人而言相对陌生的概念，看到以下新闻大概会更令人摸不着头脑。"百度无人挖掘机惊艳亮相！迷倒17年老司机""阿里云女算法工程师第一次爬上了8米高的锅炉""4 000万猪农沸腾了！京东突然宣布养猪""腾讯养鹅又种瓜，'鹅厂'终于名副其实"……这些看起来八竿子打不着的场景，因为一个共同的概念而显得名正言顺，这就是工业互联网。有了工业互联网，工厂可以实时监控设备状态，及时更换生产线上哪怕只有一个指甲大的受损刀片，保证产品的良品率；可以实行柔性生产，实时观测下游产品需求量，在大批量和小批量生产之间及时切换。总而言之，工业互联网使得和生产有关的行为都变得高质又高效。

此外，新基建还包括特高压、新能源汽车充电桩、城际高速铁路和城际轨道交通建设。通俗来说，新基建可以让网络更快，人工智能更好地服务于生活，电网更稳定；让高铁去到更远的地方，新能源汽车跑得更顺畅；让大数据发挥作用，智能制造更快实现。

如果说旧基建是铺地建桥盖楼房，搭建起城市的钢筋水泥；新基建就是拉网铺线盖基地，赋予未来生活超乎想象的生命力和可塑性。

目标：干得好取代干得快

新基建的目标指向什么？答案是高质量发展。

只有深刻理解高质量发展和国家转型高质量发展的决心，才能理解新基建以及随之到来的数字化时代，从而找到组织与个体的发展空间。然而即便是在宏大复杂的技术架构之下，国家实施新基建工程的本质和初心也无比简洁：解决我国社会的主要矛盾。

党的十九大报告指出，我国社会的主要矛盾已经转化为人民日益增长的美好生活需要和不平衡不充分的发展之间的矛盾。

通过新基建带来的全社会数字化升级来实现产业的高质量发展，最终可以解决这种矛盾。那么，高质量发展的内涵是什么？国务院发展研究中心主任李伟2018年在《人民日报》（海外版）上撰文指出：

推动经济实现高质量发展，是适应我国发展新变化的必然要求，也是当前和今后一个时期谋划经济工作的根本指针。过去40年的高速增长，成功解决了"有没有"的问题，现在强调高质量发展，根本在于解决"好不好"的问题。

高质量发展，意味着高质量的供给、高质量的需求、高质量的配置、高质量的投入产出、高质量的收入分配和高质量的经济循环。

推动高质量的供给，就是要提高商品和服务的供给质量。我国拥有全球门类最齐全的产业体系和配套网络，其中220多种工业品产量居世界第一。但许多产品仍处在价值链的中低端，部分关键技术环节仍然受制于人。要提高供给质量，更好地满足日益提升、日益丰富的需求，跟上居民消费升级步伐。

促进高质量的需求，要促进供需在更高水平实现平衡。我国已形成最大规模的中等收入人群，城市化水平不断提升，内需市场十分广阔，但是就业质量不高，居民收入水平偏低，公共服务供给不足，养老、医疗、教育等给居民带来的负担还比较重。必须解决这些问题，释放被抑制的需求，进而带动供给端升级。

实现高质量的配置，就是要充分发挥市场配置资源的决定性作用，完善产权制度，理顺价格机制，减少配置扭曲，打破资源由低效部门向高效部门配置的障碍，提高资源配置效率。

实现高质量的投入产出，就是要更加注重内涵式发展，扭转实体经济投资回报率逐年下降的态势；在人口红利逐步消退的同时，进一步发挥人力资本红利，提高劳动生产率；提高土地、矿产、能源资源的集约利用程度，增强发展的可持续性；最终实现全要素生产率的提升，推动经济从规模扩张向质量提升转变。

实现高质量的分配，就是要推动合理的初次分配和公平的再分配。初次分配环节，要逐步解决土地、资金等要素定价不合理的问题，促进各种要素按照市场价值参与分配，促进居民收入持续增长。再分配环节，要发挥好税收的调节作用，精准脱贫等措施的兜底作用，注意调节存量财富差距过大的问题，形成高收入有调节、中等收入有提升、低收入有保障的局面，提高社会流动性，避免形成阶层固化。

促进高质量的循环，就是要畅通供需匹配的渠道，畅通金融服务实体经济的渠道，落实"房子是用来住的，不是用来炒的"要求，逐步缓解经济运行当中存在的三大失衡——供给和需求的失衡、金融和实体经济失衡、房地产和实体经济失衡，确保经济平稳可持续运行。

高质量的供给、高质量的需求、高质量的配置、高质量的投入产出、高质量的收入分配和高质量的经济循环，每一个都是巨大的社会问题，而对企业而言每一个都是巨大的商业机会，因为企业的本质就是解决具体的社会问题。这便是企业经营围绕国家政策、时代脉搏的核心原因。

新基建和数字化的关系又是什么？是公路和车辆的关系，没有新的基础设施，数字化无从谈起。我们对数字化的定义是：数字化是将物理世界以最小颗粒解构为数据并重组的过程。颗粒越小，数字化世界越真实。假设每一颗原子都能被数字化，世界将无差别分为两个世界——虚拟数字世界和真实世界。

数字化强国之路

回首21世纪的前20年，中国以数字化企业平台为代表的高科技产业得到强劲发展，已形成了全球瞩目的产业集团，包括耳熟能详的京东、苏宁、美团、滴滴、小红书、拼多多等，还出现了华为等冲到世界行业最前线的大规模科技企业。

国际数据公司（IDC）公布的2020年上半年中国600美元以上价位段智能机市场份额显示，华为以44.1%位列第一，与苹果的44%不相上下，两家公司基本瓜分了绝大部分的高端机市场份额。目前全球已有700多个城市、228家世界500强企业，选择华为作为数字化转型的伙伴。除此之外,华为在新基建的各个领域——5G、云计算、大数据、人工智能等早有布局,并成为其中的佼佼者。

尽管如此,在错综复杂的国际局势之下,华为在2019年和2020年,分别受到来自美国政府的两轮制裁。第一轮主要限制美国企业为华为提供零部件和服务,但只要使用美国技术的比例不超过25%,就不受影响。这一轮制裁对华为的海外业务造成了较大冲击,但基本可控,不至于伤筋动骨。而美国在2020年发起的第二轮制裁变本加厉:无论是哪个国家的公司,只要用到美国的技术,就不允许为华为制造芯片。据此,华为消费者业务CEO余承东在2020年8月公开表示,由于受到制裁的约束,只能满足2020年9月15日之前的订单,麒麟9000或将是华为最后一代高端麒麟芯片。

科技创造,本应是各个国家、各个企业共襄盛举、共同努力研发的结果。美国的禁令可谓极其霸道,甚至连中国本土的中芯芯片都由于使用了美国技术而无法为华为提供技术支持服务。如果无视禁令强行为华为代工,那将会付出极大的代价。芯片制造需要用到的最重要的机器是光刻机。目前,全世界高端的光刻机只有一家供应商——荷兰的ASML,而ASML在发展阶段也收到美国企业的大量投资,运用了美国公司Cymer提供的技术支持。

华为今天所面临的问题,环环相扣,并不仅仅是华为一家之难,更是中国整个半导体产业不可逃避的大问题。这只是中国企业全球化市场拓展的一个缩影。华为之后,腾讯、字节跳动相继被美国"盯上"。"海外版抖音"TikTok上线三年就在美国拥有1.65亿用户,更别说在全球的用户量已经高达8亿——这是一个能和国际巨头Instagram、脸书三分天下的数字。

但在美国政府的压力下,TikTok在2020年的下半年经过了禁用、剥离、剥离暂停等一系列"难关",可以说是深受美国制裁之苦。

值得关注的是,在中方企业与美国的博弈中,微信出现了反制:

2020年8月7日,美国时任总统特朗普指控微信及腾讯,以保护国家安全之名,禁止美国企业及个人在未来与腾讯进行交易。当时彭博社报道，有消息人士称因为美国的高级政府官员发现完全禁止中国腾讯公司旗下的微信应用程序，可能给美国的科技、零售、游戏、电信和其他行业造成毁灭性的影响，因此很可能不会像对TikTok一样完全封杀微信。换言之，微信依靠着与美国相关产业的深度绑定，已经与其形成相关利益共同体，并以此掌握了一定的话语权。

手机行业的巨头苹果公司，就早已和微信休戚与共。新浪科技的统计显示，如果在微信与苹果手机之间进行选择，选择微信的用户是选择苹果手机的20倍。天风国际的分析师郭明锜曾经给出一个惊人的分析：如果苹果商店在全球范围内下架微信，那么苹果手机的出货量最高将下滑30%，其他硬件产品最高将下滑25%。如果按照2019年苹果手机1.96亿台的出货量算，微信被封禁，苹果出货量将下降5 800万台以上。

更何况，对苹果而言，中国市场已经是它万亿估值的重中之重。如果在中国市场遭遇失败，那么将会带来雪崩式连锁反应。苹果的主要组装工厂、核心供应链都在中国，一旦苹果和微信之间变成零和博弈，那么苹果的供应链将遭到巨大冲击。加上目前华为已经明显成为苹果强有力的新对手，大敌在前，容不得苹果有半点战略决策失误。

微信的反制能力远不止于此。它不仅仅影响苹果这类手机公司的营收，还关系到众多依赖微信与中国市场交易的美国公司。从旅游业来看，美国媒体指出，2019年中国赴美游客为280万人次，旅行相关消费高达313亿美元，虽然280万中国游客只占到美国国际游客总数的3.5%，但他们却占了总消费额的13.4%。同时，中国游客在美国停留期间的人均支出要比其他国家的游客高50%以上。

因此，为了迎合中国游客的消费习惯，越来越多的美国酒店、超市、娱乐场所等都开通了微信支付。如果封禁微信，将使美国的旅游产业遭受重大打击。

此外，对需要在中国开展业务的美国公司而言，微信更是必不可少的部分。一个来中国工作的美国人，如果没有微信，其将在社交、工作、生活等各个领域遭遇巨大的阻碍。因为中美人员的工作习惯不一样，美国人更习惯用邮件，而中国人更习惯用微信，所以用微信基本能第一时间找到所有中国业务的相关人员。

此外，星巴克、耐克、麦当劳、肯德基等几乎所有在中国有业务的美国消费品牌，都极度依赖微信的支付交易与生态网络。在美中贸易全国委员会主席克雷格·艾伦（Craig Allen）看来，在中国微信有点儿像电力，你需要在任何地方使用它。现在微信的市场地位、模式以及应用范围使得它具有极强的不可替代性，已经成为中美两国之间重要的沟通桥梁。根据上述案例不难发现，面对美国的霸道制约，只有新基建才是中国相关产业突围的高速路。

新基建为5G、数字化产业投入的每一笔资金，其实都是对其所涉及的CPU、存储、基带、光模块、电源、屏幕、连接器、PCB[①]等上下游企业的全方位支持。以华为为代表的中国企业要想突破强国的技术封锁，走上中国智造之路，不仅需要相当大的投资和长时间的积累，还需要坐上新基建的快车。

总而言之，"新基建"创造"新经济"，"新基建"带来"新机会"。上层挥斥方遒，设计顶层蓝图，我们只需要抓住机会努力拼搏，参与数字化强国这一历史性进程。这离我们并不遥远，各个层面的群体都已经在新基建的道路上迈出了自己的步伐。

各地进展：渣土车也不能乱来

北京2020年8月就借助5G、AI等技术方案实现了对渣土车的精准识别和综合管控。每日可对2万多辆次渣土车做出违法识别，检测准确率在99.7%以上，有效解决了渣土环境污染问题。

---

① PCB，即印制电路板（Printed Circuit Board），是电子元器件电气相互连接的载体，任何由集成电路等电子元器件构成的电子设备，如电子手表、计算机等，都需要印制电路板。——编者注

深圳的智慧机场依靠各种新技术使旅客排队时间减少20%，乘客通勤效率与便利度大大提升。

徐州目前已经在"生态地标"云龙湖景区实现全景智能功能，依靠科技力量完成"工业城市""无废城市"的转化也指日可待。

厦门的全国首个全场景应用智慧港口正在建设之中，预计未来将带来指数级别的效率提升……

这样的例子不胜枚举。

根据《21世纪经济报道》的公开资料整理，目前已有13个省市区发布了2020年重点项目投资计划清单，包括10 326个项目，共计33.83万亿元；另有8个省份公布了年度投资额，合计约2.79万亿元，而各地的投资计划还在不断增多。

可以看到，在新基建的加持，"新联接""新计算"等技术的赋能下，各地区乃至全社会必将进一步按下数字化转型和智能升级的"加速键"，为我们带来超越想象的全新体验和全然不同的未来。

投身新基建，布局新未来

在按下了"加速键"后，新基建的未来也十分可期。

当站在2020年展望未来之时，不如回头看看过去的我们对于2020年的想象。

2005年ITU[①]的物联网报告记录下了当时人们对于2020年的美好遐想：车辆产生问题会自动报警，人们走在路上用智能手表就能付款，饮料机可以个性化推荐你想喝的饮料，在寒冬中人们只需按下眼镜便能接听视频电话……

15年后的今天，当年只存在于想象中的理想未来，已实现了大

---

① ITU，即国际电信联盟（International Telecommunication Union），是主管信息通信技术事务的联合国机构。——编者注

半。有了新基建护航，未来的30年又会产生什么变化？不如让我们在此大胆展开想象：

或许，医院将不复存在。有了大数据中心的加持，以及5G的大连接能力，每平方公里的连接数能达到百万级别。人们对健康的概念将会由某次疾病的突发警示转为长期关注身体状态——通过佩戴智能设备实时观测身体情况，每个人的医疗数据将会实时传入云端，在某处医疗大数据处理中心统一处理，未病先治或成为常态。5G的低时延能力使传输时延达到毫秒级别，医生隔空进行手术操作将成为可能。

又或许，有了物联网的帮助，人与人、人与物、物与物连接的时空限制将被进一步打破。试想你随时走进家中，室内都是根据你的体温调节的适宜温度。友人来家中做客，只需随身携带一个智能芯片，家中的数百个智能机器将会通过芯片自动处理客人信息，调试客人喜欢的味道、灯光氛围、色彩环境……在未来，万物感知、万物互联、万物智能。

在这个巨大的想象空间下，未来中国的发展空间将是巨大的。

在2019年，中国的人均国民收入已达1万美元水平，处于世界银行划分的中等收入经济体的上半区。假设中国在未来的5～8年，仍可以保持这样的中高速增长，人均国民收入就有望突破1.3万美元的大关，稳坐高收入经济体的这把交椅。

对比过去70年间其他国家的经验，这样的冲关成功率仅有10%，将绝大多数中等经济体关于门外。未来的30年，对中国而言，将是一个严峻的挑战。

如果说旧基建改变生活，那么新基建或许改变的就是整个社会。随着5G网络、人工智能、工业互联网、物联网等新型基础设施建设的发展，应用层将会迎来百花齐放的创新，万物互联、增强现实（AR）、虚拟现实（VR）、AI等新技术都是指日可待的未来。

期待未来之余，让我们看看现在，数字化给社会治理带来的种种改变。

02 PART 社会治理：
数字化镜像改变世界

单纯抛出概念讲数字化令人头疼，也并非对待读者友好的方式，但是回到衣食住行、水电气网、政府银行，数字化正在从底层改变这个世界，而我们身在其中往往不易察觉。

数字化新农业：AI 刷脸养猪

俗话说得好，"民以食为天；农业稳，天下稳；农民安，天下安"，农业新基建对我国有举足轻重的意义。第一，我国是一个农业大国，农业也是我们的立国之本，运用数字化智能手段对传统农业进行变革是未来发展的必然趋势，也是我国"乡村振兴"战略的一个关键点。第二，我国作为发展中国家，发展农业新基建，也是我们消除贫困、后发制人的一个关键性手段。

京东农牧早在2018年年末就与中国农业大学、中国农业科学院合作研究数字化养殖。京东提供技术，配合两大机构研发，希望能用数字化的方法创造一个智慧养猪场，解决传统养殖业的大部分棘手问题。

基于一套"猪脸识别"系统，智慧养猪场已经可以做到数字化养猪。一头猪从出生到出场，全部由智能识别系统操控。这套智能系统会观测并记录每头猪的生长和健康情况，给每头猪制定个性化饲养方案，根据每头猪的生长发育情况，合理安排每餐进食量，使每头猪的料肉比例、猪肉品质等指标都达到最佳。

我们有必要花那么大的精力养猪吗？答案是，当然有。

在京东智慧养猪场的一场发布会上，京东数字科技给我们画了一张蓝图：在智慧养猪"部署"一年之内，可以使养殖人工成本减少30%~50%，养猪所用的饲料减少8%~10%，每头猪的平均出栏时间缩短5~8天。按照中国每年出栏7亿头生猪来计算，利用京东农牧智能养殖解决方案，中国养殖业的成本每年至少能下降500亿元。

数字化新城市：让街道生出大脑

古人云：天网恢恢，疏而不漏。如今这个"天网"正在加速建设中。

早在2017年，英国广播公司（BBC）就曾报道过我国贵阳的天网工程。BBC记者约翰·苏德沃斯（John Sudworth）在被警察拍摄一张面部照片后，试图模拟犯罪嫌疑人"潜逃"，结果不到7分钟，他便被贵阳警方找到了。

约翰·苏德沃斯的一句话让人印象深刻。他说："在如此密集的天网系统里，如果你没什么可隐藏的，你才没什么可害怕的。"

我国的天网工程能够360度无死角地监控城市的一举一动，联合警察局就变成了智慧警务室，联合政府就变成了智慧政务，实现了城市的智慧化管理和运行，为我们所生活的城市打造更美好的环境。这就是"智慧城市"。

"智慧城市"一词最早出现在 2008 年 11 月。那时，国际商用机器公司（IBM）在纽约召开了一个会议，名为外国关系理事会，在会议中首次提出要建设智慧的地球，而后"智慧城市"也应运而生。

所谓"智慧城市"，即以数字化城市、互联网产业、物联网以及现在的 5G和AI 等新技术为支撑，并通过大数据时代的数据中心为基础应用，在城市的各个角落实现全方位的智能化。

进一步来说，智慧城市建设大致可分为三个方面：第一个方面为物物相连，它可以使任何客观存在的物品互相进行信息交换，车联网就是物物互联的一个很好的例子。第二个方面是智能应用，"云计算"为整个城市的海量数据提供了很好的解决方案。第三个方面是高新技术产业的整合，既然是智慧城市，就需要融合各行各业来进行全面智能化，例如，数据传输需要网络，而处理的时候又需要用到GIS[①]技术等。

数字化新医疗：隔着256 公里做手术

如果你在2019年以前问合肥市安徽医科大学第二附属医院的普外科主任万圣云："你觉得远程问诊可能吗？"他大概会回答你："我不知道。"

但现在，他成了这项技术最直接的受益者与参与者之一。

在5G网络的支持下，万圣云作为指导医生，成功完成了由安医大二附院牵头的安徽省首例远程协同手术。仅在5个月后，他又指导256公里之外的石台县人民医院的医生，顺利地完成了一台腹腔镜胆囊切除手术，挽救了一条宝贵的生命。

5G使"身临其境"的远程问诊成为现实。患者利用人工智能、传感技术等高科技手段，可以同时在几家大医院问诊。

医疗资源分配不均一直是全国人民的烦恼，5G远程问诊大大改善了这个现状。除此之外，智能医疗的兴起也极大地缓解了分级

---

① GIS，即地理信息系统（Geographic Information System），是一种基于计算机的地理信息处理工具，可以对空间信息进行分析和处理。——编者注

诊疗的困境。

以前，我国为了优化当前不合理的医疗资源配置，大力推行分级诊疗制度，但实际上民众并不买账。许多人对这种优质医疗资源的分配有着极大的不安全感和不信任感，他们依旧认为，那些最好的医生、最好的医疗设备在最大的医院里，从而导致社区医院无人问津。

现在有了智能医疗，情况大大改善。通过数字化体系，建立了完整的医疗信息系统，利用网络可以高效率实现患者与医院两者之间的互动。

智能医疗不仅缩减看病环节，缩短患者候诊时间，还节省大量医疗费用，使就医过程优质便捷。智能医疗的出现，势必将优化中国医疗资源配置，切实保障人民生命健康福祉。中国未来的医疗改革方向，也必将向数字化投入更多资源，用数字化手段推动整个医疗事业的加速发展。

数字化新交通：与堵车说拜拜

说到医疗，那就不得不提城市基建的另一重要组成部分——交通。

"警报，请让路！"一辆疾驰的救护车被堵在了拥挤的马路上，纵然警笛长鸣，被"堵死"了的其他车辆也爱莫能助。在过往，这种情况尤其常见：想要争分夺秒和死神竞速的白衣天使，却在交通堵塞的城市中寸步难行，车里病情危重的病人也因此岌岌可危。

如今这种情况得到了极大改善。

道路设施智慧互联，可以收集实时路况，建立发布机制，再根据大数据信息将互联网+交通信号控制紧密结合，确保救护车以最佳的路线一路畅通无阻，这会顺利解决救护车的交通"难"问题，大大增加了抢救的成功率。

不仅是方便救护车，智慧互联也能极大便捷交警的工作：在交通指挥室内，警察们看着屏幕上清晰可见、实时更新的路况信息，观察可疑车辆并实时记录。如果有人在限速路段超速行驶，也会被高清摄像头捕捉。不到10秒，肇事者的全部信息将会直接显示在巡逻警察的手机上。

这就是智慧交通，在交通领域中充分运用物联网、云计算、人工智能、自动控制、移动互联网等技术，对交通管理、交通运输、公众出行等交通领域全方面以及交通建设管理全过程进行管控支撑，使交通系统在区域、城市甚至更大的时空范围具备感知、互联、分析、预测、控制等能力，以充分保障交通安全、发挥交通基础设施效能、提升交通系统运行效率和管理水平，为通畅的公众出行和可持续的经济发展服务。

就像大动脉之于人，一个城市的交通掌握着整个城市的命脉。如今智慧交通的出现，对城市运作效率的提升意义重大。

数字化教育：在家说"老师，你好！"

说完了交通，再说城市的另一个命脉：教育。

2020年是多灾多难的一年，也是倒逼人类进步的一年。疫情来袭，全部学校停课，但这无法阻挡我们求知的步伐。

被抵御了很多年，说效果平平的"网课"一夜爆火。

比如浙江大学附属中学在2020年疫情期间，共计开展19 554节网课，3 393名学生参与其中。在线上课不仅授课形式丰富多样，激发学生的学习兴趣，而且还能通过系统程序批改学生作业，节省老师的时间。更重要的是，系统会根据错题的分类，给学生设置个性化的反馈结果。老师可以根据反馈报告更精确地了解学生的知识薄弱点，补齐学生最明显的那块短板。

事实上，部分同学反馈，在家通过视频上课效率更高，遇到不懂的还可以按暂停键记下来，重复回看。直播网课的应用，使学生在家学习也没有太影响学业。学校推进网课的需求空前增加，许多学校开始招设专门有直播经验的讲师和设备调控人员等有经验的数字化信息教育人员。可以看出，传统的教育模式正在被智慧教育改写。

要知道，虽然"网课""在线上课"的概念已经发展多年，但一直不被外界认可，被家长和学生忽视。但在这个特殊的假期里，"智慧教育"一词一下成为教育领域的核心热点词，各大学校纷纷开设线上课程迎接智慧教育的热潮。

那么，什么是智慧教育呢？

智慧教育即教育信息化，是指在教育领域（教育管理、教育教学和教育科研）全面深入地运用现代信息技术来促进教育改革与发展的过程。以教育信息化促进教育现代化，用信息技术改变传统模式。

智慧教育利用网络，巧妙地解决了师生异地的难题，通过智联技术，几乎完美还原学生与老师线下上课的体验。

2019年10月31日的"5G商用发布会"，宣告中国5G正式进入商用阶段，也宣告消费互联网已经成为过去时，产业互联网来到了主战场。中国移动研究院副院长黄宇红认为：5G是社会信息流动的主动脉、产业转型升级的加速器、构建数字社会的新基石。在社会治理层面，我们不难看到数字化镜像逐渐从底层改变世界。时代正值巨变，新一轮科技革命和产业变革在各地展开，随之而来的产业机遇更是令人期待。

03
PART 产业机遇：
数字经济正在成为商业轴心

戏剧性的一幕再次上演。

北京时间2016年5月18日，微软宣布以3.5亿美元将诺基亚功能机业务出售给富士康，芬兰HMD Global买下诺基亚功能品牌使用权，4 500名员工转移到富士康和HMD，而这些战略背后则是微软对Windows phone生态的彻底放弃，从此移动互联网的阵地由安卓和苹果iOS两分天下。

这距离诺基亚全面放弃手机业务整体出售给微软，不过短短3年时间。

2013年9月2日，微软共斥资71.7亿美元收购诺基亚整个移动设备业务。在当时，微软怀着"为用户创造微软手机端顶级体验"的宏愿，打算靠收购诺基亚跟上智能手机发展的浪潮，以此扩大手机市场份额，提升手机业务利润。很可惜，Windows Phone并没有成为微软的"救命稻草"，反而使微软套上了一副更加沉重的镣铐。微软一宣布收购诺基亚手机业务，市值就狂跌180亿美元，在手机战场上更是被苹果打得节节败退，最后被迫壮士断腕，惨淡收场。

为何有了微软这棵大树的强力介入，依然阻止不了诺基亚的倒台？这是因为，产业机遇大于行业资历。

柯达陷阱：机遇大于资历

产业机遇对企业而言至关重要。哪怕行业巨人带着毕其功于一役的气势，力图收复失去的移动互联网的大好河山，它依旧倒在了时代的十字路口。商业历史的案例也反复证明，在互联网网络效应的强大能量面前，即便强悍如微软也无法逆势而行。这倒是印证了在中国互联网界广泛流传的那句话：

"我们并没有做错什么，但是不知道为什么，我们输了。"

曾经发明数码相机的柯达无论如何都想不到，手机会彻底替代胶卷相机；曾经按键手机王者诺基亚也难以想象苹果将开创触屏机时代；在PC互联网时代流量的入口——门户网站和搜索引擎开始为流量苦恼时，绝对不会预想名不见经传的"80后"张一鸣，靠着"千人千面"的数据算法让无数人在抖音平台流连忘返，开启短视频生态的新风口。

站在风口上，猪都能飞起来，而且还能飞得又高又远。

2020年8月初，"好未来"市值刚刚超过460亿美元，新东方前高管的创业项目"跟谁学"市值正式超过前东家。从产业发展的角度来看，"好未来"和"跟谁学"无疑抓住了产业机遇，都是站在产业机会风口上的幸运儿。随着技术的持续发展，每隔一段时间，都会遇到一次大规模的产业发展浪潮。站在潮头的幸运儿将随着浩浩荡荡的历史进程被推向风口浪尖；而错过的人，哪怕曾经是独霸一方的巨头，也难免被巨浪淹没。

每一次产业升级的到来都让上一个时代的巨头猝不及防。在历史性的产业机遇以及随之而来的颠覆力量面前，不管是曾经的荣耀王者还是今日的产业巨头，都渺小如尘埃。

产业机遇对企业意味着什么

新的产业机遇是什么？

它的每一次变革对身处其中的企业意味着什么？

创意实验室的创始人比尔·格罗斯（Bill Gross）给了我们答案。在一次TED演讲中，他分享了影响一家公司成功最重要的原因。

他通过分析创意实验室旗下100家公司和社会上100家公司，列出公司成功的五大要素——创意、团队、商业模式、资金、时机，最终得出来一个令人惊讶的结论：这5个要素对成功的影响分别是时机42%、团队32%、创意28%、商业模式24%、资金14%。

马尔科姆·格拉德威尔（Malcolm Gladwell）在《异类》中也有类似的观点：过去20年美国的互联网巨头大多出生在1953—1956年。

互联网巨头	出生年份
史蒂夫·乔布斯（Steve Jobs）	1955年
比尔·盖茨（Bill Gates）	1955年
保罗·艾伦（Paul Allen）	1953年
埃里克·施密特（Eric Schmidt）	1955年
比尔·乔伊（Bill Joy）	1954年
史蒂夫·鲍尔默（Steve Ballmer）	1956年

他们的成功并不仅仅是自己努力的成果，更是其独特的成长环境促成的结果，即所谓的时势造英雄。对企业来说，成功也不单关乎战略如何设计，更关乎如何抓住每一次技术革命带来的产业红利。

产业机会蕴藏着巨大红利

产业红利是每次时代变革最宝贵的财富。技术革命驱动世界进步。从蒸汽机到互联网再到移动互联网，一项新技术从发明到成熟落地，既是科技普惠的过程，也是一次产业机遇土壤酝酿准备就绪的过程。一切就绪之时，一颗种子落下，开启新的时代篇章。而旧的产业形态，则迎来灭顶之灾。

2019年年底全球爆发新冠肺炎疫情，国内商业可谓冰火两重天。首先是在线教育市场的集中爆发，接二连三传出喜讯，从业者连呼："疫情推动在线教育发展提前五年。"其次是外卖到家及在线生鲜零售如火如荼，人们习惯了"京东到家""每日优鲜""盒马鲜生"等在线零售。但当大家越来越习惯足不出户的便利生活时，街道上的人流也越来越少。哪怕疫情解除，传统实体零售业依旧冷清，商家不得不勒紧腰带过日子，天天如履薄冰。

这个新机遇是什么呢？答案是数字化。

数字化的时代，正飞速到来。

2019年11月28日，央行副行长范一飞在"第八届中国支付清算论坛"明确法定数字货币已提上日程："央行法定数字货币DCEP基本完成顶层设计、标准制定、功能研发、联调测试等工作，下一步将合理选择试点验证地区、场景和服务范围，稳妥推进数字化形态法定货币出台应用。"

2020年3月4日，中央决策层强调，要加快推进5G网络、数据中心等新型基础设施建设进度，提出"新基建"战略，计划投资40万亿元为数字化时代打造坚实地基。

"新基建"包括7大板块：5G基建、大数据中心、人工智能、工业互联网、特高压、城际高速铁路和城际轨道交通以及充电桩。

通过前面内容可以看出，不同于企业仅将业务无纸化，用移动互联网的方式维系经营，数字化将实现更高级的超越：万物皆数据。

在数字化时代，物理世界中的万物都将被解构为数据，最终成为在数字化世界的完整镜像。尽管这听上去有些不可想象，但现在已经有迹可循，比如现在大家常用的抖音。为什么抖音每次都能给你精准推送想看的内容？这是因为你在抖音的所有动作（每一次点击、每一次滑动、每一次跳转）都已经实现行为到数据的转换。当行为都被转化为数据时，抖音再通过算法预测你的喜好，自然就能戳中你的痛点、痒点和爽点。

在未来，被数据化的不仅是看视频的行为，还将逐渐涵盖居住、通勤甚至吃饭喝水，最终进入万物互联的数字化时代，而这一切的基石就是由新基建构建的全新基础设施网。一旦这个基础设施网形成，数字化时代将全面开启。

基础设施网具体指的是六大部分，一般被概括为"5ABCDI"：5G技术，意味着超级速度和无延迟的高速互联网，全球高速互联网的普及是数字化时代的地基；AI（人工智能），是超级算法，意味着可自我迭代、自我升级优化的智能算法，算法是数字化世界的公式；区块链，意味着可信计算环境，是一种超级数据结构，通过智能合约构建自动化执行的数据网络；云计算，意味着无处不在的云存储和超级算力；大数据，超级数据，意味着我们将拥有全知全能的巨量数据；IoT[①]，是超级器官，意味着无处不在的数据接口和智能终端。

在举国之力的强大支持下，5ABCDI持续加速普及，超级速度、超级算法、可信数据环境、超级算力、海量数据、智能终端的完美融合将会让万物数字化的世界成为不可逆转的必然。

在数字化时代，共赢共生的逻辑将逐步取代零和博弈的逻辑。

---

① IoT，即物联网（Internet of Things），是指通过传感器能将硬件设备数据传输到网络，在云端记录用户的使用数据，实现硬件设备与网络的绑定。——编者注

因为在数字化时代，产业链上下游甚至是每一个细小的行为都将被打通，以往所有难以量化的部分都将成为精确的数字。在数字化的未来，人人都将坐上数字化的快车，分享时代的红利。眼前人人获益的拼多多、物联网，无疑已生动地证明：这个时代正在发生巨变，而这巨变将惠及每一个个体、每一个产业。在未来，每一个行业都会出现万亿级巨头。谁有勇气参与这个进程，谁就有可能成为下一个时代新的赢家。

04
PART
企业机会:
数字化刷新商业想象终局

2020年2月,新冠肺炎病毒的爆发期,广西柳州空旷无人的街道上多了一排黑白相间的电动小车。车上的探头不停转动,一探测到行人就在显示屏上显示温度。这些小车头上装着一套红外测温系统,可以精准识别人脸,对连续大面积移动的人群实现2米内精确测温,精度极高。发现发热个体后,小车还能迅速通过无延时的数据传输,自动秒级锁定对象并发出语音预警。得益于这些高科技智能测温车,柳州市卫生防疫压力大大降低,工作效率大大提升。

这只是中国汽车龙头企业上汽通用五菱在疫情期间种种"高效操作"之一。日产200万个的自制口罩、76小时自产口罩机、42小时交付移动智能测温车、自动驾驶无人消杀车等令传统汽车企业眼花缭乱的"黑科技",都是上汽通用五菱的数字化制造的势能盈余。

根据网上数据显示,上汽通用五菱是行业内第一个有能力向用户提供L4级的自主代客泊车功能的企业。截至2020年3月,用户使用智能泊车产品次数超过9 000余次,节约停车时间超过9 0000分钟,综合成功率超过90%。

上汽通用五菱2019年7月启用全球首条四位一体无人驾驶公开测试道路，并开通9个5G基站，成功打造全国首个建设于公开测试道路的5G基站群，目前已累计进行了超过12 720次测试。

此外，上汽通用五菱的无人物流车与云端智能运营管理系统打造了国内第一条无人驾驶物流线路，截至2020年3月行驶里程已超过10 000公里，运输超过6 000次。

凭借疫情期间在数字化方面的创新与探索，上汽通用五菱荣登《人民日报》评选的"科技战疫——2020中国十大社会经济类数字化转型成功案例"榜单，也是唯一入选该榜单的汽车企业。

之所以从五菱谈起，是因为五菱是中国作为制造业大国的一个典型细分产业的缩影，公众能够从这家具备罕见生命力的企业在数字化转型的建树中一窥新技术赋能实体的究竟，未来千千万万个五菱会陆续走向这条产业升级之路。

下一个关键性的节点是打造企业的数字化商业引擎。

数字经济浪潮：3位弄潮儿

没有人会否认打造数字化企业已成为传统企业未来转型与发展的必然方向。在具体的操作层面，具备一个企业数字化商业引擎是一切可能性的前提。而现在，已经有几家先行者在数字化赛道上领跑。

拼多多——新兴社交电商的崛起

有一个外表普通、戴着黑色眼镜的中年人，只用5年身价就超过了马云。

他就是"80后"互联网新贵、拼多多的创始人——黄峥。

2015年，正是一个电商行业"两极争霸"的时代，淘宝、京东以迅猛的势头纷纷抢占市场，从当时的中国电商格局来看，拼多多并没有足够的成长空间。

但是，拼多多仅用两年的时间就交出了150亿元商品交易总额的成绩单。而同样的成绩，阿里巴巴用了5年，京东用了10年。黄峥到底依靠什么搭建起了如此有竞争力的拼多多王国？

从明面上看，拼多多的成功源于另辟蹊径。黄峥选择当时淘宝和京东都还没有注意到的"下沉用户"，但这块被淘宝、京东近乎放弃的市场，恰恰是黄峥眼里的宝地。他说："拼多多关注的不是低端市场，而是大众市场。"事实证明，他的选择是正确的。

就其内核，拼多多的成功源于"创新+数字化"。

简单来说，就是"新买家+新卖家+新连接+数字化"。

在这当中，拼多多能够异军突起、冲出重围，数字化占了很重要的一部分原因。

拼多多在数字化方面主要分三个方向：第一是游戏化体验留存用户；第二是大数据人工智能算法；第三是反向定制数据化形态。

游戏化体验留存用户

黄峥一直告诉公众，拼多多想成为"迪士尼+Costco"。Costco的部分，指的是拼多多赖以生存的电商业务。而迪士尼的部分，指的是拼多多一直致力打造的游戏化体验。

黄峥和游戏化体验的缘分始于他之前工作的游戏公司。游戏公司的本质就是使人愉悦，所以黄峥对利用游戏化体验让人愉悦有很深的理解。黄峥在拼多多中尝试使用"拼团"刺激用户消费，当他发现拼团带来了极好的用户传播和裂变效果后，才在这种游戏化体验的基础上形成了现在的拼多多。

拼多多并不直接给人优惠，而是通过分享/砍价，让用户在趣味活动中获得便宜。例如，其中的多多果园就是一个小农场，用户可以通过消费、登录、社交等行为获得农场资源，再种植在自己的果园里。

在未来，用户真正看重的不是价格，而是是否有快乐的体验。

只要够好玩、够有趣，用户就会愿意留在这里。

大数据人工智能算法

可能大部分人没注意过，早期拼多多App里是没有搜索框和购物车的。它完全是通过微信场景，基于人际关系链推荐物品，用拼团的方式让用户直接下单购买。拼了什么就买什么。

这个逻辑，就一反淘宝"人找货"的逻辑，而是"货找人"的反向逻辑。拼多多通过微信关系链进行拼团，在这一过程中了解用户需求。等积累足够的用户行为数据以后，再进行货品推荐。

这与字节跳动的大数据算法推荐十分类似，不管是抖音还是今日头条，都是"信息找人"的逻辑，根据用户浏览的喜好，自动匹配用户感兴趣的内容。

这改变了以前PC时代，用户利用搜索引擎，通过"人找信息"的商业逻辑——先百度，再在搜索栏寻找自己想看的内容。

数据智能和算法推荐，将在未来的数字化商业形态中扮演重要角色。

反向定制数据化形态

在《如何把"资本主义"倒过来》一文中黄峥观点非常鲜明：应该从需求端推动供给端。他认为，假设我们能让前端消费者多一点耐心，以及和其他人协调的愿望，放弃一部分所见即所得、现在马上要的冲动，那么我们就有机会利用人和人推荐、人和人之间关系、兴趣的相似点，做人以群分的归并，把每个人个性化的需求归集成有一定时间富裕度的计划性需求。如果能够这样做，那么流通侧线上高度市场化和生产侧刚性计划的矛盾也就能缓解。取而代之的是，更多计划性的需求与更多市场的供给侧相融合。前后端信息会更彻底地打通，消除需求和生产的错配，更是帮助我们在需求的差异化批量归集中找到自身的差异化，实现真正的供给侧变革。从刚性走向柔性，从同质走向有差异有特色，从滞后的计划走向与需求同步的半市场化。其实简单来说，就是用户要什么就生产什么，精准化地满足用户需求。

他的这些想法在拼多多的拼团功能上展现得淋漓尽致：拼多多在了解用户端的需求之后，聚集大量的订单，再通过数字化快速反馈给后端供应链，反向让工厂生产出满足用户需求的商品，这样整个供应链的效率将大大得到提升。而下游确定性的批量定制，会帮助工厂精确生产，避免压货。同时，工厂能根据下游客户的数据反馈做小成本精细运营，这样就能因为降低成本而降价，最终与消费者实现共赢。

也就是说，拼多多的拼团模式，从商业模式上来看，是C2B2M（消费者—供应链—工厂）。

当然，这里的供应链和工厂是泛指，并非说所有在拼多多上购买的商品都是工厂定制。事实上，拼多多中也有部分商家直接销售产品。

如黄峥在接受采访时提到的：拼多多的最终模式，是使得上游能做批量定制化生产，并从人工选品到全部由算法和机器来选择，以及机器推荐购物，最终形成供给和需求的智能匹配。

这个最终模式想象空间极大，甚至被视为未来智能商业的最终形态，很可能给零售和生产制造带来颠覆性的影响。

字节跳动——大数据算法的领头羊

你手机里有抖音、今日头条、西瓜视频、懂车帝、轻颜相机吗？

如果没有，那你也一定听说过。

如今，字节系App几乎已经成为当代人手机里的必备软件，而在这之前，人们最离不开的App几乎都是腾讯系与阿里系的。现在，字节跳动正在悄无声息地改变着这一切。

字节跳动是一家将人工智能应用得淋漓尽致的科技创新公司，也是目前世界上行业内最大最强的独角兽公司，它的创始人是张一鸣。

在字节跳动崛起之前，中国的互联网行业基本上是BAT的天下，在当时几乎没有人能够撼动BAT的位置，但是张一鸣仅仅用了8年的时间，就让字节跳动足以超越BAT。

张一鸣从大学开始就对网络信息传播有很深的研究，认为其想象空间很大。大学的时候他曾经详细地分析过网络信息传播的各个方面和角度，他发现，信息的组织与分发有最大的发展空间。

在酷讯时，张一鸣有一次想买一张回家的火车票，但是当时买票不容易。为了方便，他就利用中午休息时间给自己写了一个小程序。这个程序就像今天"去哪儿"的抢票功能一样，当用户记录下自己的需求后，程序会定时帮用户自动搜索，极大地节约了用户的时间。张一鸣靠着这个抢票小程序，顺利回家。从那之后，他就更坚信自己应该致力于更好地帮助大家发现信息和更好地分发信息。

一年后，张一鸣创办了字节跳动。今日头条和抖音，一开始就靠着"机器发放"，单枪匹马在BAT三大巨头所擅长的信息分发业务里，杀出一条创业血路。

从29岁创办今日头条，到估值5亿美元，张一鸣仅用了4年；从33岁创办抖音，到成为国民级的应用，张一鸣只用了2年；而现在字节跳动迅速"跳动"，已经是估值高达750亿美元的巨头。

从2012年到2020年，8年时间里，字节跳动茁壮成长，成为互联网机器算法、信息收集、知识付费的领头企业。

张一鸣和他所创办的字节跳动，在数字化的巨大魔力下，悄无声息地改变了整个社会。

美团——多方位多领域延展

美团王兴与字节跳动张一鸣、雪球方三文并称"龙岩三杰"，他们都来自福建省龙岩市。

王兴所带领的美团始终希望打造全品类的O2O（线上到线下）平台。

它从团购起家，切入社区团购、生鲜、外卖、电影票、出行等多个领域。在各个领域巨头林立的情况下，美团仍旧毫无畏惧地冲杀入局，挑起新的战争，甚至一度被人戏称为"半个互联网都是美团的敌人"。

好战的美团从一场场恶战中撕咬出一块块肥美的市场，在需求侧拓展了诸多业务，致力于成为众所周知的"无边界公司"。比如，大众点评已经成为每一个对美食有追求、想找到美食的"吃货"的必备之选；美团外卖成功地在外卖领域杀出一条血路，与饿了么分庭抗礼；美团打车，也在打车红海里逐渐站稳脚跟。

如今没有边界的美团，早已不满足于此，而是放眼未来，布局数字化。

王兴在第五届世界互联网大会上说："吃饭的人都是需求侧，餐厅是供给侧。餐饮这个行业有很多链条，餐厅要往上游去采购，雇服务员，买很多设备等，分很多层次，所以这个数字化进度相对慢一些，需要逐步展开。"

"餐厅也是巧妇难为无米之炊，它要买东西，进货也需要数字化。现在我们开拓了一个新的产品线叫快驴进货，帮全国20万家餐厅供应它需要买的东西，聚合它们的需求。通过我们的仓储和物流进行进货的数字化。将来还有其他的方面，我们要把餐厅经营的方方面面都数字化，才能把供给侧数字化。事实上要把餐厅数字化做完，其实还得把餐厅的上游逐步做起来。通过一步步去做，把各个链条、各个环节逐步数字化之后，就把供给侧也数字化了。供给侧数字化再跟需求侧数字化结合，这个数字经济才完整。"

以上三个企业能够在短短几年内赶超老牌企业，其实是因为拼多多、字节跳动、美团本身就是纯粹的数字化企业。它们以各自独特的方式让传统的商业理论失效，无限放大网络效应。拼多多借助数字化进行流量重构，字节跳动依靠的是大数据算法逻辑，美团是将营销数字化来进行全方位多领域的延展。

在传统的商业战略逻辑中，想做什么、能做什么、可做什么，全都有边界。想做什么是初心，能做什么是资源能力，可做什么是产业环境。但是在数字时代，这三个都可以变，想做什么可以重新定义，能做什么可以跟别人连接，可做什么可以跨界，数字时代的无边界，恰恰是其魅力的来源。

几家欢喜几家愁，有人乘着数字化的东风起飞，也有人即将被时代的浪潮击垮。

纯传统企业会彻底消亡

在这一节开始之前，我们先来看看马云在2020年重庆智博会的一段演讲内容：

数字化进程中最大的受益者不是互联网企业，而是用互联网改造自己的企业。所以我也想告诉那些天使投资也好，风险投资也好，那些PE不要仅仅把目光放在互联网公司上，不要放在互联网的题材上面，未来真正的机会是那些用新技术改变自己的传统行业。传统制造业一旦与新技术结合可以非常先进，反而是互联网行业的领先企业其实非常容易被颠覆、被推翻。事实上，未来不会再有一个行业叫互联网行业，因为所有的行业都会用上互联网的技术。传统行业和未来行业的唯一区别是有没有用新的理念、新的技术来改变自己。未来10年，最确定的一点就是要利用好数字技术，促进传统行业的进步和发展。

未来互联网行业将会消失，所有企业都是互联网企业。

说完了腾飞，我们也说一下数字化浪潮对传统企业的杀伤力。

现在你还担心出门遭小偷吗？人们经常调侃说，现在小偷基本上都"灭亡"了。让职业小偷消失的原因，不是同行竞争，而是电子支付的普及。数字化浪潮对传统企业的杀伤力，堪比原子弹之于刀枪剑戟。

在过去，人们很难料想到，使一个企业破产的真正原因不是同行的竞争压力，而是几乎联想不到的其他行业的突飞猛进。这就和现在的企业数字化转型局势一样。目前，只有少部分企业大梦初醒，提前看到趋势，大多数企业都还在沉迷梦乡。

再举个更为现实的例子。中国的家装家具行业中，现阶段卖家具单品的企业最难做。对于一个习惯传统家装模式的人来说，这是完全无法想象的，因为买家具是家装的刚需，家具应该是这行里最好卖的一环。但这完全是基于传统思维而来的家装逻辑：房子装修好了，就要去逛家具店。数字化思维下的家装行业逻辑截然相反：定制家具企业将用户的需求前置并满足了。传统家具店根本没有见到用户的面，就已经在更前置的基础装修环节被定制家具企业截流了客户。

具体的做法是，家装定制团队采集了房屋的所有数据之后，会根据数据算法，个性化定制适合房屋的家具尺寸与风格，直接让用户在量身定制的几款家具中选择最喜欢的那款。这样的方式使得客户在定制前期就已经被"拦截"，传统家具企业根本见不到客户。然而，传统企业也无力破解这种局面，因为表面上看两者都做家具，但背后的商业实现逻辑完全不同。传统的企业就是按图纸订单生产，与几百年前没有本质差别；但数字化家装企业将数字化系统和生产的智能化连接在一起，可以精确地给每一块木料打上一个ID或者二维码，赋予每一块板材自己的身份和姓名，真正实现按照用户需求进行私人定制。

正如北京大学国家发展研究院（BiMBA）商学院院长陈春花教授在第二届国家数字竞争力论坛上所说，传统产业必须提升认知能力。产业互联网，是要产业自己提升认知能力；如果产业自己的认知能力不提升，那么产业互联网和技术赋能以及数字化很难嫁接进去。

传统企业的命运掌握在自己手中，可以选择怀抱昨日旧梦等待被"原子弹"扫地出局，也可以选择调整认知，想方设法抢夺数字化转型的入场券。在风向与浪头变幻莫测的商海中，没有谁可稳固平安，不过是各自争渡。

数据生产力：阿里生意经

危机四伏的时代，谁掌握了核心生产资料，谁就赢得胜利。其中的赢家之一，是阿里巴巴。如果你对阿里的认识还停留在"让天下没有难做的生意"上，虽然本质上也没毛病，但事实上阿里正通过一系列关键性动作使自己成为更加强大的生态系统，阿里的野心也变成了商业基础设施。

早些年"双11"晚上，阿里巴巴的办公楼灯火通明、人满为患。员工们提心吊胆，生怕服务器崩溃。但其实从2016年后，"双11"就没有太大技术压力了，原因是阿里成功地把生产资料变成了数据：利用大数据AI提前预测下一季度的热门商品趋势、流量峰值模型、消费者会购买的商品等。

到2017年，阿里开始实施智能压测，"无人化"更进一步，不敢想象的未来正变为现实。

阿里开发者社区中有这样的评价："这个'双11'，我们已经能做到让机器人去智能压测，我们在项目室里喝着茶，跟机器人一起扛住了'双11'的峰值。在今年（2017年）智能压测实施下，模型准确率达到93%以上，整体效率较前一年提升2倍以上，为'双11'全链路压测节省1 000人次工程师，同时保障了全链路系统稳定性，使今年'双11'峰值（32.5万笔交易，25.6万笔支付）如丝般顺滑。这是几年前想都不敢想的事情，但我们现在能做到了。"

过去的传统企业采用了落后的工厂逻辑：为了提升生产力，我要加大人手，让更多人进来加更多的班。而数字化时代提升生产效率的逻辑已经完全改变：通过数字化，将生产资料变成数据，从而产生新的生产资料，直接迭代生产效率。

在过去，提到生产资料，人们总会想起土地、厂房、机器设备、工具、原料、劳动力，但现在这一切都成为过眼云烟。从阿里巴巴的例子可以看到，数字化时代，信息是资源，数据即生产力。

互联网企业一开始服务于消费端，正是因为那是商业模式变得最快的部分。接下来就是制造端，是要解决所有产业的效率问题。

数据是数字化时代最重要的生产资料。就像多米诺骨牌，生产资料的变化使得生产关系发生变化，而数字时代的商业竞争也必然带来生产关系的进化。

人与企业之间将会建立更深的连接关系。当数据变为核心，商业模式在变，效率也在变。当把一切转化为数据，企业将不能再凭感觉了解市场，必须凭数据。到时只需要通过采集用户行为数据，企业便能了解用户内心最隐秘的需求。人与企业之间通过数据，实现了从未有过的深度连接。

在未来，如果没有海量的用户数据基础，不可能喂养出用户满意的智能算法，人工智能会变得笨拙不堪，第四次工业革命更无从谈起。所以在未来数字化时代，谁能掌握数据，谁必将掌握话语权。数据就意味着生产力，这也是我们不断提及的数据价值以及数字化的意义所在。

当下我们正处于生产力提升、数字化转型的交替阶段。企业想要在未来市场抢得先机，提升生产力，建立渠道收集用户数据，强化数据处理能力，喂养智能算法是必备战法。

生产关系的进化：人人获益的美丽新世界

生产关系发生变更，带来的结果就是人人可获益。

在中国，每天上下班路过电梯门口广告屏的城市男女可曾思考过，为什么看广告的是我，收费的却是分众传媒。后者2019年营收高达121亿元，市值更是破千亿元。在商业研究者看来，楼宇媒体的成功无非是挟顾客以令企业的收税举动；但从用户角度审视，托高楼宇媒体估值的是用户，而用户并没有因此获益，对许多人而言，电梯里的广告根本是一种打扰。在数字化的生产关系面前，也许这样的局面会有所改变。

大数据量化所有的生物、非生物乃至行为与思维，赋予一切数据DNA。它能更精确地记录行为，在这个世界，大数据的影响非常广泛，它能解决我们生活中很多的日常问题，能够让我们的衣食住行更加便捷。它将重塑我们的生活、工作和思维方式。它大到可预测灾难的来临，小到可估算下雨天商家要多准备哪一种口味的奶茶……就在这次新冠疫情中，大数据起到了无可替代的作用，它能够精准地分析流感趋势，它知道人们从哪里来，是否去过疫区，国家可以利用数据来对疫情进行控制。

又如现在趣头条这些平台，给用户推荐喜欢的广告，用户可以直接接单看广告赚钱。这就是通过自己的注意力换钱。同时，平台也会通过数据测算出用户的浏览模式，以便优化算法，给用户推荐更多符合的内容，这将成为一种常态。

可以说，数字化将成为未来人类最好的助手。

因为一旦确切地给人类的行为进行最小颗粒化，你的每一个行为，都有了确切可追踪的数据，以便更好地定价。技术的进步，让以下这三个层面变得可实现：

从世界层面来看，数字化成为解决当今许多迫切的全球问题不可或缺的重要工具，它能帮助我们更好地应对气候变化、经济危机等各种疑难杂症。

从企业层面来看，通过数字化转型，不仅能够提升社会的整体运转效率，还能够实现优质资源的普惠分配及使用。

从个人层面来看，数字化将带给个人超乎想象的生活体验，个人将依靠数字化在与企业的共生之中获益，生活在一个人人获益的新世界。

数字化是未来商业的引擎，千万不要再用工业时代的逻辑来应对数字时代。尽管数字化目前仍处于社会舞台的边缘，但已经有无数异类开始从边缘向主流世界缓步走来。

05 PART

个体崛起：
人人有机会出名1小时

　　2015年的某一天，王晓磊正在快速敲打键盘。不一会儿，他便在电脑前敲完了他在新华社的最后一篇通稿——《新动力描绘"十三五"新蓝图》。随后王晓磊站起身，神采奕奕。他并不为离开新华社而感到难过，反而有一丝从框架中解脱的快感。完成工作的他并没有休息，带着自己的电脑走出新华社的大门，打算回家写今晚要发的公众号文章，还有30多万人正在公众号上等待着他的更新。

　　王晓磊在新华社工作近9年，旁人评价他"写作风格规训严谨"，殊不知他在领导同事们都不曾知晓的公众号平台，建立起了只属于自己的地下文字王国，嬉笑怒骂吸引了数十万的粉丝日夜翘首以待。他有时也会迷惑与怀疑，原本只是为了打发时间而创立的个人公众号如今居然在网上拥有了如此之大的影响力，而写政法通稿的正职年薪，却还不抵他偶尔在文末植入一则广告获得的酬劳。几个月后，王晓磊选择离开新华社，回到自己的一方小天地。

　　王晓磊，笔名"六神磊磊"，公众号叫作"六神磊磊读金庸"，至今都是最火的公众号IP之一。"六神磊磊读金庸"的崛起，标志着主流媒体垄断话语权的时代逝去了。

主编消失：自媒体崛起

2015年，微信公众号等自媒体在中国已经有所普及，但是大部分人都只将其当作工作、生活之余发表想法、意见的平台，在人们眼里，自媒体并不能成为取代正职的一种行业。就连公众号影响力如此之大的六神磊磊，也从未告诉过母亲自己离职的消息。"永远不让她知道，她身体不太好，知道了之后受不了。"他当时应该也没有想到，回首望去，自己略显冲动的辞职，竟暗合数字化时代大潮的方向。

在如今的数字化浪潮下，我们可以很清晰地感受到信息爆炸。信息爆炸不只体现了当今信息输出与接收的速度，还有传播渠道的多元性。人们已经不再满足于只从某些官方平台获取信息，同样也不满足于仅仅拥有获取信息的权利。而数字化给予了我们打破桎梏的能力，我们每一个人都可以拥有自己的公众号，拥有自己发表意见的平台。不仅如此，我们甚至可以通过输出信息来获取远比以往更丰厚的利益。在这种环境的压迫下，传统媒体受到了极大重创，昔日辉煌的纸质报刊纷纷关停。追求转型或是就此消失，已成为传统媒体所面临的深刻而又艰难的选择题。

不论传统媒体如何选择，自媒体的爆发式涌现已经从根本上改变了媒体世界。

在数字化之前，传统媒体的主编掌握着信息的输出与风向；而如今这一能力的拥有者发生了改变。在百花齐放的信息平台中，哪家输出的受众多，哪家对信息的影响力就大。换言之，"主编"这一角色的职能，已渐渐被"意见领袖及其团队"所取代。

数字化进程下，自媒体的崛起让我们完成了从"信息接收者"到"信息输出者"的转变，虽然传统媒体因此日渐式微，但整个媒体行业也因此更加生机勃勃。可以说在数字化时代，"主编已消失"，媒体却变得更加强大，而我们个体凭借数字赋能也会变得更加强大。

主播来了：一人顶一个上市公司

2020年6月4日下午5点，这是"辛巴"复出带货直播开始的时间。

这场直播，再一次刷新了快手平台单场带货纪录。仅1小时3分钟，辛巴的销售额就突破3亿元，而仅仅只过了1小时零1分钟，营业额再破5亿元。这宛如坐火箭一般的销售增长，在这7个多小时的直播里从未停止。靠着50多件产品，辛巴当晚的销售额达到了12.5亿元。这就是中国顶级带货网红的能量。

数字化带来翻天覆地的改变，不仅仅是因为其对传统行业的动摇与消减，更因为它能创造出新行业。除自媒体外，最具代表性的应该就是"直播经济"。

一个小时就能突破上亿元，这可能是某些公司无法想象的数值。但更令人难以置信的是，辛巴并不是富二代，也没有从商的经验，做主播前他只是黑龙江小兴安岭某个小山村中的村民。但他在做直播的短短几年内已经一跃成为大连沃天国际贸易有限公司的创始人与董事长。这就是数字化下直播行业与电商融合缔造的奇迹。

在直播行业里，辛巴、李佳琦等是一批"吃螃蟹"的人，而无数后来者跟上他们的步伐走进这个行业。低门槛、高回报吸引了大量年轻人涌入直播行业，市场规模在2020年达到600亿元。他们都因为直播红利实现了财富自由。

数字化时代，人人公平将被极度放大。没有学历与资历的限制，人人都能把主播当成足以谋生的职业。喜欢唱歌的可以直播唱歌；跳舞的直播跳舞；学生甚至可以直播写作业；哪怕你真的一无所长，睡觉时把摄像头摆在床边，照样有人买账。无数的普通人原本都怀揣着梦想，却只能找一份普通的工作过着普通的生活，而直播平台以如此低的门槛，给予人们一个难得的表现自我并获利的机会。

电商在数字化的加持下也绽放出了新的可能性。2018年天猫

"双11"销售额为2 684亿元，而其中薇娅直播间的销售额超过了27亿元。在直播行业出现前没有人能够想象得到仅仅一个直播就能够平添巨额的数字。电商或直播都无法单独创造这一数据，是数字化将两者结合到一起，这两大产业才能完美地创造出如此巨大的商业价值。

如果说自媒体给了个体一个信息输出的机会，那么如今如火如荼的直播行业加上电商，则是最大化地挖掘了个体的商业可能性。

自主就业：数字化微商卷土重来

白领大琳前段时间开始搞副业了，而且启动成本极低。她利用下班后的碎片化时间，动动手指挑选货品，分享给身边的朋友达成购买就赚到了钱。

她是阿里巴巴推出的"淘小铺"App的首批体验者。她把一些自己觉得不错的商品分享给身边的人，感兴趣的朋友从这个链接购买后，她便可以获取对应的佣金比例。

淘小铺支持免费开店，用户使用淘宝账号登录就拥有了一家自己的小铺，实现"一键创业"。将商品分享他人即可直接通过链接从商家购买，不需要自己跑去代购，也不必操心囤货的问题，仅仅需要利用碎片化时间就可以赚取佣金，这对个体来说门槛近乎为零。

除了做自媒体和开直播，当下还有一个受国家认可的新职业——微商电商。如今的微商与之前的微商相比，在数字化下产生了细微却关键的差别，我们可以称之为"数字化微商"。

最早出现的微商可以分为代购类微商与代理类微商两种形态。前者是通过在朋友圈分享商品的使用体验等使朋友产生兴趣，并从代购代买中获取利益；而后者背后则是有更大的卖家团队。换句话说，那时做微商，要么得花费时间与精力满足买家的各种需求，要么就得拥有足以拿到货源的渠道。虽然说这两个条件并不是很苛刻，但由于各种因素并不是每个人都能够分得微商经济这杯羹。

要理解数字化微商这一概念以及它所做的改进，就得先理解数字化下的"分享经济模式"。

如今时代进步飞速，传统商业模式如B2B、B2C等都已成为常规商业模式，用户黏性较差，因此新的商业模式——"分享经济模式"便应运而生。

分享经济是指将社会的各种分散资源平台化、协同化地集聚、复用与供需匹配，创造新的经济与社会价值。分享经济的两个核心理念是"使用而不占有"和"不使用即浪费"。通俗地说，个人可以通过社会化平台分享闲置实物资源、碎片时间甚至认知盈余，以更高的效率与更低的成本实现经济剩余资源的供需合理匹配。

换句话说，在数字化时代，人们可以通过简单行为和社交关系变现。比如在你身上也一定发生过的"帮我砍一刀"。

今天起床，小王在微信朋友圈看到朋友秀出了拼多多红包到账的200元截图，朋友开心地说："我朋友已经拿到了钱，活动是真的！参与方法点击这个链接，顺便帮我砍一刀。"

小王不免心动点了进去，帮朋友砍完后，自己马上收到了100多元的红包，但要200元才能提现。小王激动了，马上开始转发到各种社群……

"拼多多，分享赚"并不是刚刚才出现的新事物，在当年它们被称为"网赚"，而如今在数字化的新时代也摇身一变成为数字经济的体现。原本许多人可能对分享过来"帮我砍一刀"的消息嗤之以鼻，但如今这种分享经济已经从边缘渐渐成了主流趋势，走上了社会舞台的中心。

同时，这些分享经济的商业模式也已不再只是赚零花钱的手段，而成为自主就业的另一种方式。平台和人们不再是以前的雇佣与被雇佣的关系，而是一种合作关系。用户通过合理安排自己的碎片化时间进行分享，从而达成与平台商家的合作并赚取佣金，摆脱了以往的雇佣模型，也证明了个体对某个组织或某个平台的依赖程度越来越低。因为现在的商业模式本质上就是让人们通过合理运用自己的数据、自己的社交关系与时间，并将它们一并变现。

自媒体、直播经济与数字化微商，在刚萌芽时都只在社会边缘生根发芽，现在都已经变成炙手可热的新兴产业。个体的机遇也随着时代的发展越来越多。不得不承认，正是因为数字化，我们才能看到这个社会越来越多的可能性，个体也正是因此实现了真正意义上的崛起。

扫描二维码，发送【新基建政策】
了解新基建落地新政策，把握红利点！

本章思考

1. 你所在的行业对应国家怎样的大趋势？
2. 如何在你所在的领域实现高质量发展？
3. 对数字化升级最为期待的结果是什么？

02

CHAPTER

第2章
数字化思维

正确的改变，一定源于底层思维的迭代。

数字化思维是数字化引擎的原动力

无论是国家倡导的供给侧结构性改革，还是声势浩大投入深远的新基建工程、全社会数字化升级，或是2018年国务院《政府工作报告》提及的高质量发展，全部指向同一个目的地：不断满足人民日益增长的美好生活需要。只有在这样的认知基础上，才能避免形式主义和动作变形。

数字化升级对于企业而言，是一个系统性工程，绝非对某项技术的应用与开发，也不是使用某个工具进行某种协作就叫数字化升级了。数字化思维的背后蕴藏着更大的商业可能性，而这种可能性的种子是商业文明进化之初就写入进化纲领与目标中的，这个种子也被称为商业的本质。我们要做的只是去洞察和发现，去追寻本质，顺应趋势持续升级。

拼多多创始人黄峥在2019年致股东的一封信中写道：

"我想新电商的最大特征是普惠，这是由它诞生的时代决定的。

"新电商的第二个特征是'人为先'，这是由它的基因决定的。

"通过人与人连接和信任来汇聚同质需求，提升供应链效率，让价值回归劳动者与创造者。"

拼多多的崛起并不只是抓住了"下沉市场"，也不只是商业模式创新，更根本的是黄峥依靠着对用户的深刻洞察，依靠着工具和游戏化体验，在某种程度上改变了中国电商行业的秩序与思维。

投资过贝壳、拼多多、泡泡玛特的顶级投资人包凡曾经说过这么一句话："这是一件重建秩序的事，而且这个秩序是让所有人得利，而不只是让某一家公司得利。"

贝壳找房脱胎于链家，是传统产业数字化升级的标志性案例，其仅用28个月时间就成功上市，市值逼近700亿美元。支撑贝壳崛起的关键性思维是其创始人对产业升级以及行业中每一个公司甚至每一个从业者生存需求的洞察，数字化只是贝壳重建行业秩序的技术工具。

每一轮技术变革背后都蕴藏着巨大红利，数字化升级的背后是一次用数字化思维进行横向、纵向整合的绝佳时机。无论是大型企业还是初创企业，无论是2C还是2B企业，只要能发现自己所在领域的需求，就有通过数字化技术去整合的可能性。数字化的发展终局是镜像物理世界的一切，数字化升级对企业而言绝非是一种技术补丁或技术应用，而是一次改变命运的新大陆争夺之战。

在2020年这个特别的时间点，无论曾经多么守旧固执的人，都开始尝试拥抱那些自己不曾深刻理解的新东西。

技术总是容易被清晰定义，但思维认知却各有不同，且很容易出现各种解释。本章试图做出挑战，从思维层面上探讨，尝试对数字化思维进行阐述和定义。这么做并非是为了所谓理论体系，而是希望我们的阐述让读者能够有除技术之外的思考启发。

建立一个有"数据资产价值关系链"的数字化生态系统，是数字化思维的基本动作。通过数据、技术去连接与企业有关的一切角色并激励他们持续参与企业经营，是数字化思维的核心理念。通过数字化引擎将"数据经验"与"数据资产"从整合收集到再次计算，并赋能给所有相关参与者，用数据作为依据辅助核心决策，让管理者从"经验与情绪"的农耕管理模式中解脱出来，逐渐进化为具备"自驱、自愈、可循环"的数字化智能管理结构。

数字化思维是构建数字化引擎的原动力，本章旨在让读者从思维层面入手，意识到数字化升级并非只是技术层面的事情。企业领导者要将数字化升级上升到战略层面去思考，着手构建属于自己的数字化引擎，才能真正抓住数字化升级的发展红利。

将企业经营的全链条数据进行收集、整合、计算、重构，形成企业的"数据经验"与"数据大脑"，企业的数字化引擎才算正式开始构建。

一切动作皆可数据化

一切动作皆可被激励

一切动作皆可被拆解

一切数据皆可被计算

数字化企业的数据积累和互联网的广告流量采购是两个截然不同的逻辑，数据积累是真正的"起跑线"竞争，越早拥有数字化思维，越容易建立自己的数据矿场。数字化企业经营的核心过程经过沉淀积累，将会为数字化组织赋能打好基础，构建一个开放式共创、共赢的无边界组织，这将会是数字化升级中构建新的人才竞争壁垒的杀手级动作。

数字化时代企业的经营方式将彻底转变，一个基于数字化的商业组织最终会成长为拥有"开放式、自增长、自循环、自激励"特征的全新商业生命体。技术为驱动、数据为引擎是数字化升级的主要特征，数字化升级是用"数字化思维"对企业各个维度进行重构、升级、进化的过程，数字化升级将实现企业经营全链条的数据化、智能化、自动化。

过去成功的经验很有可能变成创新的绊脚石。

撰写本书的过程中，我们与传统企业创始人、高管进行了大量的交流，发现了两种极端的现象。

处在行业头部的传统企业，大多都已经通过各种培训班、课程多次接触了数字化，甚至有一些企业已经在几年前开始布局数字化，在人力、财力上做了不少投入，但由于缺乏战略级思考、系统性布局，结果不尽如人意。

还有一些稍小规模的企业，普遍把数字化当成"工具"，对数字化的认知还停留在可有可无的阶段。小规模的企业对数字化的理解更像是停留在"开个网店、做个网站"的层面，对数字化战略的系统性应用还处于空白状态。

　　每一个经营动作、每一次销售成交、每一次产品使用都会产生数据，数据积累与沉淀的多寡决定了企业数据资产的多寡。数据将成为数字化时代的生产资料与企业资产，无论是大企业还是小公司，哪怕是作为个体存在，数据都会成为我们最重要的资产之一。

　　大多数传统企业经营，基本建立在二三十年前形成的经典商业战略架构及方法论的基础之上，这些经典商业战略及方法论构建停留在上一轮的老基建历史背景之下。在疫情影响下的2020年，新基建开启了未来30年增长的新通道，无论是大企业还是小企业，数字化都是不可逆转的趋势，抓住这一趋势的首要动作是"思维方式"的升级。

　　本章将围绕"数字化思维"展开描述，通过场景和案例对数字化思维进行呈现。数字化思维是未来企业经营过程中的潜意识，当我们面临管理、营销、激励、运营、产品开发等问题时，我们的思考方式会与过往截然不同，塑造这种数字化潜意识，是形成数字化思维的关键动作。

01

PART 数字化思维底层逻辑

　　未来的世界，万物皆数据。

　　如果你在逛超市，面前有一批苹果，怎么知道它们好不好吃？

　　你可能会看看苹果的外皮，有没有充分日照后的红；你可能会问问旁边的售货员这个苹果卖得好不好；或者你可能还想试吃一下，实际感受它的味道。

　　但就算你层层筛选，依旧有可能挑到不好吃的苹果。因为日照充足也不一定甜；每个人的口味不同，热销的苹果也不一定适合；试吃过的苹果和实际买回家的苹果可能批次不同，或者同批次的不同苹果口味也会有差异。

　　总而言之，通过经验、评价甚至单次感受来判断苹果的味道都是不可靠的，从生产到入口的各个环节都充满了不确定性。

　　数字化时代赋予我们全新的可能。

　　在数字化时代，当你想买一个苹果时，你可以打开手机，扫描苹果自带的二维码：

给苹果扫码

这个苹果来自山东省栖霞市的××农场，果树树龄4年，土壤松弛度4级，每日施肥3次。2020年该树共结果149个，合格率98%。该果从2020年3月4日开始生长，2020年7月27日20时30分被采摘，2020年7月28日23时04分完成清洗装车，2020年7月29日17时24分上架。单果重量341g，含水率40%，含糖率15%，甜度等级为三级甜，建议于2020年7月30日13时49分前食用。

苹果的一切指标都变成了可量化的精确数据，我们不再需要以朦胧的、不确定的感觉去判断事物，一切都可用数据说话。

苹果不再是苹果，而是数据的合集。

数字化转型试探：改革假动作

数字化的世界已横亘在我们眼前，无数企业都试图参与这个宏大进程，却迷失在互联网的幻象中。他们误以为自己已经进入了互联网的新浪潮，殊不知只赶上浪潮退去后的遍地狼藉。

从无纸化、直播带货、人设打造、IP开发，到增长战略、第二曲线、私域流量……这个时代的企业管理者被五花八门的概念塞满了大脑，纷纷请来各路互联网咨询顾问答疑解惑，想在存量时代中拼尽全力抢到一张去往数字化未来的船票。

无纸化办公就是其中的典型。无纸化办公的意思是将一切办公转移到线上。这个概念以前就很火，在2020年疫情的刺激下更是飞速发展，一夜之间，钉钉、腾讯会议、石墨文档等协同办公软件同时出现在各家企业各级员工的电脑桌面上。但安装风潮过后，真正能把这些软件用出效果的企业却是少之又少，甚至有时还反过来拉低了企业的办公效率。

疫情之后，各类企业也都争先恐后地开启了直播带货，仿佛不参与到直播大战中，企业明天就得关门大吉了似的。直播是开了，主播也请了，可带货的效果也不尽如人意。直播爆款不常有，而卖出去的钱还挣不回直播坑位费的故事倒是常常发生。

人处在焦虑之中时，总是迫切想要以行动缓解内心的不安，企业也是如此。

学会那些"高大上"的新词，并不等于实现了真正的数字化，而只是在数字化的边缘疯狂试探。因此，我们把企业的这类无用尝试称为"数字化假动作"。努力很有价值，但假动作只能自我感动。在错误的方向上付出一百分的努力，你的收获依旧是零。

那么，到底什么是真正的数字化？

信息化 ≠ 数字化

数字化是信息化的进化体，让我们先通过信息化与数字化的区别了解什么是数字化。

互联网发展多年，无数传统企业在这条道路上前赴后继，但很多人并不了解这两者之间的真正区别。

阿里巴巴副总裁、阿里CIO学院院长胡臣杰在"从信息化到数字化"的演讲中对信息化与数字化做了一个区分。

信息化是基于一个业务的点或者线的需求，IT部门研发相应软件、平台，其目标是提升业务的效率，降低企业成本或者提升可靠性。而在这个阶段中，数据只是信息系统的副产品，我们只是做到将原先的物理信息、流程搬到线上，被计算机所存储和识别。

从Gardner算法对数字化的定义来看，数字化是真正推动整个商业模式的变革，推动产业链的重构，进而改进了企业与消费者、企业与合作伙伴之间的关系。所以数字化转型需要从全局考虑数据资产，只有将数据真正变成一个公司的资产时，才是企业进入数字化的阶段。

同时，数字化转型还需要基于场景对业务流程不断地进行切片和细化，这样才能在电脑中重现原有的业务流程，进而有可能在系统中模拟、优化、重构。我们应该知道，原子代表的物理世界是无法比得过电子、比特代表的数字世界的演化速度的。

简单来说，信息化是数字化的初级阶段，两者的核心区别是企业对于数据的理解。在信息化时代，数据只是一种附属品，目的是提高业务效率或者降低成本。而在数字化时代，数据成为企业关注的核心，一切业务将围绕数据展开。

数字化：一场伟大而彻底的基因改造

目前，很多企业对数字化有所误解，认为数字化无非是把实体的东西搬到网上。这种误解就导致企业的数字化进程像在做外科手术，哪里有问题就切哪里。但实际上，数字化是从底层逻辑开始重构企业DNA，乃至对整个世界都进行一次彻底的基因改造。

在企业与数据之关系的变迁中，首先需要厘清的是"互联网+"和"数字化"两个概念，这两者看待企业与数据网络的关系有着截然不同的内在逻辑与视角。

在"互联网+"的语境里，企业与数据网络的关系类似于人与工具的关系。企业只是希望通过"使用"数据网络提高效率，这和今天用播种机取代人力播种的思维没有什么区别。在这样的视角下，企业与数据网络是完全不同的两个主体，企业以一种高高在上的姿态俯视数据网络。

互联网通过对现实世界的虚拟连接，能够让信息的流传畅通无阻。而数字化是对物理世界的镜像还原，让价值的流转畅通无阻。在"数字化"的语境里，企业与数据网络的关系是一种融合共生的关系。企业与数据网络脱离出权力关系，平等地交互融合，你中有我，我中有你。企业与数据网络内在的张力消失了，从中释放出无限的能量，刺激企业不断向前发展。

因此，只有企业把数字化DNA植入底层逻辑之中，拥有真正的数字化思维，才能成功进行转型。

那么，什么是数字化思维？

数字化思维：将一切转化为机器能理解的数据

数字化思维脱胎于互联网。1946年，美国率先发明了电子计算机，以计算机为载体又研发了万维网，进而发展为今天的互联网。再后来，史蒂夫·乔布斯、比尔·盖茨这些我们耳熟能详的互联网掘金者在虚拟的网络上构建起一整个新的世界，这才有了我们现今的网络生活。

从本质来说，互联网没有彻底颠覆我们的生活，只是通过信息连接实现既有生活的模仿。微信只是让我们换了个方式聊天，淘宝只是把线下购物变成线上购物，网约车其实就是供给充足、可以线上叫出租车……在这个世界里，人的行为依旧是模糊的，难以了解且难以预测。

数字化思维则截然不同。其本质是将所有的物理数据都转化为可量化的数据，用数据复刻一个物理世界镜像，从而实现维度跃升。就像前文说的山东栖霞的苹果，我们可以将一切都量化为数据，不需要再通过猜测、经验这样模糊的依据去判断——一切都变得清晰可见，这种精确度超越人类过往的历史，真正意义上实现了物理维度到信息维度的跃升。

不只是苹果，人的行为甚至人本身也可以被转化为数据。例如，在淘宝上搜索"狗粮"，你会看到琳琅满目的狗粮，从中买到你家狗最喜欢的口味。当再次打开淘宝时，你不仅会看到上次买过的店铺出现在搜索结果的顶部，还会发现淘宝向你推荐了非常多与宠物相关的内容：磨牙棒、宠物屋、宠物药……应有尽有。恍惚之间，你可能会以为自己打开了一个宠物用品商城。

这一切都是以行为数据化为前提的。你搜索"狗粮"的行为、浏览频率、购买数量都被记录下来，再通过一些算法标签，淘宝会知道你养了一只狗，一天喂它300克狗粮，它喜欢牛肉口味……

在数字化时代，数字化智能给我们的生活带来了颠覆性便利。我们不再需要主动要求、主动寻找，智能推荐系统就能把所有我们喜欢的、需要的东西放在面前。上淘宝不再只是买自己要买的，它还会把可能需要但暂时想不到的东西自动推荐给你。例如，你刚刚吃完最喜欢的榴梿，一打开淘宝就能看见榴梿的打折广告；或者你打开地图寻路时，会自动弹出滴滴的提示，问你需不需要打车。

所以，所谓数字化思维，就是将一切现实转化为机器能理解的数据。数字化世界也不再是对现实世界的一种线上模拟，而是直接把现实世界中的实体转化为另一个维度的事物。如果说，互联网世界的本质仍然是虚拟逻辑，数字化世界的本质则是现实逻辑。

从前，禅宗用三句话来形容认知的三个等级：第一层是"看山是山，看水是水"；第二层是"看山不是山，看水不是水"；第三层是"看山还是山，看水还是水"。而这三重境界在数字化时代将被完全改写。

在数字化时代，看山是数据，看水是数据，世界即数据。

02
PART 思维进化：数据驱动

当你走进一家大商场，常常一眼就看见一间黑白色装潢的服装店。设计简约，亮着明黄色的温暖灯光，这就是全球排名第三、西班牙排名第一的服装业巨头——ZARA。

ZARA是全球著名的快消品牌，产品更新速度、供应链速度远超业内平均水平，可谓"快消界的博尔特"。依靠出类拔萃的供应链体系与上新速度，短短40余年中ZARA已在全球各个国家设立了超过7 000家分店。它的增长速度也远超同行，2018年净利润增长12%，2020年荣登《福布斯》全球品牌价值榜第41位。

不论怎么看，ZARA依靠供应链体系构筑的护城河都极其牢固，其地位看似无可撼动，但实质上，ZARA正面临一个名不见经传的中国品牌SHEIN的挑战。

作为2020年服装业最大的一匹黑马，SHEIN以不可思议的速度快速扩张。业界称之为比ZARA还要快7天的快时尚，它的估值超过150亿美元，2019年将300亿元的服饰卖到海外——大约是1/7个ZARA，2.5个H&M。

SHEIN的例子，让我们不禁好奇，究竟是什么让新生企业得以杀出重围？

答案就是思维的进化，这也是接下来企业想要突破的必经之路。

回顾与展望未来的发展，我们将用一些具体的例子，来描述企业在数字化时代的突围之路。

第一阶段：产品驱动

早期的公司通常只有产品的概念。它们在享受了一段时间的红利后，没有顺应环境改变思维，而失去了自己的竞争力。

有着"中国鞋王"之称的富贵鸟，曾经深受人们喜爱，年产皮鞋200万双，它的快速崛起主要是依靠产品质量和在当时远超业界的生产速度。

企业进入高速发展阶段后，富贵鸟的产品也开始被争相模仿，创始人林和平转头就打起了品牌效应战，请代言，做广告，一时间风光无限。2013年，富贵鸟在香港证券交易所上市，当天的股价是每股8.9港元，公司市值高达百亿港元。

可好景不长，2013年也是电商疯狂崛起的一年，作为一家以产品思维为主的传统企业，富贵鸟并没有意识到思维转型的必要性，反而一味坚守线下渠道。2015年，富贵鸟的业绩开始下滑，全年净利只有3.9亿元，同比减少13.09%。到了2016年，富贵鸟的利润只剩1.6亿元。但其应收账款合计超过20亿元，是利润的十多倍。2016年9月，富贵鸟以企业无法出具财务报告为由，申请停牌，一停3年。

2019年10月，富贵鸟开始拍卖产业，包括其名下的应收预付类债权、长期股权投资等破产资产。最终晋江企业家洪顶超以2.34亿元的价格买下，一代"中国鞋王"就此易主。

富贵鸟为何没能保持住增长的势头呢？究其本质，正是因为传统企业的思维以产品为主导，也终将被产品所束缚。该思维最典型的特征，是只在乎卖出去，并不在意卖给谁，对用户没有概念，所依靠的只是线下规模化生产所带来的快速增长。这种运营模式的核心壁垒极低，很容易被模仿并打破。

ZARA也面临着与富贵鸟一样的境况。ZARA依靠品牌快速的供应链模式，巨额投资的生产基地，将出货时间缩短到两周。但随着互联网的升级，用户的习惯和体验一再上升，供应链速度已经不能再支撑销量。传统线下巨头ZARA也有些扛不住了。媒体资讯显示，2020年，ZARA的母公司Inditex计划永久关闭1 000～1 200家线下门店，占其全球门店的13%～16%，将更大的力气投入线上营销。

可见，电商的崛起已经快速地超越了传统的品牌传播力度，撕破了产品和用户之间长长的传播链。这让如今的企业必须做出改变：想要继续保持业绩增长，就不得不考虑用户与数据——这就催生出了第二代企业。

第二阶段：流量驱动

流量是我们最常听到的词。所谓"互联网思维"，其实指的就是流量思维。

凡客诚品的兴起就是典型的流量思维。初创期间，它就第一时间瞄准了电商红利，大量从线上获客——有人就有购买力。凡客的产品线丰富，涵盖男装、女装、童装、鞋、家居等7大类商品，支持全国1 100座城市货到付款、当面试穿、30天无条件退换货。

同时，它用尽花样来吸引流量。从只要29元的T恤，到韩寒、王珞丹等当红明星代言……它在营销上多管齐下，引来了大量刚刚接触网购的客户，"凡客体"更是将互联网品牌广告推向了高潮，把凡客的知名度推向了巅峰。

2009年，凡客卖掉3 000万件衣服，相比2008年销售额暴涨400%，成为自营服装品牌的第一。

当时的凡客迅速膨胀，两年内销售额就从2008年的1亿元，飙升到2010年的20亿元。

吃了广告的红利，凡客在广告投入上手笔越来越大，仅2011年的广告费用就达到5亿元，希望继续快速膨胀，早日IPO。

在那之后，凡客不断扩充产品品类，从衣服到日用百货，把自己变成一个"大杂烩"零售商城。它从没有想过如何给用户提供更精细化的服务、更精准的产品，只是盲目地增加新用户数，给用户更多选择，把用户当成"长一茬割一茬"的韭菜。它和路边的小杂货铺没有本质区别，总觉得只要东西够多，宣传够好，就能引来更多用户，就会有更多人消费，却忽视了用户真正的需要。

凡客迅速扩张的背后，隐藏着产品质量、对消费者的需求缺少洞察、产业链整合薄弱等问题。用钱砸出来的流量，只能捕获大而全的消费人群。作为产品思维的升级，流量思维是有自己的优势的——它有模糊的人群画像，知道你来自哪个城市，处于什么年龄段，有群体标签。但它的短板也非常明显，流量思维无法精准定位到每一个用户，本质上还是一个将企业决策传递给消费者的过程。而用户对产品的需求，每个人对收到货品的满意程度、投诉建议，凡客却无从得知。

在流量思维的指引下，凡客的品控质量一日不如一日。面料、做工和款式，都越来越难以比肩其他互联网快时尚品牌，更别提其他穿着舒适的服装品牌。

最终，央视成了压垮骆驼的最后一根稻草。2014年，凡客遭遇了央视曝光，产品质量问题与排山倒海的差评带来了巨大的库存压力。在最严重的时候，凡客的库存高达20亿元。巨额库存最终压垮了凡客，从此一蹶不振。

如今，凡客诚品早已淡出了主流视野，作为一个踏着互联网浪潮而起的企业，今天的凡客为何走到了崩溃的边缘？

水能载舟，亦能覆舟。这就是有了流量思维，却还无法具备用户思维导致的失败。

可见，宽泛的流量思维只能根据数据辅助决策，不再适应当下竞争激烈的互联网生态，企业真正需要做的，是将流量思维转化为用户思维、数据思维。

号称拥有用户思维的企业比比皆是，若要判其真假，取决于它是否理解用户的差异化，知道每一个用户的特征和喜好。有些企业收集数据，也会对数据进行简单分析，但因为收集到的数据本身并不精准，需要人为筛选，本质的决策者是人，所以其本质还是流量思维。

第三阶段：数据驱动

如今，企业的拼杀已经到了数据层面，数据直接参与决策。

前文我们所说的服装业黑马SHEIN，就是一家由数据思维驱动的企业，其具有真正的用户思维。

那么，从用户的角度如何理解数据思维呢？

数据思维是真正意义上的"为用户量身定制"。它依靠精准的大数据，跟踪每一个人的喜好，点对点进行分析，并根据数据结果指导品牌的下一步动作。

SHEIN的产品和品牌定位对标的是著名快时尚品牌ZARA，但在用户思维上远远比ZARA做得出色。作为一家神秘的百亿元市值公司，它全部依靠线上销售，业绩可以用令人惊叹来形容。根据谷歌上搜索到的数据，它的用户已经是ZARA的3倍以上。

SHEIN成功的几点要素，可以通过数据思维一一了解。

SHEIN的上新速度之快，款式之多，让传统企业望尘莫及。它的产品线比ZARA还丰富。仅2019年一年，SHEIN上新量就达15万，是ZARA的好几倍，并且上新速度还在不断加快。

同时，它的品牌从里到外，所展示给用户看的每一个环节，都完全符合用户真正的喜好。这是一家风吹草动都依靠数据说话的公司，它的创始人比任何人对数据都敏感。数据反映用户喜欢什么类型的衣服，SHEIN就做什么类型的衣服；用户喜欢看网红照片、

Ins风格的模特图，SHEIN就去严格把关摄影师。

ZARA的款式是依靠设计师模仿各大时装秀上的走秀款而来。它不做款式挑选，全部交给用户做选择，在收集销售数据后再考虑要不要量产。它做产品的理念本质上还是从上游到下游的逻辑。

而SHEIN不同。除了做到了ZARA能做的部分之外，站在巨人肩膀上的SHEIN团队借助于谷歌的搜索趋势发现器时刻关注热词的变化，再根据数据分析出用户偏好，总结当前流行的颜色、价格变化、图案，最终敲定款式并投入生产。

因为没有线下店，所以SHEIN产品测试时间会更短，产品成本也能压得更低，直观反映给消费者的则是更低的价格。它的价格往往只是ZARA的一半甚至更低，这进一步提升了用户的黏性。

靠数据思维节约下来的时间和成本，SHEIN都用于测试爆款。2018年的商业计划书显示，在大数据的帮助下，SHEIN每季的爆款比ZARA高出24件，预测爆款概率约为50%，滞销率仅为10%。

靠数据思维突围的还有海外版的抖音——TikTok。

作为一家外来企业，TikTok成功超越了美国本土的脸书，成为海外App下载榜单的第一名，一举成为估值500亿美元的互联网新贵。

TikTok的成功，依靠其母公司字节跳动的数据思维。从一开始，TikTok就根据大数据算法得出用户喜好，对用户实行点对点的精准推送。它知道每个用户的特点，来自哪里，年龄与爱好，什么时候上线，朋友喜欢什么……遗憾的是，它的成功在美国遭遇了不正当竞争的大力封杀。

与之相对的，是具有传统流量思维的优酷网站，在优酷看来，每个点击的人都是流量，而并非可以给予其反思和优化的用户。

可见，如今的商业环境已在进化，拼的就是数据思维。谁的数据越多，数据维度越大，谁的竞争力就越强。一切都在往快速反应的方向发展，企业的选择会快速反映到市场上，再快速传递给用户。留给企业重新再来的机会不多了，当下最要紧的是转变思维模式。数据驱动，将会是下一个风口的主流。当数据驱动成为新的现实，目前市场中的竞争将被消解，人类将会迎来共生新世界。

数据思维的另一表述是"最小颗粒化的拆解方法论"。即无论遇到任何问题，都可以将该问题进行拆解，拆解的颗粒度越小，就越容易看到真相和本质，用显微镜去看问题、拆问题，任何难题也就不再是难题了。

大到如何造出火箭，小到详情页的转化率，高手与普通人最大的差别在于"颗粒度"大小。

太空探索技术公司（SpaceX）创始人埃隆·马斯克在自学了《火箭推进原理》《天体动力学基础》《燃气涡轮和火箭推进的空气动力学》等专业领域的著作之后，详细拆解了火箭研发、生产、制造、装配、发射等详细成本，开启了让世人震惊的"火星之旅"，最终实现了可回收载人火箭的成功发射。SpaceX成为人类史上首个掌握载人飞船制造和发射能力的私营公司。

数字化的拆解思维，"颗粒度"大小在硅谷钢铁侠的案例上被媒体解读为"第一性原理"。其本质是，用物理学的视角去看世界，一层一层拆解事物，看到本质，然后再从本质一层一层地拆解还原，从而达到目标的过程。

03
PART 分布式商业

　　分布式商业相对于传统商业，也可以称为封闭式商业，最大的底层区别在于其重新定义了生产关系。分布式商业是一个全新的概念，灵感最早来源于区块链项目广泛采取的治理模式：DAO组织（即分布式自治组织）。

　　以数字化、智能化、自动化技术作为基础支持，对组织管理、分工协作、贡献激励进行公开、透明的规则预设，分布式商业彻底将商业规则中的信任机制以智能算法进行替代，不需要某一个中心化组织，不需要额外的中介成本，也不存在暗箱操作的可能性，所有参与者都在一个透明的信任规则下进行经济活动，经济活动中的所有参与环节都被视为贡献值，参与者既是使用者也是所有者。通过这样的算法机制，分布式商业会很容易吸引全社会最优质的资源为其所用，最终会形成一个可无限扩大的商业集群。

　　数据思维中的一个重要理念就是分布式商业，即构建或参与"共赢、共生、共创"的分布式商业生态，让产业每一个环节都能最大限度地被技术赋能。分布式商业得以实现的关键概念是"激励相容"，接下来的内容我们将会从激励相容开始展开探讨。

激励相容：1+1≥2

在经济学领域中发生过一件趣事：有关一个概念的正反两面研究都获得了诺贝尔经济学奖，它们分别是"激励相容"与"激励不相容"。

1996年，经济学家威廉·维克里（William Vickrey）和詹姆斯·米尔利斯（James Mirrlees）共同提出了"激励不相容"，即指个人利益的最大化。举一个例子，假设你在学习生涯的某次考试中，看见竞争对手A作弊了，并在考试后告诉了老师，这就叫作"利益不相容"。人总是倾向于以个人利益的最大化来指导个人行为，所以人们总说存在竞争关系的工作环境中不易交到朋友，如果双方有利益冲突，就不能指望互相让步。

"激励不相容"给企业经营带来了种种弊端。比如，你是一个企业的管理者，你希望今年公司的销售额能提高一倍。你根据组织架构把这个目标向各部门发布，但过了一个季度后，你发现这个目标推进缓慢，有的部门并没有按计划落实。你仔细研究后发现，如果要实现这个目标，这些部门人员的利益将受到损害，需要比其他部门付出更多，却无法得到更多回报，因此这些部门自然容易消极怠工。

在企业运转过程中，难免会发生这类个体利益与集体利益的冲突。你可能会想："这不就是企业管理中必须衡量的利弊吗？总不可能大家都能实现自己的利益吧？"但我们恰恰想告诉你，个体利益与集体利益的冲突并非不可调和，调和的方法就是"激励相容"。

"激励相容"指的是参与各方都能实现自己的利益。假设A想让你帮他课后辅导，他会赠送你最喜欢的明星的签名唱片作为回报。最终，你得到了渴望已久的唱片，他得到了好成绩。两个人的利益都得到了满足，这就叫作"激励相容"。

这个理论由美国经济学家里奥尼德·赫维茨（Leonid Hurwicz）提

出，他因此获得了2007年的诺贝尔经济学奖。激励相容的前提是传统的理性经济人假设，它认为尽管每一个人都会在市场中追求自己的利益最大化，但依旧有可能通过制度设计实现个人利益与集体利益的兼容。

在数据思维中，我们寻找的便是"激励相容"的共赢、共生关系，如此才可达到1+1≥2的效果。而"激励相容"在企业经营中的具体体现，就是自发自驱的商业模式。

区块链：分布式商业的思想实验

区块链技术最早来源于比特币。比特币被称为无人管理的"世界银行"。市值超过2 000亿美元的比特币从法律意义上来说是一个不存在的组织，甚至其创始人都是匿名的，他在发布了比特币白皮书后就消失了，时至今日，十多年过去了，都没有人知道这个价值2 000亿美元市值的"项目"究竟是谁创造的？

2008年金融危机爆发，一个名为中本聪的人通过互联网发布了比特币白皮书《比特币：一种点对点的电子现金系统》。在中本聪的设想中，比特币是人人都能参与制造，可全世界流通的，且没有中心化的发行公司控制。比特币的挖掘由全世界的计算机网络节点组成，不受任何金融机构控制，可以在任何一台电脑上进行买卖交易，而且这一切都是匿名的。比特币没有传统意义上的账户系统，用户也不需要提供任何个人信息。

比特币是2008年中本聪研发的一种新型电子货币系统，采用完全点对点模式，不需要第三方授信，且无须授信第三方的介入。这样说有些抽象，我们可以通过用银行与比特币的区别来了解比特币。

我们可以把日常生活中的银行想象成一个巨大的记账员，勤勤恳恳地帮我们记录着日常生活的每一笔收入和支出。买了一瓶饮料，账本上扣5元；亲人之间转账，你的账本扣1 000元，他的账本记上1 000元……

当然，所有的付出都是要获取报酬的，记账员会向你收取一定额度的酬劳（办卡费、转账费、年费等）。

如果不想雇这个记账员呢？或许，你可以使用比特币。

只要有交易产生，账本就依旧存在，只不过，比特币采取了多人自发自驱的记账方式，将所有的事务都记在同一个本子上，大大节省了人力、物力、财力。

那么，谁愿意承担记账工作呢？如果没有酬劳，谁会花费大量的时间、精力为他人服务呢？为了解决这个问题，比特币的创造者中本聪为记账设定了一定的经济激励——记账者可以获得固定的比特币发行奖励，以及所记录交易的交易费用。

重赏之下，必有勇夫，这下主动要求记账的人又变多了，如何从中挑选合适的人呢？中本聪用工作量证明解决了这个问题。每十分钟系统会自动出一道数学题，第一个解出答案的人，便获得记账资格。每一笔记账，都公开可查询，不可篡改。

中本聪将比特币的发行和记账巧妙地结合，建立了一套自激励的分布式协作网络来共同对账本进行维护，记账的每一个个体，都与系统实现"激励相容"的正向联系。

比特币作为一个"董事长"的分布式区块链项目，在人们的质疑声中、黑客的持续攻击中，竟然持续稳定运行存活了超过10年，每个比特币的价格一度超过2万美元。这不禁让人惊讶，比特币的治理架构给商业世界带来了巨大启发与想象。比特币本质是一个计算机账本，也是一个大型分布式商业组织，这个组织被称为比特币社区，由"矿工""比特币基金会""持币用户"组成。他们会定期举办共识大会，通过投票来决定是否采取某个技术升级路线，围绕比特币产生了多家数十亿美元市值的周边公司。由于没有人能说了算，比特币社区一度闹起了"分叉"，从一个社区分裂成了多个不同的社区，整个过程精彩纷呈，犹如江湖。但毫无疑问，比特币的崛起，无意中开启了分布式商业的崭新蓝图。

什么是分布式商业

要解释分布式商业，我们还需要引入一个新的概念，那就是区块链。

人与人最核心的经济关系就是交易。按照我们以往的交易经历，在交易活动中都需要一个处于第三方的信誉中介。没有中介，在两个人互相不信任、没有办法确保对方真实可靠的情况下，交易无法进行。

比方说，当我们用支付宝进行转账的时候，一方点击发送，另一方几乎立刻就能收到打款消息。然而就在这短短几秒之间，已经经过了两个信誉中介。

第一个是中国人民银行。转账用的人民币由中国人民银行统一发行。中国人民银行作为一个信誉中介，所有人都认可它的价值，交易得以进行。你自己制作的人民币，画得再像也是违法的，因为它没有中国人民银行为其背书，所有的人民币都离不开中国人民银行这个中介。

第二个是支付宝。在手机上转账，其背后是由支付宝的服务器来提供服务和支持的，相当于我先把钱交给支付宝这个中介，然后支付宝再把钱交给你。支付宝转账离不开支付宝这个中介。

而区块链，取代的就是这两个信誉中介。它用一套数学算法确保两个陌生人在不借助于第三方的情况下，可以完成交易。

总体来说，区块链的设计机制具有以下几个特点：

第一是采取P2P（互联网金融点对点借贷平台）的交易网络，相关各参与方处于点对点的对等关系，相互之间互不隶属，这样的对等关系可以使交易更加公平顺畅地进行；

第二是分布式账本，每一笔记账都不可篡改，高度透明；

第三是公有区块链，也就是在分布式账本的基础上加上新的激励机制和治理机制。其中以比特币的奖励机制为典型。

分布式商业，正是基于"区块链"这一组织架构的全新商业模式，具有"区块链"的所有优点。与分布式商业相对的，是传统的中心化商业模式，前者多中心化，而后者单中心化。分布式商业弱化了中心控制，降低单一中心对整个生态的影响力和权重，更强调多方的共同参与，团体中的每一个利益个体都可以共享收益。

分布式商业从根本上解决了"交易摩擦成本"，使得交易过程中的无用损耗大大降低，从而实现效率提高和成本节约。

那么，什么是交易摩擦成本？

打造交易摩擦趋近于零的信任世界

在远古时代，我们的祖先得靠自己完成衣食住行的全部行为。突然有一天，某个人发现住村头那人编的鞋子比较舒服，而自己此次采摘的果子还有剩余，于是双方经过协议，决定各取所需，用果子交换鞋子。人与人的合作便从此时开始了。

合作，创造出更多的可能性，让物质文明得以发展。尽管如此，在这些合作（本质是商业行为）中也存在着一些显而易见的风险，其中最常见的就是交易摩擦。

我们可以用物理学里的"摩擦"概念来理解交易摩擦。例如，一辆小车在地面上行驶，如果没有外力作用，它最终必将停止不动。其中的原因在于地面不是光滑的，车轮和地面间有摩擦力，阻止了小车继续行驶。交易摩擦也是类似的概念，只是它发生在交易行为中。

假设村头的那个人编鞋子出了名，方圆百里的人都闻讯而来，带来的果子或大或小，这个时候该如何去确保交易的公平性呢？如果编鞋子的人不需要果子，想吃蔬菜呢？岂不是得进行物品的多次交换吗？为了解决问题，村民找来了第三类物品——贝壳来作为交换的媒介，有效地减少了当时情况下的交易摩擦。这些在完成预期目标过程中，由于信息不完全而导致在正常支出成本之外所消耗的成本，就叫作交易摩擦。

交易摩擦在传统的商业模式下非常常见：一副眼镜连同镜片的

成本不到100元，可在商业中心里却可以卖到3 000元，顾客们直呼价格昂贵。

眼镜店老板们其实也头疼不已，商业中心的铺面租金压力不小，一副眼镜挣不到多少，也不敢随意降价，因为客流量不够。所以，顾客、老板以及租赁商之间都存在着交易摩擦。

一种叫作鲁布·戈德堡（Rube Goldberg）的装置，可称为交易摩擦的极端案例。它的机械装置之复杂，计算之精密，角度之刁钻，有时甚至需要经过上百次的反复调试，才能完成诸如倒一杯茶、打一个鸡蛋之类的简单小事。而这些事本来都可以非常轻易地完成，其为了完成目标而浪费的多余时间与精力，都属于交易摩擦成本。

交易摩擦对企业来说弊端极大。在一次业务中，可能成本只有1元，但最终交易需要付出十几元，中间十几倍的差异就是交易摩擦，而这些损耗实际上都是可以避免的。

从交易的角度理解世界，很多趋势便豁然开朗——人们总归是要尽可能减少摩擦，增加交易的广度和深度。而一旦有了能够降低摩擦的交易新方式、新组织、新技能，旧的就会被取代。

从交易摩擦的角度来看前文提到的比特币，去中心化的平台减少了支付流程，有效降低了交易摩擦的成本。

当然，比特币也有缺点，例如平台交易的脆弱性使其常常会遭到黑客的攻击；又或者是交易确认所需时间过长——比特币钱包初次安装需要大量时间来下载历史交易数据块。在交易时，为了确认数据的准确性，又会消耗一些时间与P2P网络进行交互，得到全网确认后，交易才算完成。

时至今日，无数科学家和经济学家依然在尝试寻找一种更好的机制和结构去降低交易摩擦，设法减少支付的流程，去中间商，促进多次交易，降低交易发生成本。通过建构一个新的数字化版图或者说数字化架构，来打造一个交易摩擦趋近于零的信任社会，也许是未来新的方向。

下一节，我们将聊聊更深入的内容：数字化镜像。

04
PART

数字化镜像：
万物透明的未来

让我们从一个沉重的事故开启数字化镜像的话题。

2019年3月10日，仅仅起飞6分钟，埃塞俄比亚航空的波音737 MAX 8客机突然坠毁，机上所有人无一生还。而这已是半年内同机型发生的第二次事故。这次事件后，波音公司宣布该机型全球停飞。

波音737 MAX 8是波音公司为了应对老对手空客新机型所推出的基于王牌机型波音737的改进型号，该机型能降低15%的燃油消耗，具备足够的市场竞争力。新机型的关键改动是更换了更大的发动机，这样的改动带来一个隐患：飞机在飞行的途中会出现抬头趋势。而波音公司专门设置了一个机动特性增强系统（MCAS），以避免飞机失速坠毁。一般来说，飞机坠毁的情况有两种，速度过慢或者飞行角度过高，机翼上的气流就会停止流动，飞机就会失去升力开始下坠。这时，增强系统将会自动判定飞机是否会失速坠毁，如果是的话就会自动改变飞机轨迹。

增强系统的原理很简单，本质是依靠给飞机机头加装两个迎角传感器。这两个传感器将通过测量气压确定飞机的飞行角度，如果其中一个传感器显示飞机即将失速，增强系统就会做出反应，随后压低机头，它通过改变飞机水平稳定器角度来调整飞机飞行的角度。但是如果其中一个迎角传感器出现错误，增强系统也会压低机头，进入死亡俯冲状态。

最要命的是这个机动特性增强系统的指令判定权限在飞行员之上。因此，如果该系统故障出现误判，就很可能会直接进入死亡俯冲状态，将飞行员带入死亡深渊。

真相并不复杂，一个好心办坏事的设计带来了灾难性结果。但对被称为工业皇冠的航空业而言，其严谨的测试流程和航空业多年保持的全社会最安全交通工具的美誉使得我们不禁要问，有没有可能不需要牺牲300多条无辜的生命就能提前预知这样的设计缺陷？

答案是有，从数字化镜像的角度看，当数据收集维度足够丰富，数据模拟足够强大的时候，数字化镜像就能完整模拟真实世界出现的结果，而这并非是天方夜谭或者描述地球上算力不可及的未来。实际上同属美国企业的SpaceX，在历经多次发射失败之后，创始人马斯克以一个民营公司的努力将美国NASA制订的数字孪生技术计划设施期限从2027年提前了整整10年，而数字孪生技术最大的魅力是无差别呈现与物理世界一致的运行反馈，不仅是航天业，配合VR技术在精密加工及组装、技术培训上都有广泛的应用潜质。

从全息投影到数字孪生

什么叫真？你怎样给真下定义？如果你说真就是你能感觉到的东西、你能闻到的气味、你能尝到的味道，那么这个真就是你大脑做出反应的电子信号。

——《黑客帝国》

《黑客帝国》里的数字化场景，正在现实中实现。

大家可能对数字化镜像感到陌生，但一定常常在电影中看到它的强大功能之一：全息投影。

全息投影指的是利用全息投影技术复制现实场景。我们通过VR眼镜等特殊设备，就能跨时空得到与现实场景一模一样的体验。例如，你戴着VR眼镜，就可以在家真实地"逛"商场。你可以一个人享受无人的商场，所有人都为你服务。又例如，早上起晚了，眼见就要迟到，但公司早会必须准时参加，这时全息投影就可以帮我们解决这个难题：戴上VR眼镜，按下按钮，会议室的场景立马呈现在你的面前，你不需要亲临会场，一样能顺畅地和同事沟通。这样的跨时空共通，仅仅是数字化镜像的一小部分功能，其威力远超于此。

2017年的一天，SpaceX公司准备发射重型火箭"猎鹰"。

但这次的发射与其他航天飞机的发射截然不同，当指挥员按下火箭发射键时，既没有火箭升天的轰隆巨响，也没有到处洒落的火花和喷涌而出的浓烟，一切风平浪静。控制中心的所有人神情专注地看着眼前像一面墙那么大的显示屏。屏幕里有一个非常轻巧细致的火箭仿体正在缓缓升起，屏幕随之发出十分刺眼的闪光——这一切都像我们在游戏或电影里看见的场景。但对控制中心的人而言，这和真实的火箭发射别无二致。

SpaceX团队使用的技术叫数字孪生，即数字化镜像。2002年，在密歇根大学的一次大会上，美国学者迈克尔·格里菲斯（Michael Griffiths）首次提出了一个想法——"将一个物理产品以等价的方式，用虚拟数字化表达出来"，这就是数字孪生。用更通俗的话说，数字孪生是将一个物品或事件利用各种高科技手段（如3D建模等），复制出该物品的数字化形态，通过数字化的方式推演其变化，具体可涵盖万事万物，比如火箭发射、天气、地质灾害等等。依靠数字孪生，很多飞行悲剧将不再发生。

数字孪生：终将席卷生活方方面面的伟大浪潮

也许你不禁会想，这不就是建模吗？实际上，数字孪生和建模的差别可大了。

第一，传统建模的方式是线性的，仅仅将情景再现出来，通过它可以解决一些人为设定好条件的模拟演示操作。而数字孪生是非线性的，能解决一些传统建模无法解决的非线性、不确定的问题，甚至预判未来。第二，普通的建模就是一个更有真实性的"大玩具"，而数字孪生需要IT运维人员去关注更多的东西，如数字主线。数字主线，就是利用数字来贯穿整个创新环节，进而形成一个整体，一个集成体，而非模仿本身。第三，传统建模更关注建模的保真度，数字孪生更关注物理模型的动态变化关系。

以往，我们受制于技术，只能触碰和解决线性问题，但生活中的种种事件往往是非线性的，充满不确定性。而数字孪生作为一种动态的技术，可灵活地穿梭于物理世界和数字世界，实现上下行的数据交互，从而有能力解决非线性的问题。因此，数字孪生对宏观的国家产业和微观的个人生活都将产生巨大意义。

在国家产业方面，数字孪生能极大地节省成本，避免无谓牺牲。美国《航空周报》曾在2016年预测：到2035年时，航空公司在新买入一架飞机时（可能那个时候也会有新的交通工具产生，这里我们暂且用飞机来表示），制造方还将同时提供一份高度详细的数字化模型。到了那时，每一架飞机都会有一个住在屏幕里的"双胞胎弟弟"。飞机是否过载，飞机电路是否能承受下次飞行任务，都可以由这个"双胞胎弟弟"通过传感器来进行最大限度的模拟，极大限度地省去了人工检修的成本以及冒险造成的无谓牺牲。这就是数字孪生系统在航空航天产业的重大意义，其对航天器的维护与安全保障至关重要，开篇提到的波音737 MAX 8的悲剧有望不再重演。

在个人生活方面，数字孪生将使我们的生活更加便利。就拿城市说起，当数字孪生介入城市系统时，我们就拥有了一个数字城市。在数字城市中，整个城市都将变成数字化的城市模型，呈现在中控系统的屏幕上。通过孪生城市，我们可以清晰了解城市运作中的一举一动，接着就可以运用数据分析来进行下一步决策。比如，智能中枢可以利用人们交通出行、商业活动、分布密度等数据，从而实时分析、规划、管理城市，用互动模拟城市的各种不同场景，进而帮助城市规划师迭代升级全局设计方案，实现面向城市日常运营的动态数字城市规划。

例如，一旦数据中心发现某个区域拥堵指数超标，就能针对性地采取策略，通过人力、数据多个维度调整红绿灯与车流速度，精准地规划车辆、人流的最佳通行路线和通行时间，解决城市拥堵问题。

杭州萧山区布置的阿里云ET城市大脑可以自动调配红绿灯，使120救护车的救护时间缩短一半，极大地提高了紧急时刻患者的救治效率。而且借助ET城市大脑，杭州目前已经实现交通信号灯智能配置，成功缩短试点区域通行时间高达15.3%。

在城市规划和建设方面，如果将城区建筑数据、历史规划数据、城市人口、经济总量等信息提供给城市大脑学习，其就能利用服务器进行大规模的模拟推演、计算，根据每个城市的实际情况得出最佳的城市建设方案，减轻人类的负担和烦恼。

过去，我们只能在游戏和电影里看到高度数字化的智能城市，而数字孪生城市便是将游戏变成现实。数字孪生城市的诞生不但会改变我们生活的方方面面，还将催生出一系列的产业来支撑这一庞大的系统，比如新型测绘系统、虚拟现实系统等等。这股浪潮终将席卷我们生活的方方面面。

上载一切：数字化镜像世界的基础

现在看来，数字化镜像还只是初具雏形，离完整的数字化镜像世界依旧道阻且长。

数字化镜像世界的基础是上载一切。我们都知道蝴蝶效应，南美洲蝴蝶翅膀的一次细微的扇动，也许就会给遥远的北美洲带来一场飓风，足可见每一项数据都有其独特的意义与价值。为了打造最真实的数字化镜像世界，我们必须留意、收集并上载一切现实中存在的数据，包括天气、人的行为甚至人的情感这种随时变动的数据。由此我们才能不断扩展数字化镜像的版图，最终实现数字化镜像世界。

在电影《头号玩家》中，人类已经创造出一个高度数字化的镜像世界——"绿洲"。只需要戴上VR设备，就可以来到一个既有繁华都市也有绿色沙洲的地方，里面也充斥着和现实生活中无异的"人"，即使是现实世界的失败者，也可以在这个"绿洲"里成为超级英雄，哪怕真实世界已经处于崩溃边缘，人们依旧能依靠"绿洲"实现救赎。

而我们，就正在搭建属于我们自己的"绿洲"。现在，人与人、物与物、人与物已经能够通过互联网实现深度联结，随着人类数据不断被上载，我们终将沿着万物互联的道路走向万物透明的未来。

从万物互联到万物透明

在未来的数字化镜像世界中，远程操作、辅助、命令都将成为我们生活中的关键词。甚至每个人一出生就会生成自己的镜像，通过设备就可以查看我们身体里任意一个器官，甚至血管、细胞的数据变化，从而进行更好的健康监测与疾病预防。

在数字化镜像世界中，最了解我们自己的一定是数据和算法。仔细想想，我们的一部分生活其实已经进入了透明化的大数据时代。我们在上网购物时，常常发现弹出的窗口里显示的物品刚好为我们所需，甚至还没有搜索，系统就能通过行为数据分析发现我们的偏好。在我们惊叹其便利时，心里总不由得蒙上一层不安：我们是否已经没有隐私？这听上去是一件非常可怕的事情，人仿佛在数据世界里"裸奔"。

确实，当互联网进入大数据时代，每当我们进行一次用户授权，我们的用户数据就被轻而易举地获取。万物透明给我们带来了便利，同时也带来了威胁。在万物互联、万物透明的时代里，数据安全绝非小事，需要各方开放协作，共同守护，共筑防线。

尽管有风险，但数字化的未来已然不可阻挡。未来，从认知世界的方式到现存世界的规则也许都将改变，也许每个人都会接入脑机，我们的行为也会被上传到数据库中保存；也许我们的行为都将转化为积分，用积分可以换取自己需要的一切。风险与机遇并存，我们只能做好准备。

扫描二维码，发送【数字化思维】
领取数字化世界必备三大思维模型！

本章思考

1. 你所从事的行业或领域，有哪些企业具备数字化思维？

2. 请拆解出它们在数字化思维方面的一些具体动作。

3. 在日常经营管理中，有哪些动作或节点可以转化为数据资产？

4. 想象一下，你的企业在未来的数字化镜像中将会变成什么样？

5. 作为企业领导者，思考一下经营中的哪些环节需要使用数据驱动决策？

03
CHAPTER

第3章
数字化组织

与其说是让管理失效，
不如说是让管理脱水。

一个更好的组织管理时代

本章将探讨数字化组织，从公司制的起源谈到组织的不断进化，以及不断迭代的管理理论和卓越的管理工具。但毋庸置疑，组织的核心是人，因此我们试图从人的角度探寻组织的边界。其次探讨人才流动的异样趋势，组织面临的人才问题出现两极化，一边是优秀的项目可以极低成本招募到顶尖的团队成员，一边是几乎每个公司都在面临各自的人才断层，过往的经验似乎正在失效。

在这样的背景下，我们谈到了数字化组织，以及它的核心管理哲学——共赢共生，实际上这和彼得·德鲁克的核心管理思想并无差别。

德鲁克在承认"科学管理"对效率的追求是"一个解放的、先驱的见解"的同时，也指出了它的弱点：科学管理尽管取得了世界性的成功，但仍然没有成功地解决管理工人和工作的问题。正如历史上许多思想那样，这种见解只有一半正确。其存在两个盲点：一个是工程方面的，一个是哲学方面的。

更为直接的表述是，在德鲁克看来，泰勒科学管理追求的目标是"效率"标准，它主要应用于劳工，关注的是个人的效率；但德鲁克觉得卓有成效的管理者应该追求"效能"标准，主要应用于经理人或管理者，而经理人特别是高层管理者的效能就是组织的效能，即他关注的是组织的而非个人的效率。这两者的主要区别在于：前者强调做正确的事情；后者强调把事情做正确。卓有成效的管理者的任务是找到正确的事情并把它做好。

注重效能而非单纯注重效率，划定了前工业时代和后工业时代的分水岭，前者最伟大的组织协作形式是流水线生产（实际上至今也是全社会的主流协作方式）。如果用一句话概括很长一段时期对人的要求，亨利·福特的一句广为流传的话再合适不过：

"我需要的是一双手，为什么上帝给了我整个人。"

人的工具化是这个阶段最重要的考核指标。在不断提高的生产效率指标面前，人最好不眠不休，没有情感没有欲望，不犯错，完美执行。但令人惊讶的是，这样的要求并不只出现在富士康这样的超级流水线工厂，也能在各行各业中看到它的影子。

意识不到人的主观能动性的可贵而将其视为缺陷，是旧组织和新组织最大的区别。

如果不理解这句话，那企业对当下发生的人才断层和对新一代群体（"90后""00后"）的管理困境将无所适从。更为要命的是，在错误的"数字化组织"的引导下，越来越多的企业走上歧途，高层管理者将更为先进的信息工具——无纸化办公系统视为监视并预防员工偷懒及有效出勤的第三只眼睛。

正确的数字化组织在尊重人的主观能动性的基础上，多了一层激励相容设计（我更愿意相信是受到当年的技术手段以及全社会资源稀缺、物质文化不充分不发达的限制），使得组织的目标和驱动管理的方式更为纯粹。从这个角度看，在一个自发驱动、颗粒化明晰的协作框架、全员目标协作、打破办公室牢笼的组织内，以往很多被我们称为"跟错误的人纠缠厮磨的过程"的管理渐渐失效，回到组织目标正路上，管理将变得清晰简洁，没有水分。

在这样的结构下，劳动者（暂时还是觉得这个词语更为合适）的个性得到了充分的尊重和信任，一个公平可信的激励环境赋予个体前所未有的创造力。

没有人会怀疑一个更好的组织管理时代已经到来。

01

PART 公司制的崛起与衰落

公司制与数字化组织

西方公司制的起源

视线拉回到1602年的3月20日，在荷兰的某个市政厅门前，突然聚集了几十个成年男人。他们三五成群，着装各异，分别来自14家不同的公司。他们有时发出激烈的争吵声，仿佛对方是生死仇敌；有时却又兴奋不已，露出贪婪的目光，仿佛眼前有数不尽的财宝。这14家公司的核心业务都是跟东印度贸易有关，每一家都看上了东印度这块肥肉，想从中狠狠咬下一大块，但是他们又不想让其他人侵占自己的利益，最终导致争斗不休，谁也没讨到好处。荷兰政府担心如此恶性竞争下去大家的利益都会受损，于是便邀请他们来市政厅讨论合并之事。经过一天漫长的拉锯式谈判，大家终于就利益分配达成了一致，决定一起去东方发财。这一事件，标志着荷兰东印度公司正式成立。

荷兰东印度公司虽然是商业公司，却具有国家职能，负责向东方进行殖民掠夺和垄断东方贸易，既可以自组佣兵、发行货币，也可以与其他国家订立正式条约，并有权对该地实行殖民与统治。资料显示，1669年时，荷兰东印度公司成为世界上最富有的私人公司，拥有超过150艘商船、40艘战舰、5万名员工及1万名佣兵的军队，股息高达40%。

这群创始人没有想到，他们这次合并彻底改变了人类商业文明的进程与方向。荷兰东印度公司就是现代意义上股份制公司的起点，堪称现代资本主义商业公司的开山鼻祖。

中国公司制的起源

在中国，公司制的起源与荷兰大不相同。

"公司"一词，在中国明末清初时指的是福建农村中的一种带有帮会性质的组织形式，为海外华侨社会中的"洪门"率先使用。"洪门"的成员大部分是从闽粤地区到东南亚谋生的华侨，当时规模有7万多人，分为20多个组织集团，其组织名字就叫"公司"。其中影响力最大的是1777年在婆罗洲建立的"兰芳公司"，又名"兰芳大统制"，亦称"兰芳共和国"。当时"兰芳公司"的规模和权力，几乎等同于一个小小的"共和国"。其权力机构为"大统制"，中央设有"公班行"，下设行政、立法、教育等部门，下属又有省、府、县等各级机构。首任元首罗芳伯称"大统制"，类似后来说的共和国的"总统"。这个带有国家性质的兰芳公司一共延续了108年，直到1885年荷兰东印度公司称霸爪哇群岛，"兰芳公司"才被迫退出历史舞台。

"兰芳公司"之后，洪门成员仍然继续以各种"公司"的名义进行反清活动。例如，1853年在闽南一带活跃的"小刀会"，便沿用了"义兴公司"的名义。当小刀会占领厦门时，在街头张贴的告示落款处依旧盖有"大汉天德义兴公司信记"的大印。直到现在，东南亚各地的"洪门"团体中，仍然保有"洪义顺公司""和成公司"等各种带有历史记忆的称谓。

总之，中国的"公司"以政治色彩为先，并非单纯的经济含义。"公司"真正作为经济企业的组织形式，以营利为目的的社团法人出现要到鸦片战争之后。我国从资本主义经济结构的角度来解释公司的最早资料是清代学者魏源的《海国图志·筹海篇四》："西洋互市广东者十余国，皆散商无公司，惟英吉利有之。公司者，数十商辏资营运，出则通力合作，归则计本均分，其局大而联。"

从此以后，公司一词便逐渐变为目前常用的含义。

公司制的劣根性

四百年雨打风吹去，公司制依旧是当代主流的组织架构形式。不可否认的是，公司虽然代表着先进的生产力，具有强大的变革性，但它依旧有先天难以解决的劣根性。

公司制的劣根性在于通过约束人的私欲来实现效率最大化，本质上是对人的控制。但对人性的压抑与控制总会失效，或者带来其他问题，因此派生出了管理的制度。人类从来没有放弃过对公司制的完善，比如如何解决低效问题，如何解决复杂的冗余问题，但是核心逻辑始终是对人性的控制，而管理只是一种叫"打补丁"或者掩盖真正问题的手段，并没有从根本上解决问题。这就是公司制的一体两面，既有无可比拟的优点，也有难以忽视的弊端。

为了解决这个弊端，前人做了不少努力和尝试，但效果甚微。数字化时代一种新的组织形式应运而生，正是它成为众人眼中解决公司制弊端的良方。

这种新的组织形式，就是数字化组织。

数字化组织是以数字化方式管理，利用数字化工具连接，将所有行为沉淀为数据的新型组织形态。在数字化组织里，科层制的传统组织结构被瓦解，组织内部成员高度平等，相互依存。你可能难以想象，高度发达的数字化组织甚至可以没有董事长，没有CEO，没有管理层，成员只靠着共同制定的准则运转。所以这就延伸出数字化组织的另一特性：自组织生长。数字化组织面对外界压力或者内部冲突时，并不需要通过权力和制度规制处理，而完全可以通过兴趣激励自发完成组织调节、修复与生长。从这个角度来说，传统公司就像是一个先天漏水的水龙头，每天都要有专人在旁边修修补补；而数字化组织就像是沙漠里的仙人掌，不需要专人照顾就能自己茁壮成长。

除此之外，数字化组织从根本上消解了公司制压制人性的弊端。传统的管理方式是上对下的管理方式，领导层和人力资源部门负责制定相应的制度管理员工，再通过从上到下层层"套娃"实现管理。但数字化组织内不存在这种严格的层级关系，也没有人直接拥有制度、职位赋予的权力，反而是制度保障每一个人的权利与自由。每一个成员都没有"义务"做某件事，也没有"领导""制度"逼迫成员做某件事，公司成员仅凭着浓烈的兴趣和满足感自发聚集创造出举世瞩目的成果。在这样的组织框架下，人的个性会被自由放大，实现人与人之间各尽其长，数据和创造性成为最大的生产力工具。

在数字化组织的框架下，组织的效率将会呈几何级数提升，组织运行成本大幅下降，所以各大企业已经开始各自的尝试。

后疫情时代的效率对比

阿里、腾讯、小米、字节跳动等企业都在疫情最严重的时候宣布远程办公，但是远程办公带来的低效、不透明的挑战也让很多企业管理者十分头疼。人们往往会认为，在公司办公效率更高，在家办公太舒适，反而效率低。但是字节跳动在疫情期间的表现推翻了这个观点，其发现在后疫情时代，在家办公反而效率更高。

在疫情期间，字节跳动的团队依靠线上软件，仅用36个小时就成功协作筹备请全国人民看《囧妈》的活动；又如大年初一时，为了防控疫情，团队用两天时间开发了一个"健康报备"的应用，用于几万名员工的健康检测。

协同工具实现跨时空办公，极大地提高了组织效率。

目前，最出名的数字化组织协同工具是阿里巴巴的钉钉。据中国信息通信研究院与阿里研究院联合发布的《钉钉商业生态系统及经济社会价值报告》显示，截至2019年6月30日，中国平均每4家企业组织中就有1家正在使用钉钉，平均每6人中就有1人使用钉钉。钉钉给超过2亿用户营造出8亿平方米的线上办公空间，相当于一年节约租金5 398亿元，单一天就能替1 000万企业用户节省办公费用约191亿元。钉钉内的智能排班系统一年能给医疗卫生人员节约100万个工作日，智能薪资系统能将一家百人公司薪资结算时间从2天压缩到3秒。

在钉钉生态中获益最大的是目前"全世界最大的设计公司"洛可可。洛可可依托钉钉生态，打造出洛客众创平台，实现设计公司向设计平台的转型。洛克设计平台与旗下的设计师并非传统的雇佣关系，而是平等的合作关系。当客户向洛克设计平台发送需求，平台会通过项目经理和本身的高效处理能力将需求与旗下的设计师相匹配，这既提高了服务质量，也提高了服务效率。在数字化工具的支持下，洛克设计平台聚集了约4万名设计师，超过百万名用户，人效提升2.5倍，项目平均交付周期缩短2/3，时效提升300%。

数字化组织的意义不仅在于单纯数字上的效率提升，还真实地将人从烦琐的流程中解放，回归到最有价值的生产性创造部分。像洛可可的设计师，在之前的项目中可能要花70%～80%的精力处理琐事，剩下20%～30%的精力进行设计。而在数字化组织中，设计师可以把80%～90%的精力投入设计，不再受琐事困扰。

开源社区和小米社群

除了上述数字化组织尝试，还有两种更具代表性的数字化组织形式：一个是开源社区；另一个是社群。

在互联网时代出现的开源社区是成员自发连接形成的自驱动组织，聚集了散布在全世界的编程爱好者队伍。

而在开源社区里，成员都是非商业性质的技术极客，人人都有高超技术。他们不为酬劳，仅凭兴趣来到这里，心甘情愿地为社群付出自己的时间和精力。在没有任何收益的情况下，他们还能主动加班，愿意在第一时间高效、高质量地完成需要更新的代码。毫不夸张地说，他们的状态和投入度远胜于任何一家互联网大公司里面的高薪员工。反观现在有很多公司，花钱招聘人才，高薪请人工作，但员工效率很低，甚至高薪都请不来人。

这种基于对共同愿景的认同所激发出来的创造力令人震撼，而这样的组织并非独有，另一条数字化组织的道路——社群同样值得关注。例如，全国出名的小米"米粉"，就是当代一大社群典范。

基于兴趣、自发成立、自我驱动、不求回报，数字化组织就是商业世界里另类的乌托邦，也是所有组织的未来。

"一个体验"：7万人协同云工作

本书作者付圣强在疫情期间做了一个线上实习项目，叫"一个体验"。

这个线上云实习项目是付圣强在新冠疫情特殊时期对数字化组织的一次尝试。受疫情影响，2020年第一季度招聘网站部分岗位减少60%，应届毕业生面临无法坐班，远程工作没有人带，甚至可能没有实习经历的局面。付圣强运用新媒体工具，将线下的实习搬到了线上，设立了多个岗位，并且组建了社群，便于长期交流沟通，最终实现了活动的自传播与自运营，一个季度在线实习人数超过了7万。

我们在试图解决一个社会难题，活动全程通过微信、在线协同文档和智能表单进行在线分组、培训、协作完成任务，所有行为都有线上数据沉淀，而且会根据每一期的数据变化与用户反馈针对性地迭代升级。7万多名大学生在毕业季主动参与了这个项目，最终产生了数以十万计的实习作品。我们从中筛选了众多优质内容发布在微博上，很多策划方案也给了我们极大的启发，在一定程度上这也是一次企业调研，我们从这些用户中得到了很多真实的产品反馈，节省了内部人力，同时体验活动的实习生们也积累了作品，拥有了展示平台。企业和实习生各取所需，实现了社会、企业、用户的多方共赢。

尽管我们是项目的发起者，但我们认为项目的成功是参与者共创的结果。我们只在前期精心准备了一些培训内容，设计了一套模式与规则，搭建出一个基本框架，后续便完全依靠早期体验用户通过我们设置的规则自发管理。从数万体验用户中选拔了数百名助理运营官和几十名高级运营官，直到现在，数百个社群的每日维护、日报制作等工作还在有序开展。得益于数字化协作和用户的自管理，后来该项目仅需要一个同事每天花半个小时就能轻松维护日常运营，极大地提高了组织效率。

最终这个项目用极低的成本扩大了"ONE·一个"在学生群体中的品牌影响力。此外，我们也通过这个项目发现并赋能一批互联网文化公司所需要的优秀人才，并将他们作为我们的人才储备资源，以数字化的方式实现我们与参与者的互利共赢。

当然，我们的"一个体验"，包括前面提到的洛客众创平台、开源社区等都不是数字化组织的完整形态，但是我们已经从中看到数字化组织的合理性和先进性。所以未来我们可以一起探索这样新的组织形式，把我们的组织打造成能量更强的数字化组织。

通过上述实例，我们可以看到数字化组织从底层根本性地改变了传统组织形态。与此同时，组织形态的升级将带动对人才和团队的要求发生相应的改变：开始更加侧重效率，在团队管理上更加扁平化和项目化；招来的人得能做事，富有创造力，能快速拥抱变化，一切效率至上……

由此可见，数字化时代的人才观已经不同于以往。顺势而为，树立新的人才观将是对每一个企业主的新的要求。

比特币启示：无人监管的世界银行

人类历史上第一次实现去中心化的数字化组织，是中本聪发明的比特币。随着创始人中本聪的神秘消失，整套庞大的系统运作完全只依靠组织里成员的协作实现，其总价值已经高达2 000亿美元。

比特币相当于一个新的货币体系。创始人中本聪做出了一本新的账簿来记录用户间的转账情况，但中本聪本人却不负责记账。在比特币的体系中，用户之间凭借专属的加密字符串进行交易。整个转账过程中，两边用户只会看到彼此的加密字符串，而不知道对方是谁。但你一定会想，谁来维系整个体系的运转？

第一，安全加密以及币值稳定。一个稳定的货币系统必须能保证交易安全以及币值稳定。比特币采用椭圆曲线加密技术，能以数学的方式保证系统的稳定运行，保证外界根本无法攻破比特币系统。而且比特币总数确定，出币速度和数量都会随着时间动态调整，以保持其币值稳定。

第二，受到全世界极客保护。由于这套制度深受全世界极客的喜爱，大量极客自愿加入开发和维护比特币，修复运行过程中出现的问题，所以比特币在中本聪消失多年后依旧可以平稳运作，价值暴涨。

第三，比特币本身就具有去中心化的特点。区块链的共识不是靠某种"中央集权"维护，而是靠所有参与者达成的"共识"运作。一旦共识达成，并不需要某个特定的人或机构保障其运行，共识本身就能保证其稳定发展。所有拥护共识的参与者都会自发参与维护，变成一个又一个维护节点。在区块链中，所有的节点都拥有一份一模一样且实时更新的共识备份，即不存在一个实际的共识"控制者"，共识属于所有人。

第四，记账机制本身的优越性。在比特币的语境中，我们把负责记账并凭此获得收益的人或组织称为"矿工"。用户交易结束后，需要将交易单发送给符合组织要求的"矿工"，"矿工"则需要将用户的交易信息记录在账簿纸上，而系统会根据既定程序检验"矿工"产出的账簿纸是否有意义。由于比特币是个开放性网络，所以很可能同时会有好几群"矿工"在记录同一批交易清单。一旦有某一"矿工"的账簿纸通过系统检验，他必须将自己的账簿纸第一时间发给其他的"矿工"，接受其他"矿工"的检验。如果这张账簿纸又通过了其他"矿工"的检验，便会记录在中本聪最开始创造的账簿中，该"矿工"便会得到系统奖励的比特币。

换言之，比特币相当于一个无人监管的世界银行。用户可以把钱存在这里，完全通过匿名交易，交易数据完全开放交由"矿工"记录在总账簿中，而因为"矿工"记账成功会收到系统的比特币奖励，所以系统内的比特币会不断增多，同时一直会有"矿工"受利益驱动参与记账，比特币的系统就能持续不断地运作下去。

02 PART
史无前例的
人才大断层

点开邮箱，跃入眼帘的是一封简单直白的招聘启事。招聘内容可以称得上张狂：

◈ 招聘启事 ◈

我们需要全世界最优秀的3 000个工程师，要求必须具备BAT、脸书、谷歌等一线公司总监级别能力。我们不会给予任何报酬与奖励，并且要求你全身心地无偿投入到工作中。如果你有兴趣，请回复邮件联系我们，并附上个人简历。谢谢。

这是什么公益项目吗？主办方疯了吗？真的会有人报名吗？这个时代真的还有人会任劳任怨、无偿付出吗？一连串的问号一定飞快地在大家大脑里闪现。

但如果本着试一试的心态，附上简历，按照原邮箱投递，大家会惊讶地发现，这个看似荒谬绝伦的招聘启事，报名者极多，还都是业内出名的大牛。

是大牛们集体疯了吗？

他们没有疯。这封看似疯狂的招聘启事，其实是比特币社群和以太坊社群成员自发形成的要求。在常人看来匪夷所思的招聘要求，恰恰是维系这类数字化组织的根本。从过去的开源社区到字幕组再到社群，一群又一群高质量人才，以这种极其不可思议的状态集结到一起，微光照亮微光——他们就是一群传统企业完全无法理解的人才。

对一家传统企业而言，这样的招聘方式是不可想象的，这些人才是无法得到理解的。许多传统企业求贤若渴，开出丰厚的条件，却还是找不到合适的人才。企业一边招不到人，一边无法理解这样的方式，背后折射出一个共通的问题：人才观的不对等造成人才流失。

需求断层：企业向左，人才向右

人才观与人才需求不匹配已成为传统企业转型的最大困境之一。

第一，它们不知道新型人才的想法，基因和认知决定了它们无法理解这个群体。

传统企业的管理逻辑只适合管理工人和那些劳动密集型的人才，而在未来的数字化时代，劳动密集型的人才其实是不存在的，机器早已替代人工，未来单靠规模化效应发展的企业注定会成为历史。

这个时候如果企业不尽早转变观念，找寻并激励新生代人才，就难以持续发展下去。从工业思维、互联网思维再到数字化的转变已经是大势所趋，但是依然有大量的传统企业在人才组织方面观念严重滞后。如果对"00后"的创意型人才依旧采用"70后"的工人管理观念，那企业离消亡也就不远了。

第二，外部环境的改变，这是很重要的一点。什么是外部环境的改变呢？举个例子，有一家企业在招聘时永远招不来优秀的人，经过反复观察终于找到了原因：原来，这家企业在深圳郊区，离市区和员工住址很远，工厂和办公室是一体化的，所以优秀的人才不愿意去。企业经过慎重考虑后，把公司搬到了深圳腾讯总部的旁边，这一举动效果明显：企业的土壤环境改变了，员工到公司的时间也缩短了，企业周边又有良好的氛围，这就在一定程度上把人才流失的部分困境给化解了。

不论是改变观念还是改变环境，说到底都是企业需要转变招聘思路。随着企业数字化的发展，人们要看清一个事实：企业人才观与人才需求之间完美的匹配至关重要。面对史无前例的人才大断层现状，每个企业都需要反思和成长，形成正确的人才观。

不同的组织有不同的人才观，从传统企业到互联网企业再到社群化企业，它们雇佣人才的思想观念核心截然不同。

传统企业采用的是"传统雇佣—时间劳动力"的模式，企业与人才之间是雇佣关系，这种关系是最底层的"给钱办事"的逻辑。雇佣在本质上没有尊重个体，因为它没有承认个体的创造力，采取的是管理加服从的做法，其购买的只是员工的时间、双手和双脚，得到的是一种机械的廉价劳动力。

新兴的互联网企业采取的是"互联网—协作"模式，企业与员工之间的关系是"协作"——协同创作。人与企业不再是传统的雇佣与被雇佣的关系，企业会更加包容、更有温度地尊重个体和人才。这种关系要比雇佣关系更自由，员工拥有一定的话语权，也可以随时随地地表达自己的想法和创意。

全球最大的搜索引擎公司——谷歌，在管理员工方面可称为时代先驱。

首先，他们十分注重员工的创意精神，几乎公司内所有的管理行为都是为了激发这些创业精英的潜力，其底层逻辑就是给人才创造良好的环境和条件，让他感受到意义和乐趣，从而激发他们的创造力为企业所用。

谷歌工程与基础设施部的负责人比尔曾说："我的角色就是人

际关系的黏合剂、连接器、众多观点的聚合器，我从不做观点的独裁者。"

谷歌在员工管理机制上明确表示，给员工提供20%的自由支配时间，可以做一些自己想做的事，他们希望员工有机会将创意拿出来和其他人进行"碰撞"，让创意继续生长、拼接、变异。这项管理条例得到了很好的反馈，谷歌新闻、谷歌地图、谷歌大脑等极富创新力的项目都得益于员工在20%的自由时间里的灵感火花。

其次，他们为员工创造了很好的工作环境，员工可以带宠物上班，办公区还有很多好玩的设施。就拿谷歌苏黎世办公区举例，里面有高尔夫球场、咖啡厅、海洋馆、滑梯等，员工在公司既自由又有乐趣，自然就会发自内心地愿意为公司创造价值。

人都需要被尊重和理解，才有可能有积极性，只有像谷歌这种真正尊重员工、理解员工的公司，才有可能吸引更多行业顶尖人才。

谷歌对待人才方面已经相当不错了，即便如此，其采用的"协作"理念也并非完美的选择。

"社群化—共创"将会是未来的发展模式。在数字化组织，或者说全社群化的组织里，"协作"将变成"共创"，即共同创造。

协作对于数字化时代的发展是远远不够的，因此将会进一步升级为共同创造。这意味着员工与老板、员工与员工之间地位平等。不存在阶级化的管理，公司里的每一个人都有可能是这个项目的主导，都有可能是未来项目的参与者。

混沌大学的创始人李善友的一句话，恰到好处地概括出其特征："组织是一个生命体，员工不再是工具，而是目的本身。"

在未来，公司会变轻，团队会变少，层级会变少，管理会变淡，个人即公司。

为什么社群化共创会产生那么大的力量？

其实很简单，量变引起质变。

一只鸟的飞行很简单，但当它和周围六只鸟保持高度的一致性，就能产生"化学反应"。

一只蚂蚁只能漫无目的地游荡，但是上百万只蚂蚁就可以在一起形成群体智能。

当蝗虫密度达到每10平方米约7只蝗虫时，会从量变到质变，发生蝗灾。

整体组织智能超越个体。在这里我们明显可以看到，随着成员数目的增加，组织能量将呈指数级增长。

数字化组织核心：兴趣与热爱

整体组织智能的实现，往往基于组织内成员形成共识。共识驱动着成员自我组织、自我激励。而这份共识，往往都是兴趣与热爱。

过去很多人都无法找到一份自己喜欢的工作，以前的逻辑是好工作不多，就摆在那里，只能人去适应工作，而不是工作去适应人。现实原因和物质条件都很难改变，所以人们只好妥协，这样的局面僵持了数百年。只有少数幸运的人打破桎梏，他们要么之后成为公司的开创者，要么合力在某一领域做成了某一件事情。

数字化时代彻底改变了这个局面。工作的种类明显增多，小的如知乎大V，B站UP主、自媒体达人等个人或小团队组织；大的如从早期活跃于海外大学生群体里面的国内外字幕组，到极客群体的操作系统开发、开源软件的出现，再到新兴的数字货币和比特币、以太坊社群……基于兴趣和热爱去工作不再是奢望。

数字化组织的核心理念是："成员因热爱而聚集，为热爱去付出。"数字化组织会认为一个人能做好一件事情，首要原因是对这件事情充满热情与爱。

人才创新胜过一味顺从

当然，只有兴趣与热爱还不够。数字化时代，人才的核心价值是创造力，即人才能创造出什么。

在传统组织框架中，组织会评价员工的工作时间、任务、忠诚等要素，把重点放在投入上。但新的组织评价的重点不是投入，而是产出。因为评价投入只能看到员工消耗时间，却不知道他的投入程度、是否需要帮助等。如果评价产出，自然就能反映出他的投入度。

传统的组织形式会日益走向僵化，死气沉沉，缺乏活力。新的组织形式可能略显稚嫩，但蕴含着希望与创造。

在未来，组织管理的重点将是管理不确定性。如果一个组织无法管理不确定性，仅仅完成了经济指标，依旧有可能被淘汰。

数字化组织最终是为创造力付费。企业不再单纯购买员工的时间，也不介意员工在哪里，在做什么，唯独需要其创造力，员工只要在截止时间内完成任务就可以了。另外，一旦需要帮助，员工可以随时提出需求，所有人会想方设法地去协助他，这是数字化组织对于人才的全新理解。

数字化组织对人才的另一个理解是：尊重个体差异。这在传统的组织里，是难以想象的。传统企业希望人人都用模板化的方式工作，按部就班地做一个既负责又合格的螺丝钉，不论是什么样的人，都要被制式化生产为同一个样子，以此保证企业的稳定。

人的创造力恰恰来源于差异，正是因为有人能提出不同的想法、创意，我们才有机会获得新的可能性，淘宝、苹果、滴滴打车等跨时代的现象级产品能够出现，都是来源于此。在数字化时代，没有人会限制差异，反而会鼓励差异。例如，谷歌会鼓励员工用20%的工作时间做任何想做的事情，而这20%的时间里诞生了无数了不起的经典创意，这就是差异化的价值。

我们当然也明白，差异意味着不确定性，尊重差异意味着企业管理的难度和风险都大大上升。但世界本来就是具有不确定性的，如果企业企图通过单纯"堵截"的方式获得确定性，仅仅满足于管理带来的绩效目标实现，那很可能会面临淘汰。

　　成功跨越三次产业周期的华为已经选择尊重个体差异，探索新的组织道路，其他企业也应该有所借鉴。

03

PART 激励机制：共赢共生

从工资到积分制

任何时候都有足够的利益，留给富有创造力的下一个人。

2007年11月6日，对阿里巴巴来说是个意义非凡的日子。这天，阿里巴巴正式在纽约证券交易所上市，一举成为史上最大的IPO。对阿里巴巴的4 900名员工来说，这同样是个大日子。阿里巴巴总股本为50.5亿股，公开发售8.589亿股，而这些员工当时共持有约4.435亿股，一上市将有近千名员工资产突破百万元。这对当时比较稚嫩的互联网界来说，是一个难得的共享范例。

直到现在，股权激励依旧是阿里巴巴骨干员工薪酬体系的重点。马云一直重视股权激励，便是希望通过员工持股的方式将企业与员工绑定为利益共同体，刺激员工产生归属感，从而吸引和保留人才，提高员工工作积极性，帮助企业长远稳定发展。在实践中，股权激励被证明是一种非常有效的组织激励方式，被许多企业采纳。例如，有约20万名员工的华为虽然没有上市，但有约8万名华为员工持有其内部发行的虚拟股，持股比例相当高。这些股票由华为员工认购，工会代持，占华为整体股权的比例高达98.99%。华为的员工如此敢打敢拼，哪怕身处国外枪林弹雨的战场依旧坚持工作，与华为将绝大部分股权都归员工所有的股权激励政策密不可分。

股权激励机制，包括现在的"期权激励"的出现，实际都意味着公司与员工的关系从单纯的雇佣关系转变成利益共同体。尽管股权激励在当代已经深入人心，但这样的转变并非一日之功，所以我们将先从梳理公司激励手段的演变脉络说起。

总的来说，公司激励手段的演变分为三个阶段：薪酬激励、期权激励、数字化积分激励。

薪酬激励

从公司制诞生之日起，企业和组织就不断地进行优化迭代，以驱动员工的积极性。回溯历史我们可以发现，公司的激励机制最早诞生于传统工业时代，其代表形态大家都不陌生，就是我们常说的"发工资"。发工资是公司根据计时计件的相关换算方式，支付给工人与其劳动工作相匹配的金钱报酬。这是最常见也最普适的一种激励方法，至今仍在沿用。

期权激励

进入互联网时代，各大公司为了吸引和留住更高端的人才，引入了"期权"概念。期权激励是将企业的一部分远期收益回馈给核心员工。在此需要明确的是，期权与股权并不相同。期权是指一种资产权利合约，持有人可以在某一特定日期或该日期前，以固定价格购进或售出资产。相比于股权，其持有者的身份被限定为公司员工。当一个人的身份是公司员工时，如果做出一定的贡献，可以获得相应的期权激励。他一旦离职，公司则有权收回之前赠予的期权。可以说期权激励是公司留住人才的一种新方式。期权驱动硅谷诞生了无数新兴富豪，也让公司的发展更具活力。

但期权也有一些伴生问题。许多互联网公司发现，就算使用了期权激励，员工的主观能动性也并未得到最大化激发。经常有员工认为，工作前期比较努力，获得了公司的期权，后期只要不离开公司，就可以顺理成章地"混日子"。因为期权在手，福利和分红也不会削减。所以当期权激励方式无法作用于当前工作激励目标时，公司开始寻找新的方式进一步刺激员工的积极性，进而为公司创造更大的收益。

数字化积分激励

此时，一些公司率先使用了一种全新的数字化激励方式——积分制。

积分制是一种数字化激励手段，指的是用积分的方式激励员工，现已被广泛应用于一些新兴企业。其中最具代表性的便是盛大公司。

上海盛大网络发展有限公司，是一家以网络游戏为主要业务的公司。或许和其主要从事游戏业务有关，盛大的创始人陈天桥便将游戏中的"积分排位"体系引入员工激励制度。盛大的员工大多数都是游戏开发程序员，他们并不愿意浪费太多时间在人际往来上，更希望直接通过做好自己的本职工作来获取晋升的机会。而"积分"的引入，一下激发了所有工程师的激情。

此机制改变了工作任务的发布方式，工作的分配不再是领导安排，而变为"抢单""赚积分"的形式。员工在领取基本工资的同时，如果完成了额外任务，就会获得更高的积分，也就可以得到更多的福利。目前，此套积分机制在外卖行业与共享出行平台得到广泛应用，并依照各平台的特性逐步完善与优化。例如，美团的外卖骑手在接单时，并不是公司内部主动下发任务，而是骑手自行选单、抢单。抢单越多，挣得也就越多。显然，积分机制能够激发员工积极性，让公司的发展更上一层楼。

以上就是公司激励机制的历史变革，从工资激励走向期权激励再过渡到积分激励的方式。综合来看，公司的激励机制是在不断发展和进步的，也似乎描绘了一个更好的、更合理的机制或者未来。但实际上，当前激励机制存在的局限性也不容忽视。

传统激励的局限

目前激励机制有三大局限：第一，从制度上对人性充满怀疑；第二，存在明显不公平；第三，股东利益优先于其他利益。

人天然对他人持有怀疑态度

大部分行业内部都会有一些潜规则，比如说公司创始人从来不会公开说："老板都希望自家员工发挥极大的热情和积极性，为公司创造最大化的效益。同时，当员工自身利益与公司发展产生冲突时，老板又希望压抑员工需求，只关注公司效益。"这样看似约定俗成的不对等基因从公司诞生的那一刻开始就有了，而且繁衍至今。公司激励机制的最大局限便在于此，并且这一局限自公司制诞生之日起便留在其基因中，无法改变。这种现象的产生归根于对人性的不信任，大家都不相信有人可以无私奉献而不夹带"私货"。

行业内部普遍不公现象

同时，公司现有的激励制度存有明显的不公平现象，这就无法确保每个优秀上进的员工获得应有的报酬和激励。举个很简单的例子，一个人即使入职了像华为这样的巨型公司，拼命努力做好本职工作，为公司奋斗20年，也无法与那些刚毕业就获得"天才少年"计划最高档工资年薪的职员相提并论。尽管他也一直很努力上进，但从入职的那天起，这种不公平的现象会伴随着他整个职业生涯。

股东利益大于其他利益

不仅如此，当组织利益与股东利益发生冲突时，大多情况下组织利益需要让位于股东利益，这是由极度狭隘的股东决策圈导致的。股东们当然会天然优先考虑维护自身的利益，而损失掉部分组织利益。这也是当前激励机制面临的不可回避的困境。

那么，以上提到的这些激励机制的局限性，是否就完全无法打破呢？显然不是。优秀的企业家们继续探索着多样化的激励机制，试图改进当前机制内部的不足与局限，使得用户创造力和员工活力得到最大化实现。他们都做了哪些改变和升级呢？我们将从以下两个激励实验展开论述。

数字化激励的新实验

布兰登·艾奇的BAT实验

当人们发现当前的激励机制都存有一定的局限性时，便开始寻找新的激励方式。其中，发明了Java Scrip语言和BAT币的知名技术专家布兰登·艾奇（Brendan Eich）进行了一项非常有趣的激励实验。布兰登·艾奇于2016年1月20日，发布了Brave网页浏览器。Brave浏览器在治理方式与激励方式上进行了彻头彻尾的变革。布兰登·艾奇认为，Brave浏览器的所有权属于它的每个用户，而非某个利益集团。他还通过数字化积分的方式加深用户的参与度和认同度。简单来说，这种积分方式类似于"众筹"。用户先支付一定的金钱或者比特币，将这些金钱的一部分放到基金会中，一部分拿去招募硅谷最优秀的工程师，还有占比最大的一部分用来激励使用浏览器的每个用户。当公司获利之后，就会以虚拟积分的方式回馈之前有所投资的用户，以此形成良性的企业发展链条。

布兰登·艾奇还重新定义了互联网最主要的营收来源——在线广告。他认为看广告的每个人都是广告价值的创造者，广告的收益不应该仅支付给平台，也要按照一定的规则同步奖励给用户。举个简单的例子，当一个人回家在公寓电梯间被迫看到电梯广告时，广告费不仅应该付给电梯广告公司、分众传媒，还应分发给普通的受众群，例如每一个路过电梯看到广告的人。这种广告产业的升级引发了用户的极大兴趣，使得人们更乐于参与其中。

这一点其实可以用"用户资本主义"来解释：用户就是股东，也是内容创始人，同时是产品的推广者。用户所拥有的身份相互叠加，便可最大化实现用户价值。这种创新激励机制取得了巨大的成功，堪称传奇。2017年5月31日晚，布兰登·艾奇将改进的去中心化网页浏览器"Brave"再次上线，仅用短短的30秒就完成了约3 500万美元的ICO发售，调动了近万的用户共同参与。日前，Brave已经拥有较为稳定的用户群，也与大量的美国知名公司达成众多广告合作协议。很难想象，在没有专职员工监控管理的情况下，Brave浏览器却能激励着世界上千千万万的人为之努力。这就是用户激励机制在更广阔范围内的运用。

布兰登·艾奇的思想源白一种全新的理念，就是数字化时代的组织激励。此种形式与以往的激励方式存在很大的区别。它看到了人性的全貌并加以利用。人们虽然会逃避做自己不喜欢的事情，但同时也会为自己热爱的事情倾尽全力。数字化的组织激励勇敢地承认人性，也提出了一个相对公平的机制：只要一个人想参与组织与社群，并能对所处群体有所贡献，那么他就可以获得相对公平的回馈。这种回报方式也不再是简单地以金钱形式呈现的工资，而是包含了一些可给予范围内的组织权益与情感价值。这样就能更大程度地调动员工与用户的积极性。

李斌的蔚来积分实验

我们再将视线放回大洋彼岸的另一端。在中国，有一名企业家自称他的公司是一家用户驱动公司，他同样引入了数字化思维来激励群体，让用户带给公司新鲜的血液。这位年轻的企业家就是"蔚来汽车"的创始人李斌。李斌将数字化激励引入车友会，打造了与传统车友会截然不同的模式。

蔚来车友会的创新之处在于"蔚来积分"和"蔚来值"的用户

激励方式。这两者被普遍运用在蔚来汽车创立的用户社区。车友会内部的社群组织通过引入积分机制来记录用户对蔚来社区所做的贡献。用户可以通过产品购买、用户发展、效率提升、社区推广等方式提高蔚来值和等级，得到虚拟积分奖励、事件投票权和热门活动优先权等。奖励积分越多，用户所获得的经验值就越高，也就为公司争取到黏性更高、活跃度更强的用户群体。

同时，创始人李斌拿出自有股权的33%成立了用户信托基金，而此项收益的分配权将由全体用户决定，这无疑是一个跨时代的创举。因为在此之前，任何一家上市公司都没有在此领域进行尝试。其实并不难发现，李斌此举的目的很简单，就是尽一切可能去团结用户，让用户的参与感获得实质性提升。

查阅相关数据可知，当下市值近150亿美元的蔚来汽车，其用于激励用户的数额高达近50亿美元。深入来看，这50亿美元数额的多少并不重要，我们更关心的是李斌对这50亿美元激励资金的解读和运用。在此先引入一个重要概念：通证①经济。简单来说，通证经济就是让个体与组织基于自己的劳动力和生产力发行通证，形成自金融范式，利用区块链等可信的系统让生产要素进入流通环节，利用自由市场让资源配置更加精细也更加合理，把数字管理发挥到极致，这样就可以充分调动用户的参与动力，形成自组织形态。

蔚来汽车正是通过这50亿美元的激励机制来实现通证经济的。李斌认为，社群内用户拥有此笔资金的使用权和决策权，不同等级的用户按照持有积分的多少可以进行投票，共同决策资金的流向和用途。例如，如果所有车友会的成员投票同意拿出10亿美元购买汽车赠予社群内成员，那此方案可行；如果用户一致通过将5亿美元现金直接分发奖励，也是可以的；如果用户又决定将资金捐给公益

---

① 通证，是一种以数字形式存在的权益凭证，具有加密、可流通等特质，其真实性、防篡改性、隐私性都受到密码学保护，理论上，未来的线上或线下资产都可以以通证形式在区块链上储存为"数字资产"。——编者注

组织或者共同投资其他事业，也同样可行。这样的方式将积分的权限放大到了类似于选举的权限中，让决定权真正掌握在用户手中。这就是蔚来汽车在用户激励体系中做出的重要革新。

布兰登·艾奇的BAT实验和李斌的蔚来汽车实验都是通过数字化的激励措施，变革了组织形态，我们将其称为"一个人人参与的社会实验"。这两个看似实验性质的改革都代表了公司在追求激励机制方面的不断创新，也代表了某种先进性思维。那这是否预示了一个新趋势的到来？

构建自循环生态系统

通过对激励机制的历史溯源和发展历程回顾，我们不难发现，当前的公司激励机制还存在一定的局限性。虽然企业家们仍在不断实践和创新，但我们不妨将眼光放得更加长远一点。在未来，我们需要的究竟是一个怎样的激励机制模式呢？

究其根本，我们认为激励机制的本质并非仅仅是创建一家公司，站在更高层级而言，其本质目的是需要构建一个可以自循环的生态系统，这是一种最高级的工作和协作的组织形式，具有强大的生命力。对比之下，我们将原来的组织形态称为"无生命的组织"。无生命组织通常用一些硬手段去刺激成员，两者间的关系较为冰冷。而现在，我们需要构建的是数字化时代的激励组织形态，它可以实现自愈、自驱与自循环，同时可以无限延展和加入，这才是激励机制要达到的终极目标。

如果有人对此感兴趣，需要在实践中做到以下两点：

第一，要试图用一种激励机制来确保让公司、员工以及用户都能够从中获益；

第二，转变自己的思维模式。

对一个公司而言，将它最大化地分享给所有人，带来的是收获而不是损失。因为当公司被分享给其他人时，公司的市场规模、产品竞争力都会获得前所未有的提升。举一个以太坊的例子，以太坊属于平台类媒介，它提供各种模块让用户搭建应用。从某种角度来看，以太坊被各种用户平等共享。据2018年6月数据显示，以太坊的活跃用户已达3 500万，超过了比特币，这些平台上的用户既是受众也是股东。不得不说，此种形式给公司带来了庞大的用户群体，也带来了难以想象的回报。短短3～4年时间里，公司以几何级数增长扩充，目前已达到千亿美元的规模，公司和用户实现了双赢。

这些案例带给我们极大的启发和思考，如何进一步深入探索激励机制的实践与发展，打造数字化组织操作系统，将会成为迫在眉睫的新课题。

04
PART

打造数字化
组织操作系统

数字化组织的打造是落地数字化战略的核心要务，也是传统企业在数字化升级中可能会遇到的最大的"坑"。在企业经营中，所有的创新都是由人来完成的，传统企业在数字化升级过程中往往会遇到人才匹配不足，文化与土壤无法支持，无法吸纳足够多外部的优秀人才等问题，这是目前数字化升级中大家面临的普遍问题。

数字创新实验室：改革秘密武器

本书作者龙典2014年从互联网领域进入传统行业，探索如何将互联网技术与数据思维应用到传统产业，并在当时任职的企业提出了用数据提高用户体验的设想，围绕"管理数据化、服务数据化、售后数据化、营销数据化、品牌数据化"展开了战略升级，当笔者深入到门店以及消费者中的时候，发现最难的事情才刚刚开始。

如何将技术落地到用户服务场景中去？

如何让每一个环节的人适应新的流程？

哪怕是收银机键盘新增一个按钮，对拥有上千家门店的实体企业而言，都是一次巨大的挑战，数字化与实体的融合所面临的问题比我们想象中的更加复杂。

在实践和从业过程中，我们一直都在思考如何破解这一难题。

最终，我们找到了"数字创新实验室"这一创新结构，确保传统企业在数字化升级初期少走弯路，节约成本，并能以最快的速度完成"数字化战略"的初始布局。

数字创新实验室是新数字机构提出的一个"数字化组织操作系统"解决方案，以企业为主导，通过孵化+资本模式，设计一套融合式激励制度，通过引入外部优秀团队、人才为核心的方式，用"共同创业"的模式探索"数字化升级"的业务领域，来构建一个不受内部系统干扰的"创新环境"。

如何将传统企业自身的优势发挥出来，又不会让新加入的数字化人才受到原有"土壤和环境"的负面影响，是我们一直在试图解决的问题。"数字创新实验室"架构是我们在与合作伙伴合作中探索出来的一种全新有效的可行性方案。数字创新实验室的目的是给传统企业赋能科技基因，通过不断融合发展的方式最终完成传统企业科技化转型，将传统企业升级为"科技企业"。

新数字正在联合大量传统头部企业构建"新数字创新智库"，其将整合一批非常优秀的技术、运营、营销、设计人才与团队，搭建一个"新数字开放式生态社群"，希望借此动作，为传统企业数字化升级与落地做出我们的贡献。

随着数字创新实验室的持续落地，我们会不断分享与合作伙伴共建"实验室"过程中的经验、教训与心得，也希望帮助更多传统企业实现数字化升级。

海军陆战队带来的启发

假设有这样一个场景：在某个风雨交加的夜晚，A已经被不知名的绑匪绑架好几天了。他们把A独自关在一间伸手不见五指的房子里。伴随着呼啸的风声和噼啪作响的雨点声，A现在处于极度恐慌的状态中。突然，一声巨响，A的房门被打开了。一群手持武器、头戴前探照灯的彪形大汉破门而入。A定睛一看，长出了一口气，紧绷的神经瞬间松弛下来——原来这是标准海军陆战队队员的装扮，他们来救自己了。在被关了不知多久后，A终于成功获救了。海军陆战队总能在危难时候挺身而出的行为让人赞叹，而他们特有的组织协调方式也有众多值得思考借鉴的地方。我们将从海军陆战队的组织形式出发，了解如何建立数字化组织。

自海军陆战队成立以来便成为全世界应对各种极端场景的优秀组织典范。为了既能确保自身的安全，又能快速达成目标展开行动，海军陆战队设定了一些与众不同的规则。例如，他们没有固定的领导，这保证海军陆战队得以高效行动。为什么这么说呢？海军陆战队的工作场景千差万别，哪怕同一个任务也会有多个不同场景。术业有专攻，每个成员的专长不同，所以他们会在任务的不同阶段，根据不同的场景来切换不同的领导者。而领导者的转换甚至都不需要用眼神来确认，因为队员们在之前的日常训练中，已经获得了完美契合的默契。

正因为不拘泥于传统的领导方式，让有不同特长的成员在其专业领域发挥领导和组织能力，团队协作才更加高效，也让行动的展开更加顺畅无阻。海军陆战队的这种组织模式其实就是一种典型的柔性组织。当下，很多公司受到海军陆战队组织结构的启发，将柔性组织的概念引入到公司管理中。它们试图在新的阶段，让数字化与柔性组织相结合，打造更加具有活力，能发挥每个成员才智和积极性的组织形态。

可是，柔性组织究竟是一个怎样的组织形态呢？

数据赋能的柔性组织

柔性组织

从字面意思上来看，柔性组织具有非常大的灵活性，人员之间的关系也比较有弹性，哪怕是基层的员工也会在处理问题时拥有决定权，这样可以很好地应对实际工作中的变化。

与柔性组织相对立的是刚性组织。刚性组织是指有明确的治理架构、层级关系的组织。一个刚性组织中，CEO、部门负责人、中间层员工与基础员工之间的结构和职责明确，其关系牢不可破、不可变动。但这种组织架构毫无灵魂，缺乏灵活性。在面对现代商业的复杂场景时，这种刚性组织显然无法满足现代企业对于激发活力和创造力的需求。除此之外，刚性组织还阻碍了人才的涌现和发展。因为优秀的人才被始终框定在一个固定的岗位上，无法展现出更多卓越的特质。这就意味着面对灵活多变的市场环境，刚性组织无法快速做出决策，"让听得见炮声的人做决策"的倡议沦为了空谈。

"让听得见炮声的人做决策"是美军在伊拉克战争中采取的策略。美军在推翻萨达姆政权后，开始把矛头转向"基地"组织。美军原以为自己能够在战斗中取得优势，但实际战损远远高于预期。美军后来痛定思痛，盘点经验后发现，两军的差距在于组织间的信息传递速度。基地组织架构比较扁平灵活，所以内部信息传递速度更快，打仗效率也比美军更高。美军因此开始改革，削减了组织结构层级，使得哪怕前线的排长也可以直接指挥部队。

最先在国内提出此理念的是任正非。在2009年的开年演讲中，任正非表示公司需要让一线员工获得决策权，后方起到保障作用。这样企业才能直面现状，更高效地解决问题，简化办事流程，提高运行效率。这才是更有生机与活力的现代组织。不得不承认，当前大部分公司仍处在刚性组织架构的阶段，并没有从思想和认识上做出改变。长此发展下去，在很大程度上会对组织的整体生长形成某种制约。

不过我们也不用过多地担心，因为在数字化时代，这一切将不复存在。依托数据化的底层赋能，现代公司可以快速并灵活地构建自己的业务模块。在数字化时代，我们看到当下已经有一些企业率先引入柔性组织思维，并在其部分业务上获得成功。在此过程中，它们会逐渐成长为像海军陆战队一样卓越的柔性组织。

现代公司的部分实践应用

目前，柔性组织最大的应用是外卖与网约车行业。以美团外卖为例，据相关资料显示，2019年有超过270万骑手在美团外卖上获得收入，但这并不代表这一庞大的外卖群体中的每位骑手每天都会上班，他们通过线上协作的抢单模式展开工作。哪怕今天有50%的外卖骑手不上班，另50%上班的外卖员也会完成既定的工作总量。通过抢单的方式，外卖骑手会获得更多的工作机会，也相应获得更多报酬。滴滴的网约车司机也运用了同样的运营机制。网约车司机工作量和收益的上下限是由自己决定的。他不需要向任何人汇报，全靠自己积极主动去获得相应收益。总结来看，这种柔性组织模式可以自由扩展、组织与协调，充分发挥其优势。

通过以上两个案例可知，柔性组织在社会生活中正日益显现出推广的态势。柔性公司并不需要依靠严密的组织架构就可以稳定运行。不过当前的企业只是部分地实现柔性组织，依旧会有严格的职能边界，所以并未让个体能力毫无障碍地发挥。这仅是一种在操作层面实现的自由化模式。即便如此，也已经是一种进步和发展。

当然，这样的进步显然不能满足我们对未来的期望，我们始终相信未来的企业可以基于数字化构架去创造一种自由度更高、更为灵活的社群组织形态。我们希望企业可以完全打破现有的组织框架，真正挖掘和激励出个人的能力，让人变得无所不能。

疫情期间，我们已经能看到组织框架被打破后的曙光。

疫情加速远程协作

2020年的"黑天鹅"新冠疫情打乱了所有人的正常生活。按照防控措施的有关要求，一些场所限制办公人员人数，不允许集中办公。在此情形下，一些互联网公司率先进行了远程办公的尝试。我们可以看到，全世界范围内的疫情并没有降低企业的工作效率，而是在一定程度上迅速推动了远程协作的可能性。其中以中国的字节跳动和美国的Twitter公司尤为突出。

字节跳动让5万名员工居家办公，并推出了其线上办公软件"飞书"。这在以前是难以想象的，人们一直认为居家办公让面对面协作面临着极大的挑战，但结果出乎所有人的意料：员工不仅出色地完成了各自的任务，其满意度也随之显著提升了，甚至有人表示在家办公的效率高于在公司办公的效率。字节跳动并不仅仅简单使用远程办公软件，而是结合工具优势，摸索出一套线上线下结合的远程协作模式。字节跳动一直强调激发员工的创造力和责任感，这在远程办公的时候，就能发挥很重要的作用。因为每一个独立的个体或小团队，都能够以比较好的参与感和责任感投入到工作中，而不需要很强的管控。此外，在网状结构下，每一个团队、每一个节点都能快速地去决策和执行，也能较好地适应远程办公的工作方式。

目前，国外疫情还处于暴发阶段。尽管美国政府极力想要让企业尽快复工复产，恢复线下办公，但是一些公司对待疫情的态度还是非常谨慎的，比如互联网巨头Twitter。2020年5月，Twitter首席执行官杰克·多西（Jack Dorsey）给所有员工发了一封电子邮件，告诉他们只要想，就可以永久在家办公，即使是疫情结束后。这其实释放出一个非常重要的信号，那就是"远程办公的常态化趋势"。这些美国员工也对在家工作持有同样的积极态度。他们认为在家办公会极大地提高效率，省去不必要的通勤时间，以此获得更舒适的办公状态，在一定程度上对自己工作的开展更加有益。这场疫情的到来，无形中改变了我们许多原先习以为常的生活习惯。疫情让远程协作成为可能，同时也对公司的内部架构、管理团队的领导提出了更大的挑战。

如何在短时间内用之前1/10的员工人数做一场不会比之前水平低的行业峰会？

本节我们来聊一聊本书作者龙典创办的财经媒体如何使用分布式自组织的方式，在行业寒冬中调动参与者积极性，通过共创的方式低成本举办一场成功的行业峰会。

在经历了2017—2018年区块链媒体的"千媒大战"后，区块链行业冷静了下来，火讯财经也经历了一轮大调整。第四届观火大会①召开在即，在人员和预算都不充足的情况下，观火大会团队成员准备借鉴区块链社区的治理思维，进行一次DAO分布式自治组织的实验。

与以往不同的地方在于，时间紧迫，人员、资源都受到限制。

观火大会团队设计了"共创委员会"组织，由各路大V和从业者组成，取代了以内部决策为核心的中心化决策组织，转为让更多参会嘉宾一起参与，共享利益与荣誉，同时成立了"超级节点"。

超级节点依托自身资源成为峰会的重要组成部分，通过数字化工具建立了各个板块的在线协作群组，有上百人参与其中，分担了宣发、招商、内容、传播等诸多工作内容。最终，观火大会的DAO自治组织实验取得了圆满成功，线下参会人数突破千人。在大会现场，共创委员会给所有参与者颁发了荣誉奖章"拾柴勋章"。

通过共创委员会的体外共创模式，大会实现了多方共赢。在实验过程中，我们发现，很多参与者的积极性甚至比在职领薪的员工还要高，数字化组织不仅能在公司维度上实现，还能为其他领域带来创新与变化，引入新的能量促进组织发展。

---

① 观火大会是由本书作者龙典创立的区块链头部媒体"火讯财经"主办的区块链高质量峰会，2018年第一次举办，被称为"中国区块链领域的"TED"，已成为中国区块链顶级峰会之一。

通过以上案例，我们可以得出一个结论，那就是组织内部的协作方式已经不知不觉地被改变，新时代的数字化组织已经形成。

北京大学国家发展研究院的陈春花教授在谈论数字化组织时就已提出：新的数字化组织不再关注工作时间，而是关注实际产出；组织结构也不再像金字塔一样层层分明，而是灵活的扁平化组织管理；组织也不再以家长的姿态管理员工，而是希望员工自我管理。

在数字化组织中，组织的边界被打破，员工的身份和角色也日益模糊，责任归属不再单一以职位为分类，不再以人来定义工作，而是以问题导向，围绕工作来定义人：谁能解决问题就由谁来做，所有的事都是大家的事。在这样的组织里，组织与个人往往是平级的，人人平等参与公司业务，为企业创造营收，在逐步的实践和运行过程中，形成成员自驱的"自组织"。

数字化组织迎合了当代年轻人的特征。现在的年轻人已经无法只用工作合同来约束，因为他们随时都可能辞职不干。真正能留住当代年轻人的，一定是兼顾员工的经济收益与心理预期的新型"薪资"。现在企业绝对不可以再以高高在上的姿态对待员工，不可以只压榨剥削员工却不支付经济和心理利益。企业与员工要实现利益绑定，让彼此变成稳固的利益共同体，才能迎来企业的健康发展。

对个体而言，则需要认清数字化组织的发展趋势，努力适应这一变化并快速找到自己的位置，不仅在思想上做出改变，还要在行动上主动融入新的组织形态，这样才能实现更高效的组织协同，给个人带来更大的收益。

扫描二维码，发送【数字化组织】
抢先参透数字化组织的核心方法论！

本章思考

1. 公司制作为商业领域发展至今长期存在的制度，一定有其优势所在，你认为在商业文明发展的过程中，公司制有哪些突出的优势？

2. 公司制的弊端在数字化时代日益凸显，你觉得你的组织里有哪些可提升空间？

3. 钉钉、洛客众创平台、开源社区和小米社群都能体现出数字化组织的优越性，那你是如何理解数字化组织的呢？

4. 你认为如何能利用数字化组织的优越性改造你自己的组织？

5. 数字化组织的兴起带动组织对人才要求的变化，你觉得具备哪些特质的人才会更适合数字化组织？

04
CHAPTER

第4章
数字化创新

数据思维指导产品生产，
催生数字化产品。

消费者行使主权，向生产者发布命令

本章的核心关键词落到了"创新"二字上，这里的创新更多地指向"产品层面"。在数字化背景下的产品研发逻辑发生了本质上的改变，我们需要顺应这一趋势去做出改变，构建具有数据思维的产品创新机制，来确保产品与市场无缝融合。

在正式探讨数字化产品创新之前，我们先来看一个多年前的概念——"消费者主权"。

诺贝尔经济学奖得主哈耶克曾提出"消费者主权理论"（Consumer Paramountcy Theory）。"消费者主权"最早见于现代经济学之父亚当·斯密的《国富论》中，后来的奥地利学派和剑桥学派都把"消费者主权"看成市场关系中的最重要原则。

消费者主权理论又称顾客主导型经济模式，与生产者主权或企业主导型运作模式相对。所谓"消费者主权"，指的是消费者根据自己的意愿和偏好选购所需的商品。消费者把意愿和偏好通过市场传达给生产者，生产者听从消费者的意见安排生产，提供消费者所需的商品。生产什么、生产多少，最终取决于消费者的意愿和偏好。企业、市场和消费者这三者间的关系是：消费者借助于消费品市场上生产者之间的竞争，行使主权，向生产者"发布命令"。

"消费者行使主权，向生产者发布命令。"这个概念在多年前或许被人当作概念，但时至今日，即便在互联网、数字化浪潮下的电商领域，也罕见真正意义上的以个性消费者为中心设计的业务流；直到商业领域达成共识，围绕消费者需求去生产，创造出被称为"C2B"的反向定制模式，即"柔性制造"，才真正看见落地的曙光，而这一切的推进者便是无处不在的数字化，数字化时代的产品创新让哈耶克提出的概念变成了现实。

除了"C2B""柔性制造"之外，数字化时代的产品创新还应该具备什么样的特征？企业应该如何构建基于"数据智能、大众智能、产品资本化"的立体式数字化产品创新架构？这是我们本章要重点阐述的核心问题。

如果要用一句话概括已故苹果创始人乔布斯的产品哲学，一定是"消费者并不知道自己需要什么，直到我们拿出自己的产品，他们就发现，这是我要的东西"。一语道破了产品创新的无迹可寻。可是随着数字化时代的到来，有没有可能提前知道消费者要什么？我说的是那种真的想要什么。

有了数字化思维，有了数字化组织，我们要如何打造产品？本章聚焦产品，讨论数字化时代该如何进行产品创新。简单来说，就是让用户换一种方式诚实地告诉你他想要什么，甚至用户自己都没有意识到这一点。

首先，我们将重点剖析如何利用数据给产品设计赋能，如何通过收集数据、分析数据直接洞察用户心底最隐秘的需求；当掌握数据特权这一强大武器时，你将有能力设计出自己完全意想不到的产品。

其次，我们将试着引入"数字化灵长类"的新概念，展示数字化对传统产品的颠覆式改变，打破大家对产品的固有想象，希望能刺激大家大胆用科幻作家的视角生产出面向未来的产品。

再次，我们将进一步深入，从体验、数据、升级三个层面具体分析如何构建增长闭环，提供设计数字化产品的具体思路。

最后，我们介绍一个重要的概念——"产品资本化"，说明未来产品设计的整体趋势将是大众智能、数据智能。

　　让我们先从设计产品最难把握的部分——用户需求说起。

01
PART 人机交互：
用数据洞察人心

　　如果没有用户调研，99%的企业只能生产产品，却根本不知道用户会不会喜欢。即便做了用户调研，99%的企业仍然只能以它们以为的用户喜欢的方式生产产品，否则解释不了这两年不断掀起的"每个行业都值得重新做一遍"的商业浪潮。

　　究其根本，传统的用户调研颗粒度太大，约等于浮光掠影的猜测，颗粒度够小的调研则受限于成本及技术制约，种种困境之下，生产出用户会喜欢的产品简直和碰运气无异。但在数字化时代，企业只要付出极小的成本，就能"听见"用户的心声。

　　2006年，生产的丰田凯美瑞上市。这是凯美瑞车型第一次进入中国市场。那时，中国国产自主汽车品牌蓬勃发展，百花齐放。因此许多人都不看好丰田公司此次进军中国市场。然而，2006年凯美瑞上市，2013年销量便突破100万台。

　　2016年上市10周年时，产销规模达150万台；在第8代凯美瑞上市后，累计销量更迅速达到200万台。凯美瑞以难以想象的速度，与皇冠、锐志共同构成了丰田高端轿车在中国市场的铁三角。但人们一直充满困惑，凯美瑞当年到底是如何成功的？直到后来，坊间流传出了丰田公司的一些内幕，这个看似不可思议的问题才得到了解答。本次成功缘于当时一个特别的举动。

丰田在凯美瑞型轿车进入中国市场前，曾花1 500万元做了一件事：市场调研。他们找到了中国各个年龄段、各个阶层的人群，花钱收集他们的身体数据，比如体形体态、部位尺寸等。当时很多人都不理解丰田公司的这项举措。为什么明明还没有在中国生产，就先投入如此大的资金收集数据？后来的一切都证明这是丰田公司成功的最关键之处。

凯美瑞自1982年上市以来全球累计销量超过2 000万台，其中中国销量占1/10，累计售出超200万台。为什么仅仅是数据收集就能有如此大的帮助？因为亚洲人的身体比例与欧美人的身体比例存在明显差异，如果照搬欧美的凯美瑞款式，亚洲人会觉得非常不适。而丰田凯美瑞通过收集身体数据，针对中国消费者的体形特征对车内空间进行优化，使其完美地符合中国人的需要，以保证出色的驾驶体验。

利用数据，丰田不仅给中国消费者提供了一个最优解，而且还能将造车成本降到最低。

丰田的调研本质就是一种数据交互。利用数据交互，企业能了解消费者的需求，生产出消费者满意的产品。迫于时代技术所限，当时的丰田公司只能采用成本极高、耗时极长的人肉调研。但在数据智能时代，数据交互在日常生活中便可实现。每一个看似细微的数据收集，其影响都无比深远，悄然改变着我们的生活。

比如，数据可以确切地"知道"消费者要什么。

未来人人都能成为乔布斯

每一个产品经理都面临着一个永恒的问题：消费者需要什么？

上一个出色地回答了这个问题的人是史蒂夫·乔布斯。他以对用户的洞察能力著称于世，创造出了iPod、iPhone、iPad、MacBook等一系列深受用户喜爱的里程碑式产品。"微信之父"张小龙曾评价乔布斯："一秒就能化身用户的人。"

乔布斯是毋庸置疑的产品天才，吸引无数人追随其后。虽然乔布斯只有一个，可望而不可即，但在大数据时代，依靠大数据智能交互，每一个人都有机会成为乔布斯甚至超越乔布斯。

大数据智能交互，就是在用户数据与人交互后，在底层通过数据的方式将不同人群的需求进行细致的、颗粒化的分析与还原，最终赋能所有的产品设计，实现用户一对一的需求供应。

以服装品牌GAP为例。一般的服装品牌只提供8个尺码的牛仔裤，而GAP却提供了44个尺码。GAP试图通过更丰富的选择适应更多消费者的体形，最终带来销量的巨大提升。多出的36个尺码，背后代表着无数在一般服装店找不到尺码的顾客。优衣库依靠类似的尝试，同样销量暴涨。

谁能更精细、准确地满足更多消费者的需求，谁就能更受市场喜爱。但绝大部分的产品都不像尺码这样简单，单纯增加品类就能满足需求。而且精细的需求本身极难被发现并满足，更别提产品设计者发现的需求可能是不被欢迎的伪需求，产品设计永远都像打开一个黑箱。

在未来，"黑箱式产品设计"将被淘汰，产品经理将有能力直接利用数据了解消费者内心的种种需求。这种打破人心黑箱的数据武器，称为数据特权。

数据特权

所谓数据特权，指的是一个企业利用所掌握的数据，分析和预测用户行为的能力，数据特权令企业具备像福尔摩斯一样的洞察能力。说到这里，就不得不提到字节跳动。

字节跳动公司独立研发的"今日头条"，开创了另一种信息发放逻辑，即通过设置大量埋点收集海量用户数据，通过用户数据喂养算法，进而掌握对应用户的喜好，给用户推荐他们喜欢的信息。

每一个人打开"今日头条"的首页都会显示不一样的内容。足球迷一定不会错过任何体育赛事的新闻，娱乐迷第一眼就能看到这两天娱乐圈各大头条资讯，军事迷最先阅读到的则是各种军事消息。基于兴趣，每个人了解资讯的优先级截然不同，而"今日头条"恰恰满足了这一点，开创了国内这一领域的先河。

猜猜看，今日头条是如何满足兴趣爱好千差万别的数亿用户的？

没错，今日头条靠的就是数据特权。凭借事前埋点收集而来的海量用户行为数据，其成功地在资讯平台产业中抢占了数据特权，能有针对性地提供用户想看的一切内容。想想看，当你打开今日头条时，你看到的内容都是你最感兴趣的娱乐新闻，但当你打开另一个新闻软件时，却只看到无聊透顶的军事新闻，你会更喜欢哪一个？这就是今日头条成功的原因。

同是字节跳动旗下的抖音，延续了今日头条的成功路径。抖音，令人上瘾，欲罢不能。只要一打开，它就可以让你在不知不觉中滑上三四个小时甚至更久。对抖音重度用户来说，如果不是手机没电，或是他人提醒，压根儿不会意识到时间流逝。为什么抖音能让人不知疲倦地一直刷？因为抖音通过深度数据交互，掌握你的喜好，推送你想看的信息。同时抖音操作设计简单，只需滑动就能切换，因此轻而易举就能让你进入"心流"状态，乐此不疲。所有的数据交互，都在使用过程中无意识地完成。你还没有意识自己到底是想看搞笑视频还是宠物视频时，抖音已经悄悄把你内心最爱看的美食视频放在了下一条。拥有数据特权的公司将准确地预测并引导你的行为。

原因很简单，相比常规用户访谈，数据是一种更加真实的维度。数据不关心你嘴上说什么，只看你实际做了什么。

数据决策

让我们来看看数据之下，更真实的维度。

这两年非常流行一个商业概念：C2B。这种商业模式颠覆性的一点在于它提出了企业先了解消费者需求，再根据需求生产的模式。C2B的基点，就是数据决策。

数据决策最大的价值是为用户需求分析提供一种更真实、更精细的维度。无论你想设计的产品是一张办公桌还是一辆汽车，甚至是一栋房子，都可以利用大数据了解到用户的真实需求，以创造更优质的用户体验。

数字化时代的数据交互带来的是绝对真实有效的需求，因为它们能够记录你自己都没意识到的细微数据。你可能不知道自己想要的是什么，但是数据知道。以往的消费者调研或者消费者心理洞察，远远无法做到数据交互的精细程度。原因是数据能够切分出更小的颗粒度与更多的维度，360度无死角地锁定你的产品的目标人群，并比你的目标人群更加了解他们自己。数据交互还很方便，不需要像以前做问卷调查那样烦琐，在产品使用过程中就可完成。最终客户在自身尚未意识到的情况下，就接受个性化定制服务，满意度自然直线上升。

现在市场上的衣服一般都只有L码、M码、S码，细致一点的或许加上了XL码等，但事实上无论顾客怎么去试穿，始终只能在这几种尺码内选择。仅靠这几种尺码就能完美贴合所有顾客的尺寸了吗？这显然是不可能的。最终选择的码数只能说是尽可能接近我们自身的数据，但永远都无法真正完美地与我们的身体贴合。而通过数字化下的数据交互，衣服可以根据用户身体的各项真实数据来进行设计与生产，全世界独一无二，完美贴合。不只是衣服，未来数字化时代使用的每一样物品都有希望变成最适合你的样子，这就是"更真实的维度"意义所在。

天才乔布斯虽然已经不在了，但是有了数字化下的数据智能交互的加持，未来人人都能成为乔布斯。这在数字化时代之前，是没有人敢去想象的。

在数字化未来，数据智能是一大发展趋势；另一大趋势则是产品创新。未来的产品可能是现在所难以想象的，而为了不在数字化趋势下落后于人，就需要我们以科幻作家的角度去思考未来的产品。

02

PART

用数据思维
为创新导航

2008年10月，全球首款电动敞篷跑车Tesla Roadster实现了量产，虽然比原计划晚了半年多，但这仍然是具有历史意义的突破。从布拉德·皮特、施瓦辛格再到谷歌的两位创始人，这家电动汽车公司的客户订单几乎集聚了全球财富名人榜。从那时起，这家公司推出的每一代新产品几乎都有着令人惊艳的突破。2020年发售的最新款Roadster，功能已经有了超乎想象的更新迭代，越来越接近科幻小说里的场景。这一切，都源于一家公司——特斯拉。

2003年7月1日，特斯拉汽车公司在美国硅谷成立。马丁·艾伯哈德（Martin Eberhard）当时还只是一个普通的硅谷工程师，他对电动汽车几乎一无所知。唯一和电动汽车的联系也就是他是一个赛车迷（如果这也算的话）。但怀着一股初生牛犊不怕虎的冲劲，马丁·艾伯哈德决定和伙伴一起闯入电动汽车行业。那时还默默无闻的马丁也没想到，不过几年，"硅谷愣头青小子挑战底特律传统汽车巨头"的故事，将会变成一个电动汽车产业的神话，而自己则是这个神话的主角。

特斯拉董事长兼CEO，人称"硅谷钢铁侠"的埃隆·马斯克曾经提出过对人类未来的两个伟大愿景：一个是未来人们将前往火星移民，另一个则是让电动汽车遍布全世界。所有人都会对移民火星的每一小步感到无比兴奋，但他们常常忽视身边越来越多的电动汽车。虽然火星移民的项目听上去更为科幻与遥远，但必须要说，同火星移民计划相比，特斯拉电动汽车的出现同样伟大和令人惊艳。

特斯拉是传统意义上的汽车吗？并不是。特斯拉是传统意义上的电动汽车吗？也不是。特斯拉与传统汽车的区别并不只是它们使用了不同的能源，更在于其设计与制造中体现的数字化之光。利用数字化设计制造产品，是我们认为特斯拉的出现足以媲美移民火星的原因。

我们应该怎么来称呼这种数字化设计的产品呢？

数字灵长类："活"起来的车

我们决定用"数字灵长类"这一概念来定义这类产品。

数字灵长类指的是通过数字化方式进行设计和制造的产品。它们充满生命力，能伴随用户不断成长。例如特斯拉设计的所有电动汽车，从研发到交互到用户使用的过程中，一直都是"活"的车。拿特斯拉在2013年就推出的特斯拉Model S来举例，除了转动方向盘、踩油门、刹车这类基本操作外，Model S其他的一切操作都和数字化密不可分。比如，你想要开好特斯拉，至少还得会用iPad，知道怎么在屏幕上完成几乎所有的操作。发展到了现在，它还会不断地收集你的使用数据，将你的喜好、你所遭遇的路况，甚至当地的天气，全部整合到一个大数据库中。每过一周，它会以毫无察觉的方式将你的车从里到外更新一次。如果你买了一辆其他品牌的汽车，那它将一天天磨损，老化，最后淘汰，但如果你的座驾是一辆特斯拉（最好是最新款），从某种意义上来说，很可能你每隔一个月就能开上一辆全新的汽车。

除此之外，现在的人工智能也有类似的趋势。比如说Siri、智能家居领域的天猫精灵、小度智能AI等。虽然我们经常会开玩笑，对它们也有非常多的抱怨，但实际上从被创造出来到用户使用后，它们并不是一成不变的，它们一直根据我们的行为数据进步。这意味着它们已不再是一个冷冰冰的机器，而是作为一个能够进行智能学习、成长的"生物"。它们具备相当强的自主性与学习能力。这是每一个用户都梦寐以求的完美产品，它可以迎合你现在的需要，也能够迎合你未来的需要，它甚至能够比你想象的还要做得更好。这就是我们所说的数字灵长类。"从原本冰冷的产品变成活着的产品"，这是数字化时代的智能产品和传统智能产品最大的区别。它的底层是基于可更新、可迭代、可自我修复的一套数据驱动，而不是原先单纯的纯物理硬件。这类产品在未来势必成为主流，有点儿类似塞伯坦星球上的变形金刚。它们将会是"活着"的产品，而"活着"的产品给用户带来的体验必定是无与伦比的。

这里还要说到数字灵长类的另一种定义，那就是数字化时代智能产品对于人体的延伸和合总。举几个通俗易懂的例子，空调是对扇子的替代和延伸；汽车可以理解为对我们双脚的一种延伸；电脑也是人类大脑的一种延伸。人工智能就其本质而言，是对人类思维的信息处理过程的模拟。目前主流的模拟思路有两种：一是仿造人脑的物理结构，根据人脑的结构，做出类似人脑的机器；二是模拟人脑的功能，不关注内部结构的相似，从其功能发挥进行模拟。在数字化加持下的这些产品，都能被概括为一种数字灵长类生物。

简而言之，也许在未来世界的家庭里，你的书桌将不再单单扮演一个书桌的角色，它有可能是你的生活管家。比如数字化时代的马桶，它是马桶吗？它不是，它已经成为整个家庭的私人健康顾问，它可以分析你的排泄物是否正常。

那么应该如何打造这样的产品呢？我们认为至少要做到以下几点。

数据比科幻作家更有想象力

安迪·格鲁夫（Andrew Grove）的名言至今有效：首先打破一切常规。

最关键的部分就是要用科幻作家的眼光去看事物。当你用看一辆车的眼光去看待特斯拉的时候，那显然是对特斯拉的一种不公平。因为特斯拉显然不只是一辆车，它在载你出行的同时也可以是你的一个移动办公助理，或者是你的事务管家，甚至还能够提供给你更多、更丰富的拓展场景（包括亚马逊之类的购物网站）。

总而言之，它不只是一辆车。如果在人的眼里，一副眼镜永远只能是一副眼镜，不能拥有除了看清事物外的其他功能，那么所有的事物永远只能维持原状。这个社会必将发生停滞，永远也不可能再向前发展。

其次是数据想象力。

绝对不要低估数据。数字化时代下的数据分析仅需要几秒，就可以生成整个用户行为数据画像，准确到八九不离十。同样是特斯拉，未来的特斯拉可能不仅仅能把你从一个地点移动到另外一个地点，也能通过数据分析知道今天的你是否开心，你是否有重要的约会，你是否要去见客户，甚至它还会提醒你应该去接你的孩子放学回家了。这样看来，对于数据的想象力是无穷无尽的，一旦打破枷锁，无数想法就都会如雨后春笋一般冒出来。而这些想法一旦应用到现有的产品里面，将会产生许多奇妙的甚至无法想象的化学反应。

最后是构建非对称性优势。

数字化未来的趋势就是每样东西都有可能被重新定义，重新赋予它原本所没有的功能。事实上我们能看到不少的企业已经在朝着这个方向发展。不妨来设想这么一个场景，如果一家企业拒绝接受时代数字化、产品智能化的这个现实，那它所面临的竞争局面必然就像四面楚歌一样，好比如今的燃油车在特斯拉面前毫无竞争力可言。只有率先开发出产品非对称性优势的企业，才能在未来激烈的数字化竞争中获得优势，抢占到先机。这就是我们对产品创新体验所进行的思考。

哪怕只是一个勺子，当它完全变成智能化设备的那一刻，必将赋予企业巨大的非对称性优势。现在国外已经有一些智能勺子被研发出来，比如卡路里勺。它外表就像一般的勺子，只是加装了感应设备，可以通过内含的数据计算出每一勺食物的热量且自动累加。用户可以通过勺子上的屏幕看到热量值，以此控制热量摄入。还有一种智能盐勺，也是在内部安装了传感器，只要放在锅里就可以测量含盐量。这个勺子还可以和手机绑定，用户通过配套App就可以看到各种数据信息。

不仅仅是勺子，只要带着科幻作家的目光，任何普通的事物都能焕发出新的光彩，带给企业新的增长可能。然而事实上，许多公司的高层还没有拥有这种数字化思维。他们还在思考："我的勺子也能智能化？得花多少成本？这得百万元甚至上千万元吧？用户要整天使用一个勺子并且随时带着？去餐厅吃饭还得要求厨师用他随身携带的勺子炒菜，这太荒唐了……"一旦你有这样的担忧，请务必记住一个事实：第一台汽车上路的时候是跑不过马车的，第一艘轮船的绰号叫"富尔顿的蠢货"。新生事物的优势不在于当下是什么，而在于未来是什么。

在数字化时代，像阿里、亚马逊等都已经做好了完整的数据化基础设施。企业并不需要再去投入大量成本来自主研发数字智能，只要做一个接口就可完成，这大大降低了开发智能化产品的难度。当大家都不用再去担心成本的问题时，我们只需要关注三点：打破边界的想法，数据想象力，构建非对称性优势。只有这样，我们的产品才真的有可能在数字化时代独占鳌头。

数字化时代的产品创新将层出不穷，但我们应该具体怎么做，就成了接下来我们要讨论的问题。

03

PART 智能产品路线图

在之前的章节里，我们描述了无比宏大和令人惊叹的未来：我们的办公系统、居家系统、工作系统都会因为智能而产生改变。随着科技的不断发展，在21世纪的今天，智能所带给人类的不管是物质上还是精神上的变化都是翻天覆地的。在此基础上，我们更想知道的是如何就现有的产品实现数字化改造。

为此，我们将如下方法论总结出来。简单来说，伴随着中国新基建产业升级大潮的推进，我们在5ABCDI领域的基础设施会广泛使用，这确保了全社会的企业以可接受的成本方便地去触达最新的技术。在这样的前提下，我们认为一个传统化的产品要完成其智能化改造，至少需要从三个层面来展开工作，分别是：体验层面、数据层面、升级层面。

以果为始

在"产品"这个词被创造出来之后，人们对于研发更多关注的是传统意义上的产品研发，即体验层面。比如，当选择两把椅子的时候，我会选择更舒适的一把；购买新车的时候，我会考虑哪辆车跑得更快；选择小米的电风扇是因为它比其他品牌的产品更安静；选择戴森的吹风机是因为其外观设计更漂亮；等等。体验层面的改善是永无止境的，也是企业非常擅长的。而我们认为在智能化时代的今天以及未来，体验的部分将会被赋予更深的内容。

我们需要对产品服务的目的重新进行定义。在产品领域，有这样一句话，一直被当作"圣经"一般广泛流传："用户要的从来不是一个直径五毫米的钻头，而是一个直径五毫米的钻孔。"因此，基于用户对产品需求的洞察，我们需要重新理解体验层面的变革：如果用户买了一张床垫，那用户需要的一定不是一张好的床垫，而是需要好的睡眠。

由此，我们可以得出体验创新最重要的方法论，这是把用户需要的结果纳入产品研发的开始。

购买好床垫的目的是希望有一个好的睡眠；购买好桌子的目的是希望提升工作效率；购买好音乐播放器的目的是希望充分享受音乐带来的愉悦。人们永远需要的是最终目的，而不是产品本身，这就是体验升级的一部分。

数据层面：大小配合

这是一个新的概念，可能不易理解。在最开始的时候，有极少的企业意识到了收集数据的重要性。我们将数据分为大数据和小数据。我们将大数据定义为在用户使用过程中产生的一般数据，比如购买产品的人群年龄分布、地域分布，又或者是否抽烟、是否喜欢红色等，这些我们叫作大数据；而小数据通常被定义为异常数据，比如客户总是针对某一方面进行反复投诉，或者针对某一环节表达不满。

这里我们举一个真实的案例。著名女鞋品牌百丽曾做过一次数据化改造，在调研中发现有一款当季女鞋总是有大量客户试穿，但是少有购买，调研人员走进店面去了解客户只看不买的真实原因，发现问题是此款女鞋的鞋带太长了。于是工厂连夜回收进行改造并重新上架，毫无意外该款女鞋的销量大幅度上涨。这就是典型的大数据与小数据的配合，大数据为我们提供完整的产品迭代方向，小数据为我们提供具体需要改进的要素以及客户发现而我们没有发现的问题。

升级层面：优化一切

首先，我们需要纠正一个错误的理念，那就是只有笔记本电脑、智能手机等电子设备需要升级。其实不然。我们认为所有你可能会接触到的产品都具有可升级的潜力，除了前文所提到的家里科幻场景般的马桶、私人定制的厨具和浴缸，还包含生活中所接触到的一切。

举个例子，智能升降桌是近些年各大知名企业的宠儿，号称可以改善工作效率，保护脊柱。从未来的角度看这样的产品充其量只是一个成品，真正意义上的智能桌椅不仅需要具备升降功能，更应该有在工作一定时间后，座椅将自动调节高度，来确保身体得到休息，通过心率监测感知用户的疲劳度，在适当时间提醒人们放下手中的工作去休息等功能。这是一个典型的例子，产品和用户需要磨合，产品需要时间来了解用户的需求，才可以达到理想化的升级。

类似现有的阿里云平台，大数据为我们提供了一个智能化的数据库，让我们可以实现AI养牛、在线云模式。不论在任何领域都不应该惧怕未来，应该勇敢地去面对、去创新。大数据能反映出用户对产品的评价，我们能通过小数据，找到产品的创新缝隙，比如互联网公司更加关注App数据中有多少人跳出，对此寻找原因发现用户可能具有另外的需求。我们通过对需求的挖掘，完成产品的优化，使之更符合用户的需求。

04

PART 大众智能与
逆向产品创新论

大众智能、逆向产品创新论是看起来较为陌生的概念，但又是实际存在的。在数字化产品创新过程中，我们需要借助数据智能、大众智能以及产品资本化来让企业的"产品研发数字化、智能化"。

大众智能其实是一种众创、共创的逻辑，是指通过数字化的方式连接足够大量的"用户"，形成足够大的创意样本，然后通过技术手段对这些创意样本进行筛选、重构，最终应用到产品研发与市场传播中。本书联合作者付圣强发起的"云实习"项目，得到了数万人的响应，针对某一个"问题"，甚至会收到上千个解决方案。通过对这些贡献者的数字化协同分工，可以快速地得到高质量的解决方案，相比过往的封闭式解决方案，基于大众智能概念的创造方法彻底打破了原有的局限性。

数字化带给产品创新的想象空间不止于此，产品资本化是我们思考的另一个问题。在产品众筹模式的基础之上，加入更多数字化技术组合，让用户不仅参与到产品的创意、需求部分，还能参与到产品商业化的全生命周期中来，共同享受产品市场化的红利。

产品资本化的本质是通过数字化的方式将创新边界拓宽，拿出相应激励措施给到全社会，吸引和整合足够多的"贡献者"，构建一种围绕消费者需求的全新"产品研发结构"。我们在实践中已经整理摸索出了一套"逆向产品创新方法论"。

传统产品创造的过程是不透明的，充满不确定性的，风险全部由企业来承担，最终为了将产品推广出去还需要在营销、广告方面投入预算才能正式启动市场。对企业而言，这种漫长而又带有赌博性质的产品研发过程简直是噩梦一般的存在。

有没有一种全新的可能性？聚集一批"需求爱好者"，让大家用"贡献"投票，成立属于企业自己的社会化"产品创新实验室"。

由"需求委员会"来提出需求，产品应该拥有什么样的外观、什么样的功能、什么样的包装。

由"推广委员会"来号召更多人，通过智能合约预售方式进行"产品创意预售"，完成初始销售。

就像电影《信条》中逆熵的概念，先出现结果，再推演过程，这一切都可以通过数字化的智能合约来进行数字化监督和记录以及权益分派。

从一开始，产品创新的源头依据就是：在品牌的倡导下，召集社会化的需求者，通过共创的方式寻找"产品创意"，整合"销售渠道"，甚至寻找"资金支持"，彻底将产品研发的整个过程反过来。①

忒修斯产品论

产品如何实现迭代、更新？需要依靠哪些人？可以依靠企业外部的人帮助吗？这些问题，便是本节想讨论的核心。

①　本节所说到的资金支持以及智能合约是构建在技术基础之上的一种技术解决方案，像众筹平台那样，会确保用户的资金安全以及众筹的合规性。

我们先用一艘船来理解产品的迭代与更新，这艘船名叫"忒修斯之船"。

⚜ **什么是忒修斯之船** ⚜

　　忒修斯与雅典的年轻人自克里特岛归还时所搭的30桨船被雅典人留作纪念。随着时间流逝，木材逐渐腐朽，雅典人便以新的木材换掉已腐朽的木材，直到最后，船上的每一根木头都被替换过。

　　公元1世纪的时候普鲁塔克（Plutarchus）提出一个问题：一艘船之所以可以航行数百年，归功于不间断的维修和替换。但长此以往，理论上船的每一块部件都会被依次替换，最终所有最开始的材料一定都会被淘汰。那么，最终这艘可以航行数百年的船，是否还是我们先前所打造的忒修斯之船？或者是一艘完全不同的船？

这是一个哲学假设，对于企业，意味着在不断并购和更换东家后仍然保持原来的名字。对于人体，意味着人体不间断地进行着新陈代谢和自我修复但依旧是那个人。其核心在于强迫人们去反思身份仅仅局限在实际物体和现象这一常识。

亚里士多德就此提出，可以用描述物体的"四因说"解决这个问题。构成材料的是质料因，物质的设计和形式是形式因，形式因决定了物体是什么。因为忒修斯之船的形式因没有改变，所以它还是原来那艘船。

之所以要用"忒修斯之船"作为本节的引入，是因为我们认为在未来企业开发产品时也会面临这样的困境。在产品的迭代过程中，势必会有各种各样的意见与改变。甚至于一款取得傲人销量、产生巨大经济价值的产品，很有可能不是企业自己生产出来的。如果我们执着于产品更新迭代只能由公司内部人员完成，那势必会错过新时代的风口。这是为什么？要理解这个未来发展趋势的先进性，我们不得不回顾一下对传统商业而言，产品研发究竟是一件多么有难度的事情。

传统的企业研发，无不伴随着巨大的投入、漫长的周期和惊心动魄的决策。但即便如此，企业投入了海量的人力物力之后，得到的仍然是一个充满不确定性的结果，这似乎是无法改变的事实。长此以往，产品研发似乎成了一种玄学。但在今天，我们发现了一条又快又好的新道路：我们会认为无数人可以被纳入我们的产品研发体系。通过无数人一起来定义我们产品的具体功能、材质、研发周期、价格、所需外观。同时，企业需要将产品所能创造的效益分享给每一个参与的人。这就是具有划时代意义的数字化产品——产品资本化。

大众智能与数据智能

　　这里我们再引入两个概念：大众智能和数据智能。

　　大众智能具体指一群人为了实现相同的目标，不断地出谋划策去优化，通过投票、提意见等方式进行各种改进，群策群力，进而达到大众智能目的。而数据智能是指一群人的真实使用场景、真实使用行为反馈到数据本身，通过分析数据，达到产品的升级和迭代的这样一个过程。

　　本书的初稿是三位作者口述，加上40个"云实习"的小伙伴在20个小时内共同完成的。本书在创作之初构思了近两年时间，由于作者本人的时间碎片化以及其中概念需要不断更新迭代，一直都没有整块时间静下心来写作，本书得以顺利完稿，要感谢一群素未谋面的"共创者"。当我们的出版人得知十多万字的初稿是在20小时内完成的，他直呼"创造了出版领域的新纪录"。

　　数据智能是一个相对较新的概念，我们在产品本身的基础上，利用数字化的技术和方式通过数字反馈的信息进行升级。用户的数据本质上来自众多用户的使用习惯和使用体验，最终我们通过产品资本化的方法，使得产品达到又好又快且可持续发展的目标。

　　基于大众智能和数据智能两大底层逻辑，我们又该如何实现产品资本化？可以从三个方面来具体介绍：众创、众筹、众包。

众创、众筹、众包

众创，顾名思义，众人创造。其实它是一个不那么新鲜的概念，甚至在很久以前就开始使用了。在BBS时代，百度贴吧、维基百科都是众创下的产物。其鲜明特点为一群人共同编写词条来创造资源库，这是众创的早期形态，在互联网体系中，众创是很容易实现并且已经在使用的。

众筹可以分三部分理解。

第一，概念产生的初期。其表现在于众筹硬件的众筹，最终生产出各种有意思的硬件。当产品设计者有好的想法时，便率先让用户"一人买一份"，使用户去承担风险，继而把产品制造出来。这实际上是一个让用户共同参与产品制造并承担制造风险的过程。其本质上也是一个产品资本化的过程，因为需要让用户参与你的众筹。

第二，众筹早期的互联网形态。一定是各得好处之后，众筹才逐渐发展。在这种情况下，这是一种资本的逻辑，随着数字化时代的到来，我们的玩法也相应升级。

比如新浪绿洲在做产品推广时，用户发博、互动会获得相应的水滴激励，进而使用户拥有自驱力而愿意去接纳产品；趣头条、拼多多也会在用户使用、推广产品时发放相应的激励措施，使用户为产品创造更多的价值。这是产品资本化的初期形态。而初期形态现在已经变成了一个普遍状态，我们发现所有的互联网公司都不约而同地推出了相应适合产品的激励逻辑：让用户参与到产品中的一环。再比如猫眼的拉新用户、新浪微博的红包端口。

第三，众筹其实是产品资本化的核心。你可以理解为是让一群对产品感兴趣的人提前买单。用户在获得一定收益或者一定权益的同时，也会承担一定的风险。这也是资本的逻辑：投资就是价值跨时空的转移。这个转移完成、我得到好处的同时，对方也得到了好处的路径。双方都获得了一个更优的途径，去达到各方所需的目的。大家都在承担一定损失的同时，也获得了相应的好处。比如先前为了制造产品可能会投入2 000万元，然后赚取足够多的利润，现在可能不需要投入2 000万元成本，大家通过众筹的方式帮助我投入了2 000万元，但是先前我可能在利润上赚取了30%，而现在仅有3%。但是没有关系，因为我不承担任何风险即可获取3%的利润。

那么，众包又该如何理解呢？

众包模式是指将原来内部员工的工作任务，外包给自愿承接的非特定外包团队和成员，有可能是个人执行，也可能是团队集体执行。

查阅滴滴的劳务关系，我们会发现几乎80%的滴滴车司机都归属于当地的某一个网约车公司，这个网约车公司与滴滴签订了平台服务协议，来处理他的法律合规问题。比如一个月我需要上交6 000块钱，然后获得汽车的使用权，我通过滴滴平台接单，商家赚取这部分的利润，而其他方面涉及五险一金、社保等问题，这些复杂烦琐的手续是由公司与滴滴去协商，即司机不是滴滴的人，但是也做不到完全的自由人。这就是众包模式。

产品分为几个环节：制造、流通、销售。众包更多地体现在产品的销售环节上。在销售层面上，会让更多人通过资本化的方式将角色进行转换。我们可能有10%的粉丝愿意去推荐产品，这种推荐不是基于因为是苹果的粉丝，所以要去推荐产品，可能是结合某种积分的奖励去统一规范其行为纪律。这形成了一个庞大的劳动组织，比如美团。

美团有两种做法，一种做法是我每个月给你发8 000块钱工资，你来帮我干活。现在是我让所有人参与其中，通过设置一种游戏规则，比如接一单奖励6元钱，我不管谁去接单或者什么样的方式，谁接得多谁就拿得多。这就是典型的众包。美团是一个典型的庞大劳动组织，如果美团包括骑手要招募30万员工是非常可怕的，其中牵扯到了巨大的人力、物力、财力以及时间成本，但是通过一种激励制度，就解决了这一问题。同时，美团旗下的100万名配送员可以理解为分属于3 000家公司。

目前众包模式已经对各行各业产生了巨大的影响，不只是前文列举的滴滴和美团。当越来越多的企业发现众包模式的优越性时，外包便逐渐走到了世界舞台的边缘，最终被历史所淘汰。如果你正在一个高度依赖外包模式的企业，请小心，浪头来了。

扫描二维码，发送【产品创新】
掌握"数据产品创新方法论"，科学生产
用户喜爱的爆品！

本章思考

1. 数据特权赋予每一个企业分析预测用户行为的能力，在你的企业里是如何利用数据特权进行数据决策的呢？

2. 数据的智能化使产品"活起来"，向着数字灵长类的方向发展，那么在你的企业里，应该如何打造"活着的产品"呢？

3. "活着的产品"的诞生一定离不开数据特权下的决策，你认为应该如何把数据决策和数字灵长类产品结合起来呢？

4. 基于数据智能和大众智能的底层逻辑，在你的企业中，面对众创、众筹、众包三种方式，哪种更容易实现产品资本化？

第5章

数字化供应链

改造传统供应链，夯实数字化地基。

从供应链到金融，
数字化升级的新可能

　　本章试图描绘数字化供应链所带来的美好未来：没有令人绝望的库存，无须在经营周转中跟不懂企业业务的银行打交道，默契如兄弟般的上下游协作，以及在高速供应链基础上对业务展开的想象力。为了达到这个目标，我们首先希望企业审视自己的业务，不盲目迷恋高精尖设施设备，而是从思维层面入手，先切分出问题的最小颗粒，然后比对不同的解决方案并选用最匹配的那个。考虑到不同企业在供应链端的复杂与庞大体量，我们放弃了追求大而全的想法，而是本着给到读者关键问题的启发感来设计，因此本章从供应链的三个重要问题入手，讲述供应链与数字化升级带来的全新局面：供应链库存、供应链金融、可持续激励。

　　2014年的凡客、2019年的海澜之家，还有小米充电宝，它们三个的关键词交集都是"库存"。但前两者被库存所累，小米则是抓住了笔记本电池行业库存挤压的机会发力一举成为行业头部。库存是所有经营企业的管理者对供应链最直接的感受，其次才是完整供应链的协作、采购与交付。实际上在全球范围内，优秀的库存管理能力对公司来说都是一种顶尖技能，从丰田的JIT到苹果的超级供应链，库克本人更是被称为供应链之神。库存是如何产生的？数字化技术如何优化库存？如何找到企业赢利制胜之道？令人遗憾的是大公司的故事很精彩，小企业的困境很具体。

在数字化供应链中，以往需要巨大实施成本或者产业影响力才能实现的高效协作变得平易近人，以内外部打通的云ERP系统使得全供应链的信息彼此畅通，而网状协作的创新架构让供应链节点之间的容错率大大增强。除此之外，借助供应链控制塔（SCCTs）这样的信息可视化为前段的创新工具，使得供应链之间的运转与配合一目了然。当这一切部署完备之后真正意义上的柔性制造C2B模式才算真正落地，随着供应链改造升级的完成，企业也因此具备了前所未有的竞争力提升，这些都是数字化能够给供应链本身带来的想象力。

如果说数字化供应链对传统供应链环节管理上的创新是10，那么在供应链金融领域带来的创新想象力就是1 000。对企业而言，现金流的稳定持续是良性运营发展的关键，这对大型企业或者跨国公司而言似乎并不是太大的难题，银行熟悉它们，公众信任它们；但对处在发展中的中小企业而言，面对苛刻的银行审核条件，以及在各自行业内的信用无法穿透到现有金融机构的评价体系，导致本身优质的企业得不到对应的金融授信，每每在发展关键阶段及风险抵御上"卡脖子"。数字化供应链金融便是解决此类问题的重大解决方案，简单来讲，处于供应链上下游的不同协作单位是可以凭借彼此长期协作积累的信用、订单以及交付规律，来以数字化的方案进行信用核定，从而获得用于履单及发展需要的必要资金。这完全摆脱了先行跟广泛金融机构沟通中的障碍（虽然这么说有些绝对，但是银行一般认为中小企业是金融风险高发区，但是它们又同时是信用可靠的大企业的供应链环节中的一环，有着不可或缺的重要地位），这便是数字化供应链金融打开的全新世界。

最后我们从中国食品安全危机谈到在供应链上下游只要存在天然的结构性缺陷，那么协作失灵或相互博弈就会酿成大错，将使得整个环节的企业蒙受损失。在中国最典型的是乳业，因为乳品牌和牧场的低水平互动，导致了彼此利益的极度不协调，更为关键的奶农及农场承受高风险及高成本，而乳品牌则获得了绝大部分的利润。供应链共赢和可持续激励的设计始见于西方发达国家，如欧美的农场和牧场，甚至麦当劳这样的巨型企业，在长期的实践中，在制度完善的社会体系下容易达成，在发展中的中国有着天然的制度障碍，因此用数字化的方式解决这种不顾唇亡齿寒的短视行为具备了相当的可操作性。

01

PART 传统供应链之痛

　　一个不懂产品的人如何执掌一家伟大的产品公司？之所以有这样的疑问，很大部分原因是苹果CEO 库克在供应链的能力太过突出从而掩盖了他在其他方面的能力，这位在IBM管理区域PC及制造分销上工作了12年的供应链牛人，解决了苹果公司的一个重要问题：产品很好，公司不挣钱。

　　实际上，在1998年库克加入苹果公司时，1997年10亿美元的财务赤字让乔布斯仍然心有余悸，分析原因之后，库克将亏损的主要原因归结于供应链和运营损耗。库克通过三大核心举措成功解决了苹果的供应链难题：差异化销售渠道，以需求为导向，务实的设计创新和非核心业务的外包战略。三者组成"供应链铁三角"。苹果依靠"供应链铁三角"，将产品周转率压缩到5天。这一速度，比业内以供应链闻名的戴尔整整快了5天，比联想、惠普等同类厂商快了26天。

　　这"神一般的速度"令人赞叹，但"极致流水线"令常规企业难以复制。首先不是所有企业都能对接像富士康一样的顶级代工厂，其次是代工厂及供应链上下游必须能够接受苹果公司的苛刻要求，比如一条生产线的切换往往间隔只有几个月，而苹果对出品工艺的高要求举世皆知；另一方面要承担巨大的现金流压力：苹果公司按成品付钱，资金压力都在富士康头上。

对富士康来说，这似乎是极其不平等的契约。但在苹果的天量订单以及彼此多年配合协作的成功经验面前，供应链企业已经默许了这一切。库克"供应链之神"的美誉恰恰建立在对供应企业的苛刻要求上。

事实上这样的理念并非苹果独创，对更多企业而言，供应链神话还有另一个企业的版本，丰田公司的JIT制造模式（Just in time，准时制生产方式），又被称为无库存生产方式。与消费类电子的业务形态不同的是，汽车制造是一个超大规模协作的工程，且因为涉及乘客的生命安全，其出品品质的一致性要求和稳定与手机制造相比更具挑战性。

福特式的"总动员生产方式"曾经是世界汽车生产的主流方式，备受大型汽车生产企业的推崇。这样的方式将产品生产程序分为两个部分：第一部分里，在生产零件到达之前，所有人员、设备和流水线都处于等待状态；一旦零件运到，生产的第二部分就开始了，全部资源迅速投入生产。这种模式的弊端显而易见，生产过程中的物流不合理现象直接导致了快速生产或直接停产两种极端状态，库存也存在要么积压要么短缺的情况，因而造成了大量的资源浪费。而丰田公司创造的JIT模式，利用多品种、少批量、短周期的方法，减少了等待和浪费，提高了汽车制造的效率，是汽车制造发展史上的一次重要革新。

JIT模式强调"在需要的时候，按需要的量生产所需的产品"，也就是在生产之前对产品产量进行评估，通过制订周密的生产计划进行库存管理，严格按照要求产量进行生产，追求零库存或库存最小值，从而减少库存资源的堆积情况，实现资源更高效的周转利用。

高效的背后则同样是无数个富士康式的供应商完全同步匹配丰田生产节奏，以硬件准备、库存分担等手段将风险转移到供应商自身。因此，对广大的中小企业而言，实现如此高效的供应链体系，是异常艰难的。

传统供应链难在哪里

传统供应链难在这是一场特别的竞赛。

绝大部分的产品或者服务，都不是由某一家企业单独完成，而是通过不同企业上下游分工合作完成的。在生产流程中，各家企业是节点，而节点的连接就是供应链。举个最平常的例子，当你用手机在App下单点了一份沙拉，没过半小时骑手就会把沙拉送到你手里。种植蔬菜的农户—运送蔬菜的供货商—出售蔬菜的市场—制作沙拉的店家—配送沙拉的骑手，构成了一条完整的供应链。简单来说，供应链是以满足用户需求为目的的不同企业间的合作连接。

供应链看似简单，实际极其复杂，牵一发而动全身。

最真实的供应链的难点首先是库存。库存是什么？在制造业广泛流传的一句话是这么说的：**库存是万恶之源**。我们不妨从每天穿着的衣服来探究一下服装行业的供应链，在数字化兴起之前，服装行业是个极其依赖预测的行业，如果你对美国时尚杂志*VOGUE*的纪录片《九月刊》还有印象的话，不难窥见整个时装界都是以提前半年的方式运作，换句话说，很长一段时期你在商场里买到的衣服都是半年前确定的款式，之所以需要如此长周期的准备，是为了确保消费者在选购的时候有足够的库存，那么一个关键问题就来了：如何确保恰当的备货，以便能够顺利卖完获得利润最大化，而不是要么准备不足提前卖空错过季节，要么就是货品积压令利润变库存。实际上绝大多数企业都深深困扰于后者，在中国的服装行业甚至流传着这么一句话：

就算中国所有的服装企业都停产，仓库内的存货也足够所有中国人穿上三五年。

行业内热议的话题则是中国的A股上市公司海澜之家，2019年爆出低于5%的收入与利润增长，高达95亿元的存货，165亿元负债。市值1/3体量的库存，对任何一个公司而言都是压力山大。

此外，在传统供应链中，信息无法实时传递，造成信息孤岛。因为缺乏数据，供应链中每一个节点都缺乏相应信息，各节点的交流如隔浓雾。这样常常导致一种场景：某品牌突然爆红，想找厂商一次性供应50万个产品，但厂商并没留意到这件事，只备了50万个产品所需的原料，那就会给厂商巨大的压力，同时影响品牌方的供货速度。而负责配送的物流，可能也没有准备那么多配送车，无法完成运送任务，只能临时加车。

这样的场景在农业中更是家常便饭。曾经大家根本无法预测需求端变化，只能根据眼下状况和过往经验进行预判，因而判断结果存在着不确定性，这就是市场经济的滞后性。例如今年可能天气严寒，某些作物产量较少，价格很高。大量农民就会疯狂地种植当年的高价作物，希望第二年获利。但往往第二年情况截然相反，因为大家都种一样的作物，产量大增，远远超出市场需求，导致滞销、单价下降等一系列恶果。

数据不透明导致的信息孤岛给企业带来巨大的运营与维持成本，同时造成大量市场浪费。更要命的是，如果有一个环节发生了崩盘，那么整体的结构都会溃散。

为什么供应链问题很要命

供应链直接影响产品销售生命周期，进而影响企业销售额。

产品销售生命周期指的是产品从进入市场到退出市场的全过程，一般分为四个阶段：引入、成长、成熟、衰退。不同产品的生命周期不同，例如，汽车的生命周期可能长达几年甚至十几年，但鲜奶的生命周期可能只有短短几天。在生命周期中，产品必须能为用户所获取，才可能被用户购买。但产品销售生产周期通常只有6个月。这段时间里，企业需要解决从生产到出货的全部问题。

如果在供应链上花费的时间过长，产品生命周期中销售部分所能够利用的时间将会被大大压缩。一旦错过最好的销售时机，造成的巨大亏损将很难弥补。某种意义上来说，供应链速度决定销售额。但许多小公司供应链环节冗余、效率低下，控制工厂货物的能力不足。最后许多设计很好的产品，却因为供应链的问题，造成超过10%的次品率，带来严重亏损。

传统供应链的种种弊端，刺激许多企业想方设法提升供应链效率。

例如，宜家采用了IWAY的方式，试图避免传统供应链的局限。2000年，宜家首度推出了正式的"宜家家居用品采购标准"（IWAY）。在这份文件里，宜家明确提出了对供应商的各种要求，包括工作环境、劳工状况、环境保护和资源利用等方面。为了将这份文件落到实处，宜家还培养了一批专业的审核员，他们的工作就是专职拜访各种供应商，站在发现问题和解决问题的角度上，为供应商提供帮助。这不仅优化了宜家与供应商之间的关系，与此同时这些IWAY审核员也起到了监督供应商的作用，防止供应商阳奉阴违、鱼目混珠。

这种方法本质是"明确标准，强化监督"，迫使供应商达到标准，以提高供应链的效率，最大化降低企业成本。对于产品差异性小、竞争激烈、利润率不高的企业，这是一条使用了高效供应链的方法，在满足产品或服务的要求的同时，将成本降到了最低。

又如著名的电脑生产商戴尔发明的快速反应供应链。战略伙伴关系在供应链中有着不可忽略的意义：厂商与供应商更多的是合作关系，而不仅仅是买家和卖家。戴尔公司利用高度集成的供应链，使上游供应商与下游客户紧密联系，形成了高效的商业运作模式，即使面对危机也能及时应对。在"9·11"事件之后，戴尔公司能通过自己完整的供应链迅速排查问题，找出断点，从而调整运营方向和生产计划，迅速满足客户需求。

与戴尔公司不同的是，韩国三星公司则是利用"一日确定体制"来维持生产计划的相对稳定性。每日对当日的生产计划进行修订，供应链中的各个环节就可以最大程度相互配合：销售部门依据确定的库存量进行决策；生产部门依据正确的销售数据进行生产；供应商依据准确的计划进行物资准备；物流方也可以明确配送时间和配送量。这样的方式避免了责任推卸，提高了三星的决策效率。

与客户紧密联系并且快速地响应客户的需求，并为此不断增加成本，可以更加灵活地解决问题。这适用于设备维修、医疗紧急救助等对象。

苹果、宜家、戴尔、三星都在供应链管理上有所收获，但它们的机制只是有所优化，并没有从根本上解决供应链的弊端。此外，它们的成功实际难以复制，很多都仰赖创始人与生俱来的天赋以及长达几十年的投入与积累，根本就不是普通企业能尝试的道路。

对大部分的普通企业而言，供应链就是它们最棘手的难题。如何做好供应链环节？让我们来看看全球零售业领先企业沃尔玛，从一个农场边缘市场逐渐攀登全球零售业顶峰，它是凭什么做到这点的？

答案仍然是出色的供应链。

作为全球零售业巨头之一的沃尔玛，优越的拉动式供应链管理是其成功的巨大助力。沃尔玛的供应链非常完整，集成度很高，这使得内部数据能迅速交换，迅速反应。

那么，沃尔玛是如何打造它的拉动式供应链管理的呢？

顾客需求管理

"消费者就是上帝"，这句话在零售业中表现尤为突出。企业的生存之本就是满足顾客的需求，这一点沃尔玛的创始人深有体会。推销员出身的沃尔玛创始人山姆，从经营小镇杂货业开始，到后来经营折扣百货业，一直坚持物美、价廉、优服务，深层次地满足消费者的需求，遵循着顾客第一的准则。

如果有损顾客的利益，沃尔玛表现得十分强势，尤其是在对供应商的态度上，沃尔玛始终站在顾客的一边，严苛地考察产品质量和品类，顽强地讨价还价，就是为了实现最大限度的物美价廉，给予消费者极度优越的消费体验。沃尔玛甚至要求采购人员不必对供应商软弱，态度必须强硬，哪怕是一分钱也要争取到底，因为他们不是在为公司争取利益，而是为所有的顾客争取利益，因而不必为自己的态度强硬、吹毛求疵感到抱歉。

在沃尔玛，回扣是不存在的，供应商广告是多余的，甚至连送货服务都可以一起砍掉。沃尔玛唯一的要求就是最低价，为消费者让利。

供应商和合作伙伴管理

供应商联结着企业与初生产品，涉及企业的成本核算和控制，对企业来说有着举足轻重的影响。

战略性合作伙伴关系的建立是形成高集成度供应链管理的重中之重。从买卖关系转变为合作伙伴关系，这对任何一个企业来说都是复杂的过程，沃尔玛也不例外，它与供应商合作伙伴关系的建立也经历了一个长期的过程。

沃尔玛在供应商眼里的形象一直是强势霸道的。在20世纪80年代初，沃尔玛曾要求直接向制造商订货，同时将采购价格降低2%～6%，正好相当于销售代理的佣金收入。这样一来，销售代理就直接被排除在交易之外。这一举措当然引起了制造商和销售代理的强烈不满，并且在新闻界掀起了一场谴责沃尔玛的腥风血雨。直到20世纪80年代末，技术的发展提供了更多降低价格的手段，沃尔玛与上游供应商的公开对抗才逐渐缓和。与此同时，沃尔玛开始着手改善与供应商之间的关系，利用互联网技术建立完整的数据库和信息交换系统。通过信息的共享，沃尔玛与供应商之间渐渐形成了牢不可破的伙伴关系。沃尔玛与宝洁的战略合作伙伴关系的建立就是其中最典型的例子之一。

沃尔玛建立战略伙伴关系的另一做法是为重点供应商提供店面

体验专区，甚至邀请供应商自行设计产品展区，不但为消费者提供了更专业、更有吸引力的购物环境，也为供应商提供了与消费者面对面的宣传条件。

物流配送系统管理

现在沃尔玛拥有20多家配送中心，分别服务于美国18个州超过2 500家商场，配送中心平均占地约10万平方米。整个公司销售8万种商品，年销售额1 300多亿美元，其中85%的商品由这些配送中心供应，而其竞争对手只有大约50%～65%的商品采用集中配送方式。

配送中心完全实现了自动化。每种商品都有条码，由十几公里长的传送带传送商品，用激光扫描器和电脑追踪每件商品的储存位置及运送情况。繁忙时，传送带每天能处理20万箱货物。配送中心的一端是装货月台，可供30辆卡车同时装货，另一端是卸货月台，可同时停放135辆大卡车。每个配送中心有600～800名员工，24小时连续作业，每天有160辆车开进来卸货，150辆车装好货物开出，许多商品在配送中心停留的时间总计不超过48小时。沃尔玛发展到今天，在美国已拥有完整的物流系统，而配送中心只是其中的一部分。

包括凯玛特和塔吉特在内的众多大型连锁企业，都是将物流运输外包给专业的货运公司，以此达到降低成本的目的。但沃尔玛的做法不同，坚持使用自己的车队和司机，以保证灵活性和高标准的物流服务。沃尔玛保持着一天一次的送货频率，而凯玛特是平均五天一次；沃尔玛的急需商品通过总部订货的话，平均两天就可以送到，如果加急，第二天即可到货。物流时间差给沃尔玛争取到极大的竞争优势，使其在众多的企业中脱颖而出。

供应链交互信息管理

形成完整的供应链就是要让信息自由流通，供应链主体间高质量信息的有效传递和共享是实现供应链管理的基本条件，所以，信息技术的支持在供应链管理中有着不可替代的作用。

电子信息通信系统，是沃尔玛公司除物流配送中心之外投资最多的领域。截至20世纪90年代初，它在电脑和卫星通信系统上已经投资了7亿美元。沃尔玛的电子信息通信系统甚至超过了美国的电信业巨头——美国电报电话公司，成为全美最大的民用系统。同时它拥有和使用自有通信卫星，其总部1.2万平方米的信息中心里，仅服务器就有200多个。这些都为沃尔玛的信息交互提供了强大的技术支持。

沃尔玛在存货自动控制方面也先人一步，通过商品电子条码和电子扫描器的使用减少顾客的结账时间，节约了劳动力成本；更重要的是实现了商品的进货、仓储、配货、上架、售出全过程的电子跟踪，实时同步了商品运转信息，加快了商品的流转速度。

一看就会，但一学就废

无论是苹果公司的极致供应链，还是丰田公司的JIT制造模式，其复制之难概括为一句话就是：一看就会，一学就废。抛开所有信息化技术及人员管理水平（这是丰田制造的核心技能）的差距，仅仅让上下游供应商以企业生产基地为中心就近以产业园形式入驻并配合，就排除掉了中国90%的中小企业。

绝大多数的企业所面临的供应链瓶颈到底是什么？

其一就是供应链上下游企业与企业之间的内部局限性。公司可以很容易地控制内部供应链的发展，但是很难将供应链体系套用在对接公司的身上。而现代商业的运行规则决定了外部协作与内部协作同等重要，消费者只接受最终的结果，而不在意其是否由品牌商自主提供。

其二就是寄托于管理手段改善供应链。许多公司还处于发展阶段，即使有了非常强的管理手段，却不见得适合每一个公司。因为非常强的企业管理手段是对人有极大的要求的。如果是市值有100

亿200亿元的公司，可以有自己的团队去合理规划。可是如果企业的对接末端是一个普普通通的"小作坊"，在一定程度上就不能很好地落实供应链管理。

其三就是供应链顺畅的传统企业联盟受默契壁垒限制。这种默契对于初创公司不是什么好事，它可以是一种强大的壁垒，但同时也可能给企业带来恶性影响。例如，麦当劳曾经的五大供应商铭基（McKey）、嘉吉（Cargill）、荷美尔（Hormel）、海神叉（Trident）和圣农（Sunner）与其合作超过30年，为麦当劳的成功立下汗马功劳。但正因为合作太久，彼此熟悉，麦当劳反而放松了对这些供应商的监管，才出现"过期肉"等一系列丑闻，给其声誉造成了难以弥补的负面影响。

其四就是在现有的供应链管理中一旦出现了问题，大部分都是模糊问题。所谓的模糊问题是指供应链需要回溯、查找才能确定问题的根源。在这个过程中会产生大量的损耗，浪费大量的时间，耽误问题的解决，需要付出大量的成本在信息系统上，这不是每一个公司都能做到的。

02

PART 数字化供应链新机遇

　　被媒体戏称为阿里巴巴动物园的阿里集团在2020年9月面向观众介绍了它的新成员——犀牛智造平台，同时集团旗下迅犀数字工厂正式亮相。这个集合了大数据、人工智能、5G协同、IoT等热门新技术的迅犀数字工厂，对外宣布要做的第一件事情是切入服装业，实现服装产业的智能制造。面对媒体，刚刚亮相的CEO伍学刚下达了犀牛的挑战书：比ZARA更快。

　　ZARA是2020年以前服装行业的供应链之王。

　　这几乎是全世界所有商学院近10年的研究案例，一个西班牙的服装企业如何快速横扫全球市场，并实现令人惊讶的供应链速度。要知道同样在2020年，海澜之家爆出95亿元库存，而全国过亿的服装企业无不困扰于库存魔咒。

　　阿里直接跳级挑战ZARA的底气是什么？想理解这一段，必须从一个产业端的趋势说起：大规模兴起的C2B逆向定制以及柔性制造的要求。

从逆向生产到柔性制造

几乎所有的商业模式都基于标准化大规模制造展开，否则就难以获得理想的利润水平，比如全世界任何一个超级跑车的制造商的盈利水平都比不过标准化汽车企业，实际上前者的绝大多数都已经被大众集团/宝马集团/奔驰集团/菲亚特集团收购。很重要的原因在于，超级跑车的制造模式无法降低成本，也无法提高效率。

"我不管用户想要什么颜色，我们只提供黑色。"亨利·福特的名言是无数供应链负责人的梦寐以求。然而，时代的进步对企业提出了更高的要求，多快好省一个都不能落下。解决方案也变成了传统供应链的噩梦，基于工业化前提下的个性定制，也称为柔性制造。

标准意义上的柔性制造指的是小批量个性化快速生产，具体表现在两个方面：第一个方面是指生产能力的柔性反应能力，即机器设备的小批量生产能力；第二个方面是指供应链敏捷、精准的反应能力。

与柔性制造相对应的是"大规模定制生产"。随着信息时代的来临，大批量满足顾客单一需求的生产模式已经难以满足市场多样化的需求，消费者越来越追求与众不同的体验，于是柔性制造顺势而生。柔性制造可以满足大多数人的个性化需求，同时以其良好的规划高效把控生产过程，最终保证每一位消费者皆愿意为其买单。

为人所熟知的案例有阿迪达斯的Speedfactory，这一开创性的技术使得给每个人定制适合自己独特脚形的运动鞋成为现实。虽然后续因为无法适应更大规模款式和灵活切换生产线而暂停，但仅仅在技术先进性上，无疑给所有人展示了新的可能。

在Speedfactory，用户需要配合阿迪达斯的Aramis动作捕捉系统，在真实的运动过程中产生个体数据，实时生成脚部的3D模型。这一技术的应用会根据个体的皮肤或骨骼的压力和松弛度，设计出更合适的鞋子。

来自山东青岛的服装企业酷特智能率先在行业内掀起了一场定制的风暴，通过对服装生产线和供应链的数字化改造，这家企业让平民价格实现了高级定制的效果。

服装制造业的历史上曾有两个标志性事件：缝纫机的发明拉开了工业化生产的序幕；皮尔·卡丹给企业树立了品牌概念。有专家称如今的标志性事件：酷特智能打造的C2B模式给传统制造行业带来深刻的影响与变革。

在青岛酷特智能股份有限公司，一套定制服装从下单到成品只需要7天。公司的车间里，拥有服装工业化大生产的速度，2～3秒打版，每天可以生产4 000套服装。在此之前，行业的最快交付时间是21天，通过12年的探索，酷特智能成功将C2B模式落地并实现盈利，成为数字化供应链升级的模范案例。

数字化供应链的一个中心、三大利器

针对供应链窘境，数字化供应链利用大数据、物联网、云计算接口、新基建等数字化"助手"，打造出数字化管理系统，试图将每一个不可控、不透明的环节，变得永远实时、在线、透明。

数字化管理系统由"实物流、信息流、资金流"三大支柱组成，其中信息流处于十分重要的中心位置，相当于神经系统，指挥和连接其他两条流。

信息流在供应链管理中有三大作用：

第一，信息流是数字化系统的基础。我们需要收集供应商端、客户端、生产制造端，以及采购市场、销售市场的相关数据，不仅要全，还要准确。这一步十分困难，但必不可少。只有数据完整、准确，我们才有可能建立数字化系统。

第二，信息流支持算法不断优化迭代，为数字化系统提供动力。精确的算法作为IT手段，实现数字化、智能化功能，即相应的软件、系统把供应链中的各个环节的数据有效地连接起来，最终实现自动化响应、智能化决策。

第三，零延迟无死角的信息传输，扩展了数字化系统的边界。面临即将到来的5G时代，利用高速运转的数据和飞速的传输手段，使真正的万物互联互通成为可能。

拥有了数字化系统支持，供应链的各环节效率将极大提高。通过完整的数字网络和信息共享，仓储部门可以得到实时的销售数据，通过数据分析来确定最优产品组合，预测未来市场情况，从而建立预警机制，有效控制库存；在精准数据分析的基础上，营销部门可以精准定位细分市场，进行准确的消费者分类，深入分析消费者心理和行为，挖掘消费者需求；供应商利用数字化系统可以实现对产品的全过程追踪反馈，同步了解产品在不同时间的相关信息……大数据给企业带来的改变远远不止这些，通过数字化网络，企业的供应链集成度将大大提高，整体供应链的运行效率也会得到大幅提升，企业能够更加精准地定位消费者，抢占行业先机。

除此之外，要想打造良好稳定的数字化供应链，我们还得构建一个中心，配备三种工具。

一个中心是指供应链控制塔。

供应链控制塔（SCCTs）是单一的供应链管理指挥中心，用于端到端的可见性以及基于实时数据的决策和行动。国际著名调研机构美国IT研究与顾问咨询公司（Gartner）对它的定义是：

物流控制塔是一个物理或虚拟仪表板，提供准确、及时、完整的物流事件和数据，从组织和服务的内部和跨组织运作供应链，以协调所有相关活动。

简单来说，控制塔系统是一个让供应链管理者具备上帝之眼的实施作战地图，通过信息化图像呈现每个节点的当前状态，清晰具体，一目了然。除此之外，控制塔不仅是一个图像化工具，更具备即时预警、智能决策、智能处理的强大功能。科幻电影《安德的游戏》中，地球人和外星人的决战场景便呈现过这样的效果。

要实现这样的效果，需要三大工具的支撑，分别是工业互联网、大数据赋能以及云ERP全链条打通。

第一个是工业互联网。简单来说，工业互联网就是依靠网络实现全自动生产。就如同我们看到的电影中的机器人生产、无人车间制作等。工业互联网能摆脱传统人体限制，以远超人类的高效率持续工作，同时能迅速实现个性化制造。比如各个职业都会有一些属于自己的标志性服装，例如演出服、警服等。但每个职业中的人与人千差万别，每个人的身材差异很大，审美也各不相同。在数据精准的情况下，自动化生产可以完美满足各种客户的需求。特殊家具的定制也是相同道理。每个人的需求不同，房型也不同，通过精确的数据采集和灵活匹配，就能省心省时省力地生产客户满意的产品。

第二个是大数据赋能。大数据赋能可以迅速收集、统计并分析每个人的需求。假如我们要定制1 000人份的产品，以传统手段，光是采集需求可能就要两三个月。但是现在通过大数据赋能，我们可以利用遍布全网的数据采集器收集用户行为数据，结合用户主动提供的行为数据，极短时间内便可以快速得到用户需求。淘宝、京东已经领跑众人，"双11"之前，有的企业可能还在害怕因为瞬间爆单导致供给系统瘫痪，而淘宝与京东早已稳坐钓鱼台。通过大数据赋能，它们利用往年销量、用户购物车、用户收藏等数据估算出当年的销量区间与地域，提前将产品调到附近仓库。由此，它们才有可能实现当日买次日达，甚至上午买下午就到。在阿里巴巴，以往通宵达旦的客服人员在"双11"都可以按时按点下班。这在以前，完全无法想象。

第三个是ERP全链条打通。在过去，我们无法强制管理供应链上下游企业。现在得益于云服务的大规模推行，供应链上的所有企业和业务单元彼此串联，数据、资源互通，使得每个企业都可以知道彼此的进度。这样让主公司的管控触达每家企业，增强它的管控能力，更及时预警并处理问题。但企业并不需要自己建设云服务，阿里云、腾讯云等云计算厂商都已针对各个领域提供了非常详细的技术解决方案。

传统模式中，整条供应链在闭门造车，互不相通。数字化供应链是一个全新的方式，一次性打破界限，使链条中各环节信息联通。这样的解决方案并非无法实现，相反已经可以通过购买大企业的云服务轻松实现。大企业的云服务往往是计时付费，所以门槛极低。换言之，在未来，所有企业都有希望通过云服务实现信息联通的柔性制造。

我们相信，未来的世界一定是柔性制造的世界。当每一个人都有机会按照自己的意愿设计自己想要的物品时，我们才能真的实现选择的自由。在选择自由之外，供应链还将掀起下一场金融革命。

数字化供应链升级

数字化供应链的应用前景毋庸置疑，我们也相信大量的企业管理者对此兴奋不已并准备好了预算。但在实际调研过程中，至少有三点需要企业在改造供应链的过程中多加重视。

全局架构

供应链不亚于企业的生命链，因为足够看重，往往企业会陷入自我遮蔽，其表现形式为横向升级只考虑自身而不顾及供应链节点中的其他企业，再就是纵向只考虑链状节点不具备构建网状节点的架构。缺乏横纵结合的供应链架构，会导致企业在推进数字化供应链改革的中途面临极为艰难的扩容和兼容问题，新的供应商进不来，现有的供应商彼此孤立，对内数字化对外工业化。

预留接口

供应链改造并非一蹴而就，甚至不是技术难度本身的问题，而且不是所有企业都可以照搬巨头的做法，比如富士康，比如ZARA母公司要求57%的供应商都在同一地点，比如新晋快时尚搅局者SHEIN要求供应商在其总公司2小时车程以内。因此，面对绝大多数真实的经营场景，企业在推进数字化供应链改革的时候，预留接口就显得极为重要。这样做的优势在于后续节点的加入能够形成快速协作，彻底打破公司之间的信息鸿沟，彼此开放权限，真正做到无缝衔接。

先软后硬

先从软件入手，再投入所需要的硬件设施，以国内某家具企业为例，在2015年斥资数亿元率先引进了全球最先进的数字化生产线，使得其生产效率达到了印刷级，这与公司十余条生产线格格不入，导致内部管理和供应链匹配严重跟不上，渠道也左右为难，特定系列产品交付提升了，但是剩下的还是老样子，最终磨合的结果是价值上亿元的生产线变成了参观线，而交付仍然沿用旧有模式。这便是先软后硬的部署逻辑。

03 新机会：
PART 供应链金融革命

流浪轮船启示

一艘满载大豆的轮船，从美国的西北角出发，一路跋山涉水，穿过太平洋，驶向远隔千里的大连港。这天，船员按部就班地做着日常工作，一切似乎和往常相同，直到他们午饭时看到中方加征关税的新闻。那时正是中美贸易战的高潮，中方为反击美国加征25%的关税，也宣布对同等规模的美国商品加征关税，而大豆恰好落入这一批加税商品名单中。

为了躲避"从天而降"的重税，这艘满载大豆的巨轮开足马力，分秒必争，一路飙船。但天不遂人愿，远洋货轮船体沉重，速度较慢，货轮还是没能在加税前到达大连港。当船好不容易开到大连港门前时，船长却进退维谷。一旦进港，就意味着4 000万元的巨额关税；如果不进，也无法退回去找其他买家。迫于无奈，飞马峰号就像一只无处停靠的马蜂，在中国境外不停绕圈航行。就这样，时间一天天地过去，无家可归的飞马峰号愣是在太平洋漫无目的地漂流了一个月。

飞马峰号的故事固然让人哭笑不得，但真正发人深省的不是关税，而是企业现金周转的巨大压力。为什么这家企业不敢支付25%的加征关税？因为这家企业属于供应链中的一大节点，对上下游都有现金交易，而预计能使用的现金流有限，如果交了这4 000万元关税，很可能就血本无归，没钱给下游企业付费。

疫情期间这样的例子不胜枚举。只要现金流一受冲击，老板就会变成热锅上的蚂蚁。例如疫情期间西贝莜面村公开喊话："春节前后的一个月，西贝莜面村将损失营收7亿～8亿元，目前账上的现金加上贷款最多也只能发三个月工资。"就连西贝莜面村这样全国拥有几百家门店的大型连锁餐饮企业，现金流和贷款也不过只能撑三个月，更何况其他小企业。这也解释了为什么疫情期间大量商铺、企业倒闭，都是现金流断裂。说到底，目前的周转体系十分脆弱，一旦遇到意外，现金流不足，不论多大的企业都可能在一夜间垮台。

在疫情这样的危机中，大小企业常常只能凭信用找银行贷款。大企业可能还能多撑一阵，中小型企业简直是绝地求生。一个中小型企业，能用于抵押的实物资产较少，大部分现金都投入生产变为订单。但在现在的银行体系中，如果想凭借订单或者生产资料获得授信，得到银行贷款，可能性接近于零。但意外是人生的常态，企业总难免有周转不灵的一天。这时，我们只能依赖国家出台政策调控解决。但这只是短暂止疼，国家拨款、奖励、补贴都没有真正从根源上解决这一金融问题。

当"信用"价值被释放

国家和企业都希望银行能降低小微企业贷款门槛，但银行做不到。在现有的银行信用体系里，银行只能以少量的或是特定的固定资产评估企业征信状况，无法根据非固定资产进行评估。非固定资产包括企业既有订单、客户意向订单、商业信誉和在供应链上所处的位置。实际上这些非固定资产都能证明企业的偿还能力，但很可惜，银行不接受。

这都源于现有银行体系看不到信用的价值。信用价值指的是信用本身所代表的的价值，信用越高，所能抵押的价值越高。这就好比我们在使用花呗，如果每次都能按时还款，那我们的信用分数将会越来越高，能预支更多的钱。企业与个体类似，企业遵纪守法的行为数据越多，积攒下来的信用价值就会越高。但银行没有办法看到企业的行为数据，只能看到企业的固定资产。因此一旦企业实物资产不足，就贷不了款。

在手机市场里挑战巨头的小米，利用供应链大获成功。小米明白供应链只看订单和钱，有钱就有速度，有钱就有优先级。为此，小米通过巨额订单反向要求供应链，再通过资本运作募集资金，如融资、众筹，甚至饥饿营销等。总之，小米试图以资金保证供应链速度，进而保证用户下单后能迅速拿到手机，手机的价值才能为用户所感知，才会有人继续下单，才会形成商业闭环。

在现在这个商业环境当中，像小米一样重视供应链并利用供应链赋能的公司少之又少。很多初创公司，服务和产品设计都很好，但就是因缺乏资金，在供应链中处于弱势，最终影响营收。所以供应链的问题，很大程度上是钱的问题，只要初创企业有能力募集更多资金，很多问题将迎刃而解。而钱的问题，可以通过信用价值来解决。

数字化重塑供应链

供应链金融是在供应链上进行授信认证、企业依靠自己在供应链上所处的位置和意向订单而获得资金的尝试。

换言之，这就是用供应链的数据来看企业的信用价值：这个公司的交易行为是否符合规范？过程中是否诚实守信？如果是，那这部分也可折算为贷款额度。例如，企业将会得到一个信用分数，一分抵10万元贷款额度。通过数字化大数据收集的数字化授信，将大大降低贷款链条中的审核成本、周转成本和周转速度，在一定程度上解决供应链金融的授信难题。

如果供应链数据报表能够清晰地反映企业的信用价值，那么在未来，银行也许不仅仅看实物资产，看供应链报表也能了解企业的信用资产。

基于区块链技术的稳步实施和落地，目前，部分行业已经实现了用数据呈现企业的信用价值，如2018年华为率先与渣打银行联合打造基于IoT技术的供应链金融解决方案就率先迈出了这一步。在未来，通过将企业所有数据单独抽离并计算：生产速度、物流周转和各方面的管控能力都会变成一行一行的数据，帮助企业通过意向订单来获得银行授信。银行可以通过订单等各方面数据预测企业的利润和履约能力，给企业足够的钱充分释放产能。这为初创企业、小微企业打开了新世界的大门。

在可预见的未来，通过数字化技术，除了厂房机器设备、大楼，企业各方面的价值都有可能被确认并释放。数字化授信也将有望被广泛地应用在农业，制造业和快消领域。

在大数据时代，数据就是钱。大数据确保了数据采集的广泛和全面，区块链也确保了这些信息真实可信，两者互为担保。银行和信托机构根据区块链信息完成授信，从而使解决企业贷款难的问题成为可能。

当然，以上这些大部分还是我们充满乐观的畅想，让我们回归更为具体的现实问题：数字化给供应链带来的改变，真的可持续吗？想要可持续，我们就绕不开激励。

04

PART 供应链共赢

中国人的美食之旅从来就是一场探险，在不断出现的食品安全危机中，我们也能够窥见供应链协作的影子。以乳制品行业为例，不断显现的危机背后是一种天然存在的对立危机。

"乳企在前头领路，也应该带着奶农共同富裕。不能企业赚得盆满钵满，奶农却受苦受累、承担风险、减少收入、自生自灭"，来自新华社的一篇报道很直接地指明了问题的关键。为14亿人提供放心奶并不是一件容易的事情，来自草原双雄的年报则显示这是个巨大且利润丰厚的市场。但是奶农10年的收购价格不变，养殖成本增加，稍有不慎就面临亏损，在当年监管机制缺失的情况下，三聚氰胺事件爆发更像是偶然中的必然。

奶农骑"牛"难下

在内蒙古通辽市科尔沁区木里图镇西海力斯台村，奶农魏占德告诉《瞭望》新闻周刊记者，2007年的奶价是3元/公斤，此后至今8年间每公斤才涨了0.4元，同时期的奶品成本却大幅度增加。2013年，蒙牛要求养殖户的奶牛都集中饲养，2014年进一步要求必须购买蒙牛提供的高价草和料。"虽然牛奶质量高了，但是农户的费用也增加了。"

赤峰市平庄镇前进村奶农邢志永算了一笔账，自己喂草料的时候，一头牛一天的草料钱一共30元。现在用企业提供的饲草料后要50元，每个月成本多出近600元。原来一头牛一个月能挣不到1 000元，现在只能挣500元左右，这还不算牛被淘汰和生病等情况。

除了利润空间被压缩了之外，奶农要承担的风险也大了许多。采访期间，魏占德家里的两头奶牛得了乳房炎，拉回家里治疗，要近10天才能让药物残留指标恢复正常，"现在对质量要求严格，奶牛一有病就完了，一天一头牛赔70元。"

奶农普遍反映，乳企在质量上大幅提高要求，但没有给奶农足够的指导。比如，赤峰市的一位奶农只知道阿奇霉素不含有青霉素，就给病牛使用了，但牛奶检测时却被告知阿奇霉素含有另一项严查的指标——红霉素，而且奶牛体内的红霉素需要45天才能清除，于是他只好把这些牛都卖了，直接亏损十几万元。

邢志永抱怨，因为乳企讲的技术都是脱离实际的理论，所以奶农只能自己摸索，"实际上他们（企业）这几年就没怎么帮助奶农。"

对这些还在坚持的奶农而言，最大的担忧就是前路艰难。这些年来，他们投入少则几万元，多则几十万元，其中不少人还有贷款。如今乳企要求升级改造，奶农只能无条件适应，否则"不配合就走人"。

一些奶农想卖牛，又正好赶上今年奶牛价格暴跌，不少奶农无奈地说自己是"骑牛难下"。

反观国外乳企的做法，通过交叉持股的方式，乳企与牧场深度绑定，不仅是商业利益的分享，也是消费者权益最大化的保障。除此之外，有着65年经营历史的麦当劳更是早早就探索出自己特色的供应商激励模式。

麦当劳的供应链关系

提到麦当劳，我们马上能想到巨无霸、麦辣鸡翅、麦旋风、摇摇薯条等全球流行的食品。如果你在夜晚大约11点时去麦当劳，常常会看见一辆冷链大卡车带着面包、薯条、可乐等原料来给门店补货，这就是少有人关注到的麦当劳供应链体系。这套像精密机械一样稳步运作的体系，自麦当劳诞生三日就深植于麦当劳的基因。

2014年7月20日，麦当劳、肯德基等快餐供应商上海福喜食品公司被曝使用过期劣质肉而被调查，随着这一事件浮出水面的还有麦当劳的"握手协议"。

握手协议可能是世界上品牌方与供应商间最奇怪的关系——明明双方有大量利益互通，但所有商务往来却不签协议，只以双方握手为标志。麦当劳的产品品质规范和要求是全球统一的，供应商的每个生产、运输环节都要按照标准严格执行，没有订单的约束近乎难以想象。但大量公司与麦当劳建立了"握手协议"，其中包括：冷冻薯条生产商——美国辛普劳公司，蔬菜、肉类供应商——美国福喜食品有限公司，面包供应商——美国怡斯宝特公司，全球物流服务——夏晖公司。

握手协议不光是和供货商达成了一种古老的商业契约模式，更是一种高责任感的授信体系。麦当劳的创始人雷·克洛克（Ray Kroc）把公司比作一个三条腿的凳子：品牌方、加盟商和供应商。他认为，商业上的合作讲究的是"握手就是朋友"。"谁能够成为和麦当劳同甘共苦、风雨同舟的对象，谁就可以成为它的供应商。"契约无形，标准有形，虽然没有合同的约束，但契约却既具体又严格。

这样的关系起始于麦当劳创始人克洛克的理念："麦当劳是和人而不是公司建立关系。"因此麦当劳对心意的看重全球独家。很多人曾经因此好奇询问麦当劳的全球供应商规范"如果遇到纠纷是否需要靠谈判解决？"但麦当劳的全球供应商会回复："在麦当劳和全球供应商的长期合作中，这样磨合和淘汰的状态在20年前就解决了。"

当然，这样的关系不完全基于信任，同样有着互利共赢的利益支撑。克洛克的理念是："只有一个方法可以培养供应商对公司的忠诚度，那就是保证这些人可以赚到钱。"克洛克曾经对供应商说："好好与我们合作，不要作假，将来你们就会有很多生意可做，我们不会只因为一两分钱，便轻易撤换供应商的。"

对于财务数据，麦当劳的供应商对麦当劳实现了完全的透明和共享，因而麦当劳也能根据真实的财务数据对供应商采取优惠措施，保证大家能通过合作实现双赢。

这样的关系虽然美妙，但是需要大量的时间投入，是对人性长达几十年的深度考验——这对于绝大部分的公司是不可能实现的。一是现在市场竞争激烈，很多公司根本没有能力在险恶的商海中活这么久；二是就算能活这么久，也不一定能完成人性考验。换言之，麦当劳这套供应链管控体系近乎是不可复制的，因此供应链对一般企业依旧是问题重重。

苹果供应链瓶颈

在传统供应链中，品牌知道供应链的重要性，希望保证供应链高效稳定。但如果品牌方和供应商只是简单的上下游关系，这样的关系对彼此而言都非常不稳定，充满风险。因此，品牌方往往想和供应链建立更深度的关系。最基本的方式就是收购或者投资供应链，例如直接通过现金收购或者用股权对标。但通过这样简单的利益绑定起来的关系非常脆弱，可能会有很多不可测的风险与不确定性。

例如，某个品牌方发现公司供应链体系有个厂长素质极高，管控能力极强，因此决定用现金收购整家工厂。品牌方以为这样就能万事大吉，谁知厂长在收购后迅速套现，去了薪水更高的竞争对手处，品牌方便蒙受一笔巨额损失。

从根本上说，以往我们对供应链的管控，都是基于过往贡献与未来贡献预期的模糊判断，中间品质保证只能诉诸诚信等难以把控的人性因素。因此，企业对供应链缺少一套合理管理的方式，而这样的问题就连苹果这种在供应链中赫赫有名的大公司也无法避免。

众所周知，苹果的供应链与产品运营能力之强，堪称业界"独孤求败"。然而，面对疫情的巨大阴影，即使是苹果公司，在"供应链之神"——库克的带领下，也没能摆脱供应链运转效率低下的情况。苹果公司的供应商大多分布在中华地区，由于严峻的疫情状况，工厂产出缓慢甚至停产，严重影响了苹果的供货量。

苹果为什么会惨遭滑铁卢呢？这都是因为苹果的供应链在光环之外，依旧有着巨大的限制。随着科技的逐渐进步，每一代的苹果手机技术门槛越来越高，导致有能力生产的供应商越来越少。除此以外，苹果和供应商没有股权捆绑的关系，当供应商的货品在价格、质量等方面达不到苹果公司的要求时，直接就会被替换。这样就使得苹果所能依赖的供应商越来越少，所以苹果不得不投入大笔资金来提升产能，导致太多压力施加于少数供应商。同时因为苹果公司常常凭借自己巨额的订单量，迫使供应商先承担巨额现金流，因此整个供应链缺乏弹性，一触即断。一遇到疫情和贸易战，苹果的供应链明显遭受巨大冲击，销量下滑严重。

数字化共赢的激励逻辑

如果苹果都无能为力，学习麦当劳又是痴人说梦，那我们还有什么办法可以改进供应链呢？

答案是数字化激励系统。简而言之，就是通过一套数字化的激励系统，把供应链的上下游和每一个参与者的贡献值记录下来，通过精确数据计算实现所有参与者的利益绑定，利用贡献红利实现可持续激励，最终达到激励相容。

数字化激励在刺激厂家的生产的同时，又满足了渠道方的利益诉求，同时提高公司的终端销售利润，使双方不光挣到了眼前的利益，还获得了长远的收益保障，何乐而不为？

例如，中国的白酒企业国窖1573，在渠道招商中采用了"销售加股权"的激励机制。经销商达到一定的业绩目标，就能获得相应比例的股权奖励。虽然看似是简单地将贡献可视化，但本质上数字化激励改变了各家企业对业务的态度。之前各家企业只管自己的部分，只要顺利完成这部分工序，就收款大吉。但数字化激励让它们发现自己的产品在其他环节的价值，还能从中获得收益，它们自然愿意努力。

这个数字化的评估方式不是现在的模糊评估，不是只基于个人关系、过往经历、人性价值等的模糊因素评估，而是能量化每个环节的贡献与价值的数字化精确评估。

此外，这种激励方式可以用多维度的数字化算法来评估供应链条中企业的贡献值，对价格、售后、交货速度再到服务、物流周期等详细工作进行衡量，以更好的方式来进行服务。并且用更高级的手段和更加数字化的方式去激励每一个链条，让大家的贡献都能得到科学的评估，而不是全权由企业管理者决定。完全公开透明，避免暗箱操作。

柔性激励，也是有一定风险存在的。你可以为了拿到更多的利益而去承担一定的风险，也可以为了保险起见仅仅要求获得稳定收入。谈及柔性方式的运用，我们不难联想到阿里"十八罗汉"之一的蔡崇信。当初他放弃了数百万元的年薪跑到阿里巴巴来工作，一个月仅拿500元的薪酬。按照传统的逻辑思维，他绝对是没有理由去进行这种选择的，但是他认可了阿里巴巴这个企业，认可了整个团队，他愿意将原有的收益暂且放置一旁去承担风险，来获得对未来的更大预期。

供应链共赢的底层逻辑是供应链资本化。让有能力的人去承担风险，用投资共生逻辑改变上下游博弈逻辑。例如在未来，你想要创业，这时你需要一大笔资金投入供应链生产。你可以选择找投资人融资，用股权换取你想要的资金，再将资金投入供应链，这就是目前的传统供应链逻辑。或者你可以选择将所需的资源发布在网上，把部分股权当成激励手段，寻求供应链厂商合作。如果有供应链厂商愿意合作，满足条件后就能获得相应股权奖励，这就将以往商务合作变成了未来投资。供应链不再是因为眼前的订单合作，而是在投资这个新企业的未来收益。这就是数字化供应链逻辑。

我们不再根据过往经历和各自之间的关系对股权产生纠纷，不再有团体不稳定的顾虑，不再局限于现金收购或者股权收购来进行供应链捆绑。未来的逻辑，是希望大家一开始不确定股权，不划分资金，不在乎个人意志，以真实结果为导向来激励人。

基于现在的数据化程度所限，我们对供应链管理系统还是停留在设计、想象的阶段，并没有任何企业能完全实现供应链共赢。但我们能看见未来大势，所以可以试着用技术手段去设计它的经济模型和激励体系，确保整个链条是绑定在一起的，并且能够持续激励各方，达到激励相容的目的。

我们可以设想一个供应链理想架构，企业除了彼此的信任和默契以外，也能拥有真实的利益捆绑关系。通过一种新的技术手段，能够让供应链上所有的企业朝着共同的目标去发展，并且能够享受这一个整体所带来的未来红利。在未来，我们希望通过这一个创举，能够让更多中小型的企业引入该激励体系，融入整个链条成为整体，服务于共同的目标。对于一些创业公司，希望他们能够不再受到现金、规模等方面的制约，能够让自身的能力得到更大限度的发挥。并且，在未来的供应链里，我们可以用产能、经验，去投资到一些企业中去，共同推动这个品牌和这个企业的发展，而不只是提供产品。也许在供应链的关系当中，我们没想过和生产制造商、后端企业及其他参与者一起来共享发展红利，但是数字化结构和激励体系能够让这种构想变为现实。

希望数字化激励体系，可以让更多的人意识到数字化的激励不仅仅能够激励销售端，更能激励供应链端。并且，通过供应链共赢的实现，可以创造真正的命运共同体，创建更先进的组织，实现更底层的绑定，让我们的未来发展拥有更大的发展空间。

在上述的论述中，我们希望告诉大家两种供应链模式的清晰对比。第一种就是现在的基于不精确、模糊预期决策的供应链；第二种是未来基于数据，以精确真实数据决策的供应链。数字化激励不仅能激励销售端，还能激励供应链端。数字化供应链可能会创造出一个真正的命运共同体，这种商业命运共同体是一种更先进、更底层的绑定，通过这样底层利益绑定，才能刺激供应链各环节优化，激发每个企业的真实潜能。历史的车轮滚滚向前，数字化供应链终将改变现有的供应链体系，给人类带来更多可能。

 扫描二维码，查看【新数字快讯】，迅速掌握各行业数字化前沿动态！

本章思考

1. 你所在的企业是否面临供应链问题？较为突出的是哪些？

2. 看完本章你的收获是什么？落地的难度在哪里？

3. 如果选择一个切入口，你会选择什么来进行供应链改革的切入？

06

CHAPTER

第6章

数字化营销

回到原点，从需求理解营销本质。

营销的本质是需求管理

有了产品和供应链，下一步就该思考如何把产品卖出去，这就是营销要处理的问题。

营销的本质是什么？数字化营销又是怎么回事？这得从菲利普·科特勒（Philip Kotler）谈起。

本章从对营销的困惑说起，实际上在商业活动中，极少有类似营销这样充满迷惑性的概念，即几乎每个企业的营销负责人都声称懂营销，但是他们彼此之间的认识又往往要么千差万别，要么有着惊人一致的谬误——即当我们谈到一个企业很擅长营销的时候，往往是认为这个企业很擅长炒作和包装自己。基于广泛接触企业主的实际经历，关于营销理念的共识提在了数字化营销之前，这是本章内容结构和本书其他章节较为显著的区别。本书对营销的认知源于科特勒对营销的定义，即便在数字化时代，用科特勒本人的话讲："数字技术是对营销手段和营销方法的升级，但它没有替代营销的本质。"企业营销工作的本质是满足需求。

在这样的认知前提下，我们谈到了营销的进化史，传统营销—互联网营销—数字化营销。从需求管理的视角看，传统营销满足的是所有人的需求，典型的如福特汽车，通过大批量单一产品的制造来控制成本；而互联网营销满足的是细分人群的需求，消费者的声音开始有更多的途径能汇总到产品或者服务的研发端；数字化营销满足的是超微个体的需求，即在最小的颗粒度上，通常是每一个具体的个体（也称为超微个体）依旧能够满足用户的需求。需要强调的是，营销进化史的三个阶段并没有可比性，它们都是在各自商业土壤下生长出来的最优竞争策略，随着社会的进步和科技的发展而不断优化前行。

营销的数字化打开了全新的数据想象力，即对每个企业而言，展开了无限可能性并创造出前所未有的惊人效果。比如天猫"双11"的提前销量预测，大数据的物流管理，这种超大规模协作，不再依赖于某一个超级个体的突出贡献，而是日积月累训练出的数据智能代替了人脑做出更加敏捷精准的决策。除此之外，围绕需求这个营销的本质目标，数据想象力让我们得以首次完整窥视用户的相关行为，从汽车制造到吸尘器或者手机，用户行为的数据不再由调研公司在焦点会议室完成，而是实时产生数据，记录并分析最终周期性以OTA（空中升级）的方式完成更新，即使在使用过程中，长期的数据积累也能准确预测用户喜好。这种转变是模拟信号与数字信号的差别，是小灵通和智能手机的区别。

最后，我们谈到了数字化传播，数字化传播单独成节的原因在于，有大量的企业丝毫没有意识到数字化时代的传播红利，当企业还在投放大量的广告预算给户外媒体、电视广告时，一种基于数字化的传播形式风靡全球，典型的做法是裂变营销——通过对初始用户的激励并引发裂变式传播，其机制设计和实施技术已相当成熟，优秀的互联网企业驾轻就熟。而我们所观察的点在于，它本身所具备的更广阔的适配可能性。

01

PART 理论困惑

令人困惑的"营销"

时间退回到1962年，美国西北大学凯洛格商学院开设了一门非常前卫的课程——市场营销。

有个年轻人放弃管理经济学教授的职位，离开芝加哥，毅然决然来到这片陌生的土地。他的名字是菲利普·科特勒。在当时的凯洛格商学院，没有人知道这个名不见经传的小伙子，也没有人知道他将彻底改写未来70年市场营销的历史。

当时美国的市场营销简直是一团乱麻：理论混乱，营销和销售混为一谈；没有成体系的理论框架，教科书往往用大量篇幅详尽介绍营销的渠道、销售管理、广告和促销，却鲜有"以顾客为中心"的概念，深度研究营销分析决策与创新。在凯洛格商学院教书时，宏观经济学出身的科特勒时常感到困惑："消费者到底是如何做出购买决策的？""为什么宏观有效的供给曲线在一些微观场景中会失效？""为什么奢侈品牌价格越高需求就越大？"这些市场营销中的常见问题看似简单，却已超出了宏观经济学所能处理的范围。这是命运女神给所有营销者的试炼，绝大多数人得过且过，直到科特勒最终背负起命运的十字架。

1967年，科特勒花了4年时间，完成了注定名垂青史的跨时代巨著——《营销管理》。这本700页的书，全面、系统地发展了现代市场营销理论，被誉为"营销圣经"，一经面世，黑暗混乱的市场营销学界中宛如朝阳升起，以往像碎片一样散落在地的零散经验、知识，第一次被纳入科学规范的框架，市场营销学界找到了属于自己的"定海神针"。

《营销管理》的影响力乘着大西洋的风，一路吹向世界。很快，全世界相关领域的学者、从业者都记住了一个名字——菲利普·科特勒，他们称其为"现代营销学之父"。

营销是个充满魔力的词语。在西方的语境中，营销几乎涵盖一切：产品、定价、渠道等都是营销，因此营销是一门需要花几十年钻研的学科。而在中国语境里，营销的概念则充满困惑，往往被缩小为品牌营销和广告传播。哪怕意义被限定，营销依旧像蒙娜丽莎的微笑，每看一次似乎都有不一样的韵味，对营销的解读已然变成一场编码与解码的游戏。

这场世界级的解码游戏中，许多营销学者提出了各式各样的答案，给不同时代的人以不同的启发。

营销学者	理论
菲利普·科特勒	4P理论
温德尔·史密斯（Wendell Smith）	市场细分理论
大卫·奥格威（David Ogilvy）	品牌形象论
艾·里斯（AL Ries）和杰克·特劳特（Jack Trout）	定位理论
唐·舒尔茨（Don Schultz）	营销传播

4P理论是将营销分为四个部分，包括产品、价格、渠道、促

销，任何希望成功的营销都需要从这四个方向综合用力。市场细分理论指的是通过市场调研，根据消费者的需要、欲望、购买行为习惯等方面的差异，将某一产品的整体市场划分为若干消费者群。品牌形象论则是主张品牌形象不是固有存在，而是消费者眼里的一种形象。这种形象通过不同的推广技术（例如广告）传达给顾客，所以每一次推广都被当作对品牌形象的长期投资。这一理论是将品牌视作资产，用投资逻辑经营品牌。而定位理论认为每一个品牌都要通过产品设计，在目标顾客心中占据一个独特、有价值的位置，从而令该品牌在用户心中留下独特印象，促使用户后期购买。整合营销指的是围绕营销目标，通过企业和消费者之间的沟通，制定统一的促销策略，协调不同的传播手段，实现低成本、高冲击力的促销效果。

营销理论因时而变，几十年来不断更新、迭代。上述这些营销理论，在各自的时代各有光彩，在营销历史上意义重大。这些理论对品牌营销本身、营销效果的理解或多或少有些抽象模糊，但数字化营销不同。数字化营销最大的特点是精确落地，在过去可能无法量化的"品牌形象""推广效果"，可以直接被精确量化为"某人在某地因为某次营销买了某物"。所以数字化营销并非直接对传统营销理论产生冲击，而是通过精确可量化的突出效果，从技术、结果层面反推营销理论发生调试与改变。举个非常简单的例子，如果有两种营销方式摆在你的眼前：一种投了钱之后"不一定"能促进品牌升值，也无法明确、量化效果；而另一种，投了钱之后你能精确知道钱用在哪里，有什么作用。你会选哪一种？

毫无疑问是后者。一旦选择数字化营销的企业越来越多，传统的营销理论便自然会受到冲击，需要因时而变。所以说，在未来，现有的营销框架都将被颠覆。万法归一，未来的营销都将属于数字化营销。

在讨论数字化营销之前，让我们先厘清对营销常见的误解，一起揭开中国商海里最朦胧的一层面纱之一，露出营销的真面目。

误解一：营销是虚假炒作

有种现象：当有人说一家企业营销做得不错的时候，一般是指这家公司擅长炒作、包装自己的品牌。这样的"夸赞"，有时候却是暗讽该企业获得了与自身实力不符的地位和收益。这几乎是人们对营销最大的误解。

有个经典的辩题叫"酒香怕/不怕巷子深"，讨论的核心是，有了一个好产品，到底需不需要营销推广。当然，此处的营销指的是狭义上的品牌营销。

对营销抱有偏见的人便是反方，他们总是下意识地认为"好产品就会有好市场""如果你注重营销就说明你的产品不行"。这些观点通通忽视了一个前置问题："为什么产品好人们就应该买？"

我们已经不再处于一穷二白、产品品类极度贫乏的时代，市面上充满了各种各样的选择。当消费者站在超市货架前想买一支牙膏时，他会惊讶地发现面前有上百种令人眼花缭乱的选择：黑人、佳洁士、高露洁、冷酸灵……他根本无从下手，没法判断哪一种才最好，只能在脑海里搜索电视上见过的品牌，看看知乎和小红书对牙膏的评价。而这些，无一不是营销的体现。

在选择太多的当代，销量=产品×营销，如果营销没做好，产品再好也是0。

苹果可以说是世界上最擅长营销的公司。1972年12月，对苹果营销战略影响深远的麦克·马库拉，坐在电脑前写下著名的"苹果营销三原则"。

1. 共鸣（Sympathy），企业要比任何人都更好地理解和服务自己的客户。

2. 专注（Focus），用好手上已有的资源，把事情做到最好，不要理会其他事情。

3. 灌输（Impute），用户是视觉动物，如果有了最好的产品、最高质量的软件，却只用"二流"且草率的方式展示它的话，那客户就会认为产品是二流的。所以要用创造性的、专业性的方式展示它们，这样才会激发客户预期。

基于这三条原则，苹果创造了一系列令人印象深刻的营销案例：经典的"缺口苹果"logo、1984年超级碗橄榄球赛的Macintosh广告、1997年"非同凡想"广告……直到现在，这三条营销原则依旧根植于苹果基因，为用户创造出一个又一个的经典产品。

倘若有人把苹果公司的营销和保健品的电视购物营销放在一起讨论，那会让每个智力正常的人感到尴尬。为什么从没有人将苹果的营销与电视营销相提并论呢？为什么从没有人以轻蔑的方式称赞苹果"营销很好"？

因为我们既看见了夺人眼球的苹果广告，也看到了苹果高质量产品背后的"匠人精神"。"台上三分钟，台下十年功。"在苹果近乎"自虐"的严格标准面前，没有人敢用讽刺的语气揶揄苹果的营销。

说到底，对营销的偏见只是对被检验的恐惧。如果产品不做营销，一旦失败，产品设计者就可以心安理得地将失败的责任推卸给外界，认为自己只是"明珠蒙尘"。这无疑只是鸵鸟心态，苹果已经证明，伟大与营销天然可以共生。

营销并非上不得台面的取巧之术，而是任何一个伟大产品和企业的必经之路。

误解二：传统营销理论已经过时

对营销的第二个误解，是认为传统营销理论已经过时，科特勒展示的所谓学院派的经典营销4P理论，应该随着爷爷的BP机一起扔进垃圾分类回收箱。

市面上出现了很多试图替代它的理论。例如之前的"移动营销

4S理论"。这一理论有四个主张：第一步是提供在产品品质、产品理念和产品体验方面符合用户消费习惯的服务；第二步是围绕用户需求制造服务文化、服务情怀和服务理念，便于用户获得更深、更宽、更广的消费信息；第三步是发现并培养超级用户；第四步是发现或开发一个移动营销的空间，把服务、内容、用户、支付植入到一个移动空间中完成，这个空间可能是App、智能终端或是软件与实体体验店融合的交互融合空间。

又如"4C理论"。这一理论认为应该从客户角度出发，考虑不同的客户需求，尽可能降低用户的成本，与用户实现良好沟通，最终给用户创造便利。

这些理论当然有其价值，但并不足以说明传统学院派的营销理论已被淘汰。或者说，我们应该从更深刻的角度去理解传统营销理念。科特勒对营销洞察之深刻，足以穿越时光和技术变迁，用他的原话说："数字技术是对营销手段和营销方法的升级，但它没有替代营销的本质。"

在他看来，营销的本质是管理需求。只要需求仍然在被创造且被满足，围绕这一目标所展开的一系列动作都是营销。不论是售后收集需求设计产品，在这过程中根据需求优化迭代产品，还是在售后根据需求提供配套服务……这一切都是营销。

误解三：营销是市场部门的事

中国有很多特色，其中之一就是特色的仓筒式营销架构。几乎每家商业公司都有营销部门或者营销中心，以此构建市场部和品牌销售部的架构。

产品研发部却会被单独拎出，成为营销部门的平级结构。换言之，在仓筒式的组织架构里，产品研发与市场营销变成流水线的上下游，泾渭分明又各不相通。产品研发自己想办法了解用户，加入自己的设想打造产品，产品完成后再将其交付给市场营销负责售卖推广。这常常会引发这样的分歧：当一个产品销量不好时，产品研发部门的人往往认为自己的产品天下无敌，都是市场营销部的营销策略不行；而市场营销部的人却觉得自己"巧妇难为无米之炊"，产品提供的功能与服务是用户根本不需要的，认为都是产品研发的问题。信息闭塞不仅导致部门隔阂与割裂，还使得企业受累，极大地损失了战斗力。

反观优秀企业的做法则截然不同。宜家家居会在产品立项之初就设计好完整的营销路径，从价格、营销开始设计产品，确保产品具备营销优势。在宜家，最先设计的是价签。每种产品背后的团队都由设计师、产品开发员和采购员组成。产品开发员负责发现需求，和设计师一起设计产品。采购员需要针对设计方案、物料以及合适的供应商进行集中讨论。每个人都以限缩成本、提升体验为导向设计产品，用自己的专业知识为产品做出贡献。

更多的时候，宜家的销售部门还要参考所有宜家门店的销售情况记录，先根据产品的"价格矩阵"确定价格，通过这样的方式来保证宜家的价格优势和市场占有率。然后研发部门再与供货商一起，分析消费者需求和市场情况，设计产品。

这样的例子在宜家不胜枚举。

宜家在中国市场上曾销售过一套名为Trysil的卧室五件套，这套产品就是宜家的中国零售商在充分了解了当地消费者的需求之后，参考市场上已有的竞品价格，设计出的宜家卧室产品。其实，在五件套成品设计完成之前，宜家就已经确定这套产品能够通过价格优势占领市场，取得成功。

再比如宜家的邦格杯子。为了降低色料成本，设计研发部门将杯子的颜色选为绿色、蓝色、黄色和白色；为了降低生产和储运成本，设计部门考量了各种形状，最终将杯子设计成一种可以尽快通过机器的特殊的锥形。之后，为了减少杯子的占用空间，宜家又对杯子的高度和把手都进行了二次设计，大大降低了这种杯子的销售成本。

宜家做出的努力远远不止这些。宜家甚至帮助了供应商去改造优化他们的信息系统，使其能与宜家的信息系统进行有效的对接，根据宜家门店每天的实时销售情况，制订修订其生产计划和发货计划。当供货商能清晰地看到哪些产品卖得好，他们就能针对性地进行工业化、机械化生产，形成一个"正循环"。

宜家中国地区（零售业务）总裁吉丽安说："优势在于，我们控制了供应链的所有环节，能使每个环节都有效地降低成本，使其贯穿于产品设计（造型、选材等），OEM厂商的选择/管理，物流设计，卖场管理的整个流程。"

02
PART 营销的进化史

为了更好地搞清楚企业在营销上的进化过程，我们将从工业时代以来的营销变革到今天的数字化营销拆分为三个阶段：传统营销、互联网营销、数字化营销。通过这样的对比可以一目了然地了解其所代表的时代先进性及内核的差异。

凡是演进皆有主线，进化论的主线是"自然选择"。在不同的时代，自然会选择最适应环境的物种，如果创业者有能力在这种环境下生存，那就是"被选中者"。而营销进化的主线就是营销的本质：需求管理。

从需求管理的视角看，传统营销满足的是所有人的需求；互联网营销满足的是细分人群的需求；数字化营销满足的是超微个体的需求。换句话说，营销进化史，就是一部需求的精细化满足史。

传统营销

在传统营销的世界里，核心是产品，最终导向是卖产品。用今天的标准判断，采用传统营销的企业对于用户需求近乎一无所知。正如汽车大王福特的经典名言："如果你问人们想要什么，他们会告诉你想要更快的马车。"在此时，用户不知道自己想要什么，同时企业也没有能力了解用户想要什么。因此，对用户来说，当时市场上的选择有限，只能买大企业的产品。对企业而言，反正用户没得选，那我按照自己的想法生产标准化产品即可。

这一时期的典型代表是福特公司的T型车。当时福特的营销观念非常简单：我生产什么，消费者就买什么。因此福特公司一直只生产一种型号甚至一种颜色的汽车——黑色T型车。这种观念利用了企业与消费者的权利关系，在消费者选择贫乏的年代大行其道。

1908年10月，第一辆T型经济车诞生在美国福特汽车公司，售价为850美元。而当时市场上的同类竞品汽车的售价基本都在2 000～3 000美元，巨大的价格优势使得T型汽车大获成功，迅速占领了市场。在此之后，福特公司继续改进汽车的生产技术，不断提高生产效率。为了适应市场需求量的激增，福特公司建立了全新的流水装配线，这一举动降低了生产成本，提高了汽车产量。供货量的增加进一步降低了市场价格，T型车的价格从850美元降为360美元，极大地推动了汽车的普及。1908—1927年的19年间，T型车实现了1 500万辆的生产，创造了史无前例的生产奇迹。同时它也使大多数美国人掌握了驾驶技术，推动美国公路等基础设施的发展。

后来市场选择逐渐增多，出现了雪佛兰、通用等其他汽车公司。消费者日渐追求多样化的汽车。为了迎合消费者的这种心理，当时绝大部分车企都推出了著名的"有计划废止制"：通过不停更换产品外壳、颜色甚至蓄意设计产品报废期限，近乎疯狂地刺激用户消费。只有福特故步自封，依旧抱持着过去单一化生产的高傲姿态，最终被消费者无情抛弃。

互联网营销

在互联网营销的世界里，核心是用户，成功的驱动力就是对用户的了解。这一时期最经典的口号是"以用户为中心"，即以用户的需求为产品设计、售卖的出发点。

互联网营销和传统营销最大的区别是出现了细分人群，从线下转向线上。传统营销只会将千篇一律的标准化产品，提供给所有人。互联网营销不同，它采取不同维度，将人群划分成细分人群，将线下人流转化为线上流量。产品研发、广告、业务策略都有了一定指向性。例如按年龄可以分为婴幼儿、青少年、年轻人、中年人、老年人；按照职业可以分为公务员、服务员、老师、小摊贩等等。根据不同的分类标准，企业将产生不同的用户画像。

用户画像是对目标用户群体的半虚拟呈现，形象地将目标用户群体的特征集合在某一个虚拟人物上。人物是虚拟的，特征是通过用户调研得出的真实数据提炼而成，因此用户画像是半虚拟的。企业在形成用户画像之后，就会根据用户画像对目标人群发起针对性"进攻"。

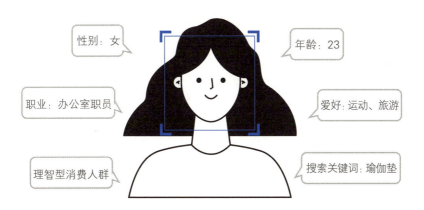

这一时期的代表是百度竞价投放。百度竞价投放就是先将不同的用户贴上不同的标签，分为不同的人群。当广告主想要投放时，就可以打开百度竞价投放后台，编辑人群特征，根据性别、年龄、搜索历史、浏览历史、兴趣标签等选项，筛选出最符合自身需要的用户群。例如，你是一个母婴电商App的负责人，如果你想在百度推广，就能通过竞价投放找到性别为女，年龄处于22～40岁之间、搜索过"婴儿车""孕吐""分娩"等词，浏览过母婴网站，兴趣标签为"母婴""儿童"的用户群，实现针对性人群推广营销。

百度竞价推广在PC和移动互联网时代都是企业推广的不二法宝，因为它准确地抓住互联网营销的核心秘诀：以用户为中心，抓住细分人群。

从根本上说，互联网营销时代流量为王，本质是流量收割逻辑。传统营销视角下的"顾客"或者"用户"变成互联网营销视角下的"流量"，谁能先拿到最多的流量，谁就能赢得战局的胜利。在传统营销时代，企业往往通过电视广告、传单在线下引流获客，竞争极其惨烈。但互联网营销则另辟蹊径，在线上开辟新蓝海，大获成功。当时刚刚进入移动互联网时代，大量新用户通过手机进入网络世界，可谓遍地都是用户，获客成本极低。因此所有企业都在虚拟世界中疯狂地收割流量，我们现在看到的巨头如腾讯、阿里等都是靠此崛起。但流量就像矿产，越挖会越少。时代的红利逐渐衰减，获客成本越来越高，从线上获取流量的难度越来越大，以流量为核心的互联网营销时代逐渐过去，我们迎来线上流量资源枯竭的数字化营销时代。

互联网模糊群体

数字化营销

数字化营销

　　数字化营销的概念最早在20世纪70年代就已出现，却一直如海市蜃楼般可望而不可即。不过，随着线上流量资源日益枯竭，数字化营销将彻底融入我们的生活。

　　互联网营销和数字化营销的本质区别是用户颗粒度，前者是模糊群体，后者是超微个体。模糊群体就是所谓的"用户画像"，因为用户画像是试图将某个群体的共同特征归纳到某个虚拟人设之中，这样的归纳认知依旧是模糊的、不精准的。而超微个体指的是行为将被清晰数据化的每一个人，个体将不再被化约为整体，重新拥有主体性。个人将不再被当成某个"用户画像"，而是被当成一个真正的人，拥有只属于他的独特属性：爱吃什么食物，喜欢哪一家店的奶茶，最常在网上看什么样的内容，现在是什么发色……以往营销活动中被忽略的个人特质，在数字化时代将得到最大限度的尊重。数据将比用户更了解他自己。

曾鸣在《智能商业》里提到，新旧商业的本质区别是精准，互联网营销和数字化营销的区别同样如此。精是精确，指的是能够精确抓住用户的每一个细微场景；准是准确，指的是能准确提供用户想要的东西，满足用户需求。

这样的精准是毫无作用的天方夜谭吗？

如果这么想，那就错了。

哥伦布发现新大陆之前，很多人也觉得那是没有用的天方夜谭，但最后新大陆的发现改变了人类历史。数字化营销就是当代的新大陆，终将改变所有企业的命运。

在互联网营销时期，企业并不会细致分析投放效果，而是以非常粗犷的方式用补贴、优惠狂轰滥炸。但在线上流量枯竭时代，营销必然会提高信息投放效率与质量。相较而言，如果互联网营销像大刀阔斧，那数字化营销就像精耕细作。数字化营销会算清楚什么时间给什么人投放会有什么样的效果，还会精打细算投放的补贴能够影响用户身边多少人，以此实现营销效果最大化。

同时，数字化营销不仅是依靠数据实现精准投放，同时着眼于线下的人际关系。如果说互联网营销是将战场从线下拉到线上，数字化营销则又将战场从线上拉回线下，让线上营销热点依靠人际网络实现快速裂变，这开创了另一种营销逻辑：人际传播。而不难看到，最近崛起的几家公司：美团、快手、拼多多、字节跳动，都是这种新的营销逻辑的受益者。

例如，美团一直致力于打造线上线下一体化营销，将线上线下多场景打通，在针对性的场景与时间里，根据不同的消费者状况，向消费者精准营销。例如，在美团后台就会将人群分为高消费熟客、需重点关怀的流失熟客、需重点发展的潜力顾客、需重点挽留的流失顾客等，商家就可以根据自身状况选择想要营销的人群，实现收益最大化。更进一步来说，美团可以通过数据识别出用户比较爱吃的食物有哪些，习惯在什么时间吃饭，由此精确地在用户饭点的时候推荐他们喜欢的餐馆，提高用户转化率。例如，你可能习惯周六晚上在公司附近的商圈就餐，常常吃泰国料理和日式料理，所以哪怕你某个周六还在公司加班，依旧可能会收到美团的推荐消息。而如果用户选择用美团订外卖，下单成功后将获得美团发放的外卖红包。用户将红包分享给微信群或者微信好友，其他人得到红包的同时用户也能得到红包奖励，而美团也收获了新用户和用户黏性，这就是三方共赢、人际传播为特征的数字化营销。靠着数字化营销，美团的边界越拓越宽，逐渐成为真正意义上"无边界"的科技公司。

从营销进化史的梳理中，我们可以清晰地看到短短几十年内，营销发生了何种剧烈变化，也能看出数字化营销蕴含的无限力量与可能。这便是本节开始为什么要说："如果营销战略失败，可能是因为在新的时代使用了过时的方法。"如果已经进入了互联网营销时代，竞争对手已经开始针对细分人群满足需求，己方还在做千篇一律的标准化产品，自然只能惨败收场。

在互联网营销时代，如果没有针对细分人群，依旧可能有喘息之机。但在数字化营销的竞争中，模糊人群营销与超微个体营销的抗衡，无异于蚍蜉撼树，螳臂当车。在数字化营销的精准打击下，不精准的企业必将被淘汰。

所幸，数字化营销的力量不只字节跳动等科技公司可以掌握。站在数字化时代大门前，每一个个体都有资格加入这段伟大的进程，关键在于有没有足够的想象力。

03

PART 数据想象力

"过去的营销模式是企业生产什么，营销端根据生产出来的产品进行营销和配送，而未来的模式是颠倒的，一定是通过前端洞察消费者在哪儿、喜欢什么产品或者他们有什么样的需求，然后将这些信息进行整合，再向后端传导，以打通前端和后端的连接，架起数字化的桥梁，最终促成整个智能经济的发展。"

未来，围绕着消费端会积累大量的数据，这些数据将成为数字化时代的黄金和石油，让我们一起打开数据的想象力。

从梦想到现实

在数字化世界中，我们完全可以通过数据准确预测用户购买行为。

2019年"双11"过后，网络上出现一个新热词"防御性发货"，指的是用连夜打包发货的方式防止顾客冲动消费后想要退货。虽然这只是网友的调侃，但天猫却是实打实地能在用户凌晨下单后当日实现送达。这样匪夷所思的物流速度，并非物流行业在"双11"突飞猛进，完全是天猫通过数据分析，提前备货的结果。

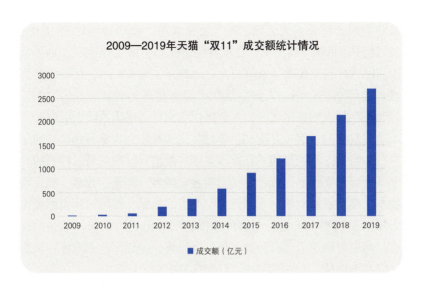

2009—2019年天猫"双11"成交额统计情况

■ 成交额（亿元）

淘宝、天猫两大电商平台根据用户浏览商品、添加购物车、添加收藏夹、参加商品预售等行为积攒的数据，预测出哪些商品销售量可能较高，将在哪些地区销售得更好。例如从总量来看，2019年天猫"双11"备货量最多的是面膜、女性护理用品、洗护用品。在地域差别上，南方的菜鸟仓会囤更多保暖内衣，而东北菜鸟仓更多会囤粮油米面。海量数据预测指导下，快递系统便能根据预测提前调配，错峰发货，提高物流效率。阿里巴巴旗下的菜鸟网络为了应对"双11"，在2019年推出"预售极速达"模式，把部分预售商品提前发配到作为前置仓的丹鸟站点，将配送距离缩短到10公里内，这才使"凌晨下单睡醒收货"在"双11"成为现实。

正如前文所说，数字化营销并非一个新生儿，在50年前便已问世。只是当时计算机刚刚走到历史舞台的中央，大部分人对网络闻所未闻。缺少规模经济、不具备技术条件、没有配套基础设施，因此数字化营销一直被埋没在历史的尘埃中，等待属于自己的时机。

皇天不负苦心，互联网日益成为人们生活的主轴。2020年5

月，中国最大的即时通信App微信月活超过12亿。几乎整个中国都被微信所连接，人人上网的时代就在眼前。而2019年我国GDP总额已经达到990 865亿元，在世界经济体系中举足轻重。2019年全国居民人均可支配收入30 733元，比2018年增长8.9%，扣除价格因素，实际增长5.8%，人民生活水平显著提高。前文提到的"新基建"正在如火如荼地展开，为数字化营销打造坚实的数据引擎。

更直接的原因是，现在企业已经逐渐有能力收集各种各样的用户行为数据。不论是用户在微信关注的微信号、视频号、打开的文章、点赞的朋友圈，或者是买家在淘宝搜索、浏览、收藏、加入购物车、购买、退货等一系列行为中产生的数据，都将被预设的埋点采集。更别提在未来，足够的数据将喂养出更加完善、智慧的算法，将更复杂的人类行为数据化。到时候，身边好友都未能发现的你的细微情绪，软件却可通过数据察觉出来。

有了海量的数据支撑，营销动作将彻底发生改变，这势必是场石破天惊的颠覆式创新。

在过去的营销中，企业所有决策都参照市场调研结果、采购人员的判断。这时，营销人员常常有这样的"脑洞"：如果我会"读心术"，就能不通过询问即可得知用户的需求。

很可惜，没有"读心术"，营销人员被迫挨家挨户调研合适的用户，设计多份问卷，草拟好几份访谈提纲，结合定量和定性两种调研方式，和声细语地请求用户答应访谈，还得给访谈用户准备精美的小礼品。这漫长又复杂的过程，几乎成为市场营销人员避无可避的"九九八十一难"。

最令人无可奈何的是，哪怕努力控制一切变量，收集来的问卷仍可能只是用户为了礼物随意的勾画，访谈对象也没有说出自己内心的声音。

索尼准备推出Boomboxes音箱之际，曾召集了一些潜在的消费者，想调研这个新产品的理想颜色：黑色还是黄色？在会上，消费者们宛如索尼的死忠铁粉，事无巨细地回答研究者的所有问题，毫

202

无保留地分享着一切自认为能帮到索尼的信息。群策群力之下，最终得出了一个高度一致的结论：黄色是消费者会倾向的选择。

不论从哪个角度来看，本次调研都非常顺利。调研人员十分开心，为了表示感谢，调研人员告诉参与者：离开时可以免费带走一个Boomboxes音箱作为回报，他们可以在黄色和黑色之间任意挑选。这时，用户调研史上最具戏剧性的场面发生了：在用户访谈中认为黄色更好的受访者，每个人拿走的都是黑色音箱。

当然，这是一个极端的案例，但已经充分折射出一个事实：用户非常容易"心口不一"，访谈里的内容并不一定是他们的真实想法，甚至他们自己都不知道心里到底想要的是什么。在现实世界中，哪怕用户知道自己想要什么，但容易受环境和他人的影响而发生改变，今天想要的明天或许就不想要了。

用户访谈的每一步都有不可控的变量影响，基于问卷访谈的传统用户调研实际与黑箱无异，调研者永远都不知道会从里面摸出什么。

在数字化时代，"读心术"将不再是"脑洞"与想象，营销者将越过"九九八十一难"，一步就能取得真经。通过数据，企业将听到每一个人内心最真实的声音，而基于数据采集的调研注定变成未来最重要的用户调研方法。

有了用户数据支撑，公司就可以对用户行为进行直接分析，以此设计产品、优化用户体验。例如，在水果零售行业，最佳方式就是将用户的需求、购买时间、数量提前统计，这样就可以优化物流速度，确保新鲜度和价格稳定。

数据可以提高营销效率

这在传统生鲜市场是不可能的事，传统市场采用的是货架理论。货架理论是指货品在生产之后，上了货架才知道能不能被卖出去。一旦出现任何风吹草动或者不可抗因素（天气、交通等），销售情况将受到剧烈影响。

本书作者龙典曾任百果园电商公司总经理，亲自参与搭建百果园会员数据系统，下面我们将以百果园为例说明数据在当代的优越性。

在百果园董事长余惠勇先生眼里，水果和其他的产业完全不同。水果的本质是果实，是生命，不论是在接触消费者之前，还是被消费者购买后，都是如此。而生命的本质是无常，水果也是如此。例如，一串葡萄，它在被采摘之前，就可能腐烂；在采摘时，它可能因为农人的磕碰而腐烂；在运输过程中，它也可能因为运输时间太长而腐烂……另外，大部分水果的成长都难以实现标准化控制，所以，水果基本上都是"非标品"。

因此，在龙典刚到百果园时，他面对的最大也是花时间最久的难题是：非标准化的水果，如何让不同的用户都满意？

为了解决这一问题，龙典基于互联网技术，提出全面数字化战略，依托线下千家门店，全面提升顾客体验。在进行方向规划时，百果园的目标是实现管理数据化、服务数据化、售后数据化、营销数据化、品牌数据化，通过"六大数据化"将消费者与品牌一对一直接连接，真实了解每一位消费者的感受和状况，及时解决消费者遇到的问题，及时提升用户体验，提高品牌在用户心智中的占比。

基于此，百果园提出了"不满意三无退货"服务，即在无小票、无实物、无理由的情况下，依旧接受顾客退货。通过百果园的App，消费者如果觉得不好吃可以马上退款，并可通过系统提供的10个维度自行对果品进行判断，自由选择退多少。线下消费者不满意，也可以直接在线上进行退款。事实证明，这一举措是百果园的明智之选。

2019年5月16日，百果园在北京举行了"十年数据说，可信中国人"发布会，会上余惠勇先生公布了一组振奋人心的数据。

截至2019年，整个百果园选择"三无退货"的顾客只占总顾客的2.43%，还有97.57%的顾客放弃使用权利，而退货的2.43%中，异常退货仅占0.97%。这说明绝大部分的消费者都诚实地根据自己的情况退款，恶意"薅羊毛"的顾客极少。

除此之外，"三无退货"极大地提升了百果园用户的复购率。数据显示，在没有体验过"三无退货"的顾客中，复购10次以上的比例仅有1.4%；但在体验过"三无退货"的顾客中，复购10次以上的比例占到34.1%，二者相差近34倍。而且，没有体验过"三无退货"且只买一次的顾客占到39.8%，而体验了"三无退货"且只买一次的顾客约有12%。换言之，只要顾客体验过"三无退货"，基本都会成为常客。

百果园从2016年开始布局线上线下一体化发展，2019年，全渠道销售额第一次突破了100亿元，线上销售占比25%。百果园目前累积有6 000多万会员，标准化种植平台、供应链平台、营销服务平台、销售平台、金融平台和交易平台的每一个层面都有智能IT系统支持。

数据可以实时优化营销

"三无退货"服务不仅给百果园带来立竿见影的业绩增长，还为百果园数字化营销战略提供了夯实的数据地基。通过各环节数据化，百果园成功地将用户行为数据化。

在过去，如果用户退货或者不满意，百果园根本没有能力分析是哪里出了问题。但当各环节的数据都在线时，如果有一个用户发起退款，百果园就能通过退货数据追踪定位是哪一批货、在哪一个门店或者哪一个环节出了问题。

我们完全可以设想这样一个场景，你家附近的一家百果园门店，突然密集地收到了"三无退货"的反馈——好几个用户都无理由把刚买的一斤葡萄全退了。管理团队和店长第一时间同时收到了这个反馈。当看到反馈后，他们实时查看反馈，沿着整条流程线反向溯源定位问题：门店运营管理、物流、采购、供应链、采摘、种植、土壤……经过地毯式的层层检索，管理团队发现，这批葡萄早在采购环节就已出现问题。一旦确定问题，百果园管理团队就会立即派专人优化这个采购环节，将之前没有发现的问题快速解决。依靠数据化的快速反应，百果园加强了采购供应过程的品牌监控，后续该店退货率明显下降。

类似这种供应链中出现的问题，以往可能会被当成难以改变的正常损耗，但现在百果园可以根据数据反馈赋能，快速定位问题，优化服务水平，立刻调整。企业拥有丰满的数据维度，相当于具备了"上帝视角"，可以对经营过程中发生了什么做出真实且正确的判断，通过对数据的二次应用和分析，将大大提高营销效率和经营成果。

在这片广袤的商业土地上，无数企业像百果园一样，怀着一颗想要提高服务质量的心，但是缺乏实现的技术与能力，只能在头脑中幻想。现在，数字化时代已经来临，让我们带上过往对未来的所有想象，在新时代打造自己的王国。

写到此节，我们决定发起一次数字化共创。我们希望收集所有人对于数字时代的想象，汇集成书。你对于数字化时代有何想象？欢迎扫描二维码向所有数字化同胞分享你的想象力。让我们一起，想象未来，创造未来。

04

PART 数字化传播

数字化的日益发展让精准营销进入了大众的视野。精准营销的内核来自三方面：产品的精准、时间的精准、客户的精准。也就是在最准确的时间，通过适配的渠道，将需要的产品传递给精准的客户。此外，合适的激励模式还可以再通过客户进行自发裂变的病毒式传播。

数据驱动：基于人的传播

2020年9月1日，滴滴出行宣布滴滴旗下的出租车业务即日起升级为"快的新出租"品牌，同时为响应2020全国"消费促进月"活动，快的新出租还将投入1亿元专项补贴，为乘客发放出租车打车券，以拉动消费，提高司机单量与收入。

如果你对滴滴的历史有所了解，就会知道这看似巨额的补贴对滴滴而言不过是家常便饭。在2014年，那一年互联网中最轰动的事件便是快的与滴滴的补贴红包大战。滴滴打车从2014年年初开始补贴，用滴滴的乘客和司机每单都能得到减免或奖励。短短两个月，滴滴通过14亿元的巨额补贴，狂揽约8 000万用户，日均订单量从35万增至约521万。这近乎"坐火箭"般的飞速增长，不仅是单纯补贴的吸引，还仰赖大量尝到甜头的用户自发与其他用户分享。滴滴在补贴大战中吃到了"人传人"的红利，因此在2014年5月17日与快的同时宣布取消乘车打车补贴后，又以两周年庆为名，推出打车红包分享活动。只要用户通过微信分享，就可以抽取红包抵扣车费。原本单纯通过补贴，用户的分享还充满不确定性，但有了红包，只要用户想要优惠就必须和周围的人分享，这无疑给滴滴的增长装了另一个"加速火箭"。靠着红包加持下的人际传播，滴滴像雪球一样越滚越大，如今已经成为中国网约车领域的领头羊。截至2019年7月，滴滴注册用户已经超过5.5亿，每年完成运送110亿次。

现在谈到传播，大家最常提到的词是"流量衰竭"，这是过时传播方式遇到的困境。之前的传播方式缺乏流量，企业需要花费巨额成本获取流量，效果却常常不尽如人意。约翰·沃纳梅克（John Wanamaker）说过一句在广告界广为流传的话："我知道我的广告费有一半被浪费了，但我不知道是哪一半。"这是因为传统的传播方式无法确定传播效果，最终只能石沉大海。而数字化传播基于完全不一样的逻辑，它以人为中心，以数据为驱动，基于人与人之间的行为互动与激励机制来实现传播，完全可以实现精确的效果管控。

例如，京东数科在2020上半年，于北京长楹天街购物中心进行了数字化投放测试，这也是京东首次在商圈进行场景测试。它们利用户外广告触达商圈周围5公里的人群，利用京东快递面贴、电梯屏、门禁灯箱等媒体形式将商场促销消息传达到用户手中。在过去，这样的投放根本无法计算效果，而京东数科的数字化投放最终能精准地测量出商场到场转化率为19%。

数字化传播解决信任问题

数字化时代，品牌被赋予了全新的意义。但不变的本质是——品牌就是信任系统，而数字化传播可以解决信任问题。

过去的品牌传播是一种高位向低位的传播姿态，因此消费者难免感到极强的距离感，距离远了信任难免会减弱。试想一下，在你的人际关系中，是不是越亲近越信任，越疏远越不信任？品牌与消费者的关系同样也是如此。品牌就意味着信任与背书，为什么我们会选择大牌而不选杂牌，是因为在一大片类似的品牌中，大牌让我们觉得更熟悉，我们便会认为大牌更加可靠，进而选择大牌。

数字化传播恰恰拉近了品牌和消费者之间的距离，从而解决了信任问题。例如，拼多多为什么能深受下沉市场用户喜爱？这绝不仅是因为价格，还因为拼多多通过数字化传播解决了信任问题。请问，什么样的商品最吸引人？答案是朋友、亲戚觉得好的商品最吸引人。哪怕到了现在，朋友之间的推荐依旧是绝大部分消费者决策的重要依据。当你发现好朋友买的某个产品特别好用时，你自然会产生兴趣："反正他肯定不会骗我，如果真的这么好用，那我也可以买来试试看。"数字化传播与朋友推荐没有区别，只是朋友推荐的方式从之前上门亲口告诉你，转变成通过微信发给你一个拼多多的链接，效果是一样的。

直播电商如此火爆、KOL[1]能成功的原因，当然也不仅是因为低价，而是因为主播将自己定位为消费者的朋友，让消费者感觉到信任与亲近，消费者才会下单购买。为什么李佳琦、薇娅能在那么多主播中脱颖而出，成为淘系电商直播的门面？究其根源，是他们在直播时通过长期与观众互动，让观众觉得自己就像是在和朋友聊天，久而久之就建立了亲密感。每一次李佳琦发出"OMG"时，总让人觉得是旁边的朋友发出了一声惊呼，兴致勃勃地和你分享他刚用到的好物，这样的种草传播直接绕过了消费者对品牌的天然心墙，从"朋友"的视角将产品植入消费者心中，这就是数字化传播的强大之处。

---

① KOL，即关键意见领袖（Key Opinion Leader），是指被某些群体接受或信任，并对该群体的购买行为有较大影响力的人。——编者注

如何构建数字化传播

针对数字化传播，我们提出了一个概念：品牌即媒体，指的是品牌在未来将成为媒体的流量入口，甚至变成媒体本身。我们在此做出一个预测：在未来的数字化生态中，现有的"品牌"概念将被重构甚至瓦解，一家企业只有用媒体的逻辑思考才能在未来的品牌竞争中占有一席之地，这也是品牌数字化的必经之路。

什么是品牌？品牌的本质是构建信任，而媒体则是为品牌构建信任可持续的渠道。品牌利用媒体不断输出内容，以此获取用户信任，抢占用户心智，实现用户全生命周期的管理，获得更大的市场份额。过去，品牌只能通过投放合作各种大型媒体平台进行宣传。但在传播渠道日益个体化、多样化的现在，品牌已经借助公众号、抖音等个性化渠道进行推广传播，打造独特的品牌人设并塑造自己的影响力。

在这一过程中，品牌本质上实现了从向外借力传播到自身发力推广的转变，将生产与宣传完全合为一体。其中关键，我们可以用"吸引力法则"来理解。吸引力法则是指不要只想着自己要什么，想当然地认为自己能得到，而是先考虑自己应该构建什么，用什么方式来触动对象，以此重构自己与想要的事物之间的关系，想要的事物就会被自然吸引。

2020年11月19日晚，国货品牌"完美日记"的母公司逸仙电商登陆纽交所，市值约460亿元人民币，同时，它也是第一个在美股上市的中国美妆集团。而这距离逸仙电商成立，不过四年时间。逸仙电商能够领先"御泥坊""韩束""花西子"等一系列国货美妆成功上市，背后离不开自身强大的媒体宣传能力。其旗下品牌"完美日记"借助微信生态，成功打造"小完子"这一"私人美容顾问"官方人设形象，用真实有趣的互动体验以及价格优惠，吸引大量粉丝，并将这些粉丝沉淀在成千上万个微信群中，变成完美日记的私域流量。

私域流量的核心特质是高信任与高触达。完美日记通过微信群、朋友圈、私信消息等多种触达渠道，对用户形成极高密度的内容输出。每出一次新品，用户可能一天内就能看到好几次。此外，完美日记还巧妙地与小红书等平台的KOL合作，通过测评或推广的方式，利用KOL的信用为其背书、引流，给大量粉丝"种草"（产生购买欲望），刺激未来消费。

截至2020年9月30日，逸仙电商旗下的各品牌官方账户粉丝数已经超过4 800万。其中，2019年及2020年前9个月，逸仙电商DTC购买用户数都接近2 300万，同比增长分别为236.3%和50%。换句话说，逸仙电商在自己的官方账号沉淀了大量流量，从而实现"品牌即媒体"的转向，而这样的转向确实给其带来大量的用户购买。而在未来，像完美日记这样的品牌将会越来越多。

除了"品牌即媒体"，数字化传播的另一关键是社群思维，打造用户的参与感。在老品牌的观念里，传播就是请明星拍一个很好的广告片。但当前时代的新品牌则应该思考：我和用户有什么关系？我该如何吸引用户的注意力并产生深度链接？同时，想尽办法吸引用户参与企业品牌传播、产品设计共创，一起打造用户喜欢的产品。而不是自以为是地思考"我要给用户什么"。新时代用户的需求将逐渐超脱物质，更加注重追求情感与价值。为什么刚成立一年的网红品牌销售额屡屡远超几十年的老牌企业？不是因为质量、价格，而是因为在粉丝看来，这个产品、品牌是粉丝和网红共创而来的，粉丝参与其中，也因此将产品视为己出，有着天然的相信与情感。

近几年在酸奶领域风头正劲的乐纯酸奶，从一开始就坚定地走"用户参与共创"路线，从而在市场中大获成功，成为细分领域独树一帜的存在。2015年1月，乐纯在北京三里屯开了第一家线下店，开店第二天他们发了一篇文章，名为《三里屯从此多了一家价格很奇葩的乐纯酸奶公司》。他们也并没有做过多的营销，只是把二维码贴在墙上，如果进店的人把文章转发到朋友圈，就能获赠一瓶酸奶。第一天早上，只有十几个人转发，到下午的时候，已经有

2000多的阅读量，到第二天中午，阅读量就超过了10万。从此之后，乐纯开始变为大众所知的"网红品牌"。但乐纯并不止于此，而是继续利用大众好奇，引导用户参与产品研发，以用户为导向。从奶源、研发、生产，到包装、面世、迭代，乐纯的每个阶段都通过微信群邀请大量用户参与试吃。如果用户觉得味道不够好、口感太黏稠，或者希望吃到什么新口味，乐纯就会根据用户需求调整产品，在与用户高频交流中实现快速迭代。得益于用户的高密度参与，乐纯每次推出的新产品在市场上都大受欢迎，而且大量粉丝会自发帮助乐纯传播推广，从而使乐纯实现了连年稳定增长。

扫描二维码，发送【数字化营销】
免费领取价值998元的数字化营销专家课！

本章思考

1. 经历了长时间的演变和发展，营销理论百花齐放，对你影响最大的营销理论是什么？

2. 面对日新月异的世界，我们应如何去理解传统营销理论，使其适应数字化时代的要求？

3. 除了上文案例，你还知道其他用数据提高营销效率的案例吗？

4. 新时代的用户更加追求情感与价值，我们应该如何引起用户的价值与情感共鸣，打造用户对产品的共创体验感呢？

5. 你觉得应该如何利用人与人之间的行为互动和激励机制，来实现自身品牌的传播？

07

CHAPTER

第7章

全场景渠道赋能

**告别线上与线下对立，
迎接全场景营销时代。**

拥有全场景视野，才能全场景赋能

谈营销，注定绕不开渠道，而随着数字化营销的出现，渠道也随之不同。因此在本章将详细论述数字化时代全场景渠道如何给企业与用户赋能。

互联网的发展使得人们的信息获取场景、日常生活场景越来越碎片化，流量结构也从以前的中心化结构变成了去中心化结构，如何在复杂且碎片化的去中心化流量时代获得用户注意力，是每一个企业都应该思考的问题。

数字化激励与链接给我们带来了一种全新的可能性。通过数字化激励作为底层支持，结合各种场景下的新技术，将用户看似零散、碎片化的生活场景与消费过程进行链接，构建一个以用户为中心的数据沉淀场景，形成线上线下一体化全场景沉浸式链接。并结合数字化积分激励系统将用户消费的全生命周期进行数字化存证，让用户参与到企业的增长与升级红利中。关于全场景、全渠道的创新一直都有人在不断摸索，如何避免将全场景赋能变成"昙花一现"的营销事件或变成简单的营销工具，这是所有企业都应该警惕的核心。本书所提到的全场景赋能的本质是围绕"用户"构建一套数据沉淀与激励系统，并非简单的营销动作，而是一次用户参与企业共创的数据沉淀动作，对于不同参与度的用户，我们在系统当中应该做区别对待，确保能找到全场景赋能的核心用户。

全场景赋能包含对人、产品、营销、渠道、传播、门店等我们能想到的一切场景的赋能，这一切都是围绕用户需求展开且进行激励的过程，我们首先要将用户进行分类，包括普通用户、热心用户、核心用户、布道者用户，用户将会是全场景赋能过程中的核心连接器。

下面，我们将继续从历史的宏观视角出发，分析流量和渠道在各个时代的变化。从PC门户时代，到主动搜索时代，到主动传播时代，再到人际传播时代，每一个时代呈现出完全不一样的样态。我们希望通过这样的演变，让大家能更清楚地了解数字化时代的渠道特征。说完历史，我们会讨论数字化时代的线上渠道，阐释全场景激励到底是什么，在这个时代渠道将如何影响并激励人们消费，格力是如何利用渠道赢得直播胜利以及我们将走向渠道资本化的未来。说完线上说线下，我们希望说明数字化时代改变了互联网时代的渠道逻辑，之前被人忽视的线下渠道反而变成了新的流量增长风口，最后给大家提供了数字化时代的渠道搭建模型——"流量仓"。

下面，让我们一起用历史的视角，看看流量是如何进化的。

螺蛳粉、滴滴出行、直播带货……你错过了什么？

你是否怀有成为流量大主播的畅想？

拥有全场景视野，才能全场景赋能。

请留神，一不小心错过一个时代。

01

PART 流量进化史：
合久必分大爆炸

谈营销，就注定绕不开渠道。而随着数字化营销的出现，渠道也发生了变化。下面我们将主要阐述在数字化时代全场景渠道如何为企业与用户赋能。

"就一句话，我回来了，还是那个我。"

2020年6月14日，快手"带货一哥"、辛选创始人辛有志（辛巴）短暂退网50天后正式回归。

当晚5点，直播准时开始。尽管50天没见，但辛巴并没有过多与粉丝互动，简单寒暄暖场之后，便开始带货。穿着黑衬衫、黑西裤的辛巴与传闻中被封杀的戾气形象截然相反。他面带微笑，语气温和真挚，还劝粉丝理性消费："在此声明一下，所有人，需要的买，不需要的不买；好的买，不好的不买；便宜的买，不便宜的不买。理性消费，无须跟风。千万不要拿你的钱支持我。我不需要。"

即便如此，不停刷屏的粉丝礼物数和暴涨的销售额依旧如坐了火箭一般飙升。这场回归首播中，辛巴直播间粉丝数长时间维持在200万以上，人气高居全国榜首。第一个链接是"后"的天气丹，3分钟销售额破亿元，成交额达1.48亿元。这只是开始，1小时4分钟3亿元，2小时4分钟5亿元，5小时9分钟破10亿元……在得知销售额破10亿元时，辛巴站起身，眼含泪花地向粉丝鞠躬致谢。10小时后，将近15日凌晨3点，成交额定格在12.5亿元，仍有上百万"老铁"不肯离去。

整场直播一共持续了7个多小时，辛巴共带了60款产品，销售额最终止步于12.5亿元。这样的数据堪称业界神话，超过了2010年天猫（当时还叫"淘宝商城"）"双11"的总销售额和苏宁易购的日销售额，仅有阿里巴巴、京东、拼多多的日均销售额比这个数字高。

在如火如荼的直播大战中，辛巴以极其出色的战绩，粉碎了50天里行业内外的种种质疑，证明了他在直播带货界的地位。

这个时代，直播带货已成为当下最热门的渠道，人们似乎已经习惯于跟着主播买买买，对主播的惊人销售额津津乐道，却常常忘记这些短视频平台对过往流量传播带来的改变与冲击。

在过去，单一个体根本不可能具备如此大的传播能量。超级主播爆红的背后有着信息传播逻辑带来的启示，这无疑揭示了一个新的传播时代的到来。在此之前，首先，我们有必要回顾一下，我们经历了哪些信息传播阶段。

被动传播时代

PC门户时代

1995年，中国第一家互联网公司诞生了。

这个公司名叫"瀛海威"，它的网站页面只有一个简单留言板，左右分列，左边的留言框是蓝色的，右边是绿色的，每页可有20条留言。在这个网站提供的服务里，其中一项为付费看新闻。

是的，付费。

在现在这个信息爆炸时代，你很难想象在中国互联网崛起前夜，我们需要每个月交租金去看新闻。

财经作家吴晓波在其专著《大败局》中，如此评价瀛海威的创始人：

"她迅速地穿上了领跑衫，跑在了还显得稀稀拉拉的中国互联网长跑队伍的最前头。"

在信息的分发阶段，人们想要收获信息，往往习惯于打开电视机或看报纸、听收音机。而瀛海威的横空出世，带领了更多PC门户网站的出现，如雅虎、搜狐、新浪……

PC门户网站，打破了信息源被报纸、广播和电视台垄断的局面。进入互联网时代后，用户获取信息以及流量分发的逻辑获得了一次大提升。

主动搜索时代

随着网站提供的信息越来越多，我们慢慢开始习惯主动地的搜索和获取信息。这时，搜索引擎应运而生。

"早期的搜索引擎是把因特网中的资源服务器的地址收集起来放到门户网站里，由根据其提供的资源的类型不同而分成不同的目录，再一层层地进行分类。人们要找自己想要的信息可以按照分类一层层进入，最后就能到达目的地，找到自己想要的信息。"（引自网络）

这种搜索方式和搜索途径虽然能精确找到信息，但需要大量人工介入，而且能提供的信息量有限，信息更新也不够及时。不过，这个局面很快就被以百度为首的主动搜索引擎公司打破了。

1999年年底，身在美国硅谷的李彦宏看到了中国互联网及中文搜索引擎服务的巨大发展潜力。他毅然辞掉硅谷的高薪工作，携搜索引擎专利技术，于2000年1月1日在中关村创建了百度公司。

2003年6月，百度超越谷歌，成为中国网民首选的搜索引擎，也是全球最大的中文搜索引擎。如今，百度市值超过430亿美元，是名副其实的"巨无霸"公司。

在主动搜索时代，我们搜索信息比之前方便多了，随便输入一个关键词，百度上便有了信息。但这时，我们要分发和传播自己的信息源，仍然没有那么便捷，信息源主要集中在各种门户网站里。

直到主动传播时代的到来。

主动传播时代

随着互联网的发展，我们陆续可以看到，一些事件的爆发路径悄然改变：网友在微博上发布了一条信息，进行了一次"爆料"，信息随即被大量转载，最后成为新闻热门。

这种"网友发布信息—大量自发传播—成为爆款"的链路预示着：每个人都可以发布且传播自己的所见所闻、观点文章。在自媒体/移动互联网时代，网友们从以搜索信息为主的用户，慢慢变成了发布传播信息的主体。

要认识主动传播时代，就得先了解自媒体。

自媒体的概念随着近几年微信公众号成为国民日常，深入人心，任何想要表达自我的人都可以通过微信公众号、微博、短视频等各种平台表达观点，与舆论博弈。并且，中国自媒体的发展极为迅速，在近20年内陆续出现博客、微博、微信、直播平台、短视频平台等多个发展阶段，目前已经进入以短视频平台为代表的自媒体新时代。

短视频平台是以快手、抖音等为代表的信息发布平台，用户可以在平台上发布不同长度的短视频。而这些短视频的信息分发逻辑与之前存在明显差别，以抖音为例，它会收集用户行为数据，并根据用户的喜好精准推荐短视频。例如，一个经常看美妆、旅行相关内容小视频的用户，未来收到美妆、旅行相关的短视频也会越来越多。长此以往，该用户的世界就会被自己喜欢的内容充斥，因而在抖音流连忘返。

此外，在自媒体爆发后，我们的流量结构也发生了很大的转变。原本我们想找一个信息时，可能会用百度搜索，然后被链接到一个门户网站上。而现在，我们更多的是订阅某个领域非常专业的老师的公众号，去朋友圈里发问，或者去看看一些知名知乎大V对这类信息的回答。

传统媒体的控制者是专业媒体机构，它们无法决定信息的接收者，且传播范围有限。而自媒体的控制者是个人，信息接收者既可以是关注自媒体的群体（如粉丝）或信息转发者的关注者（如朋友圈好友），也可以是关注自媒体平台某类信息的偏好者（如今日头条等智能分发平台的用户）。

不论哪类自媒体，其传播模式都具有网状多样化的优势，利用即时、裂变、互动等交互行为，形成了节点共享的效果，几何倍增式地放大传播范围。只不过微博、微信更倾向于封闭的粉丝圈，在粉丝数量有限时，传播范围就会受限。而开放的信息发布平台不受限于粉丝，也分发给感兴趣的陌生人群，信息被平台推荐得越多，传播范围就会越大。

换句话说，在互联网/自媒体快速发展的今天，只要你识字，只要你有一部智能手机，任选一个信息发放平台，你就拥有信息生产的权利，就可以随时随地发布消息。

在主动传播时代，新闻的写作和发布已经变得碎片化、实时化了，任何一个普通的公民个体都拥有了信息的生产权和发布权。信息，不再是精英的游戏；信息垄断，也被互联网打破了。

人际传播时代

信息大爆炸

又是一个工作日，你起床，打开微信，一堆公众号给你推送了各种信息，打开列表里的几百个公众号，你都分不清哪个是哪个，推送的消息内容也大同小异。而你的朋友圈也充斥着各种心灵鸡汤和微商卖货信息。

在这个信息大爆炸的时代，越来越多的广告和信息让人眼花缭乱，广告的质量和信息的真实性也变得无从保证，甚至某些犯罪分子还利用漏洞实施犯罪。根据《中国互联网络发展状况统计报告》，截至2020年3月，43.6%的网民表示过去半年在上网过程中遭遇过网络安全问题，比如个人信息泄露、网络诈骗、设备中毒、账号或密码被盗等。

信息同质化加上网络虚假信息泛滥，也导致了"信息脱敏"。而互联网脱敏引起的市场供需变动，也加快了传播媒介的迭代。

再后来，互联网获客成本越来越高，某医美公司甚至需要花费高达5000元的成本获取一个精准流量，这在线下可能只需要500元。当线上获客的红利逐渐消失，线下流量往往比线上流量来得便宜且精准。

与此同时，渠道传播进一步发展。借助自媒体、看朋友圈、软件等搜索方式，给我们带来无数令人烦躁的同质化信息。

因此，我们逐渐开始屏蔽掉我们的朋友圈，开始在自己的小群里讨论一些问题，推荐物品，我们把这种传播方式称为人际传播的时代。人际传播，也就是"人即渠道"的传播方式，在这种传播方式下，每一个精准个体都将会成为新的渠道。

践行人际传播方式的典范，就是2019年最火的概念：社交电商，即基于社交关系的传播带来大量流量并销售商品的电商模式。

你的亲人在小群里发了一条海南火龙果的推荐，正在你点开链接看商品详情时，许久不联系的朋友突然让你帮他在拼多多里"砍一刀"……这就是当前社交电商模式的一大特点：情感加利。

如果你在朋友圈分享一款商品，你的朋友看到可能会问你哪里买的，你也许转手就发给朋友一个购买链接，朋友则会基于你们的信任关系下单。在这个过程中，你们对关系的信任转变成对品牌的信任，这就是情感加利。情感加利的本质是通过两个朋友之间的信任与分享产生大量订单。

这种频繁互动促进了社交电商的发展,而这种模式却有一定的"屏障":它的"护城河"太宽太高了。社群的内部有广泛的交流,但社群的本质是排外的。电商两大巨头淘宝和京东,一直就想打破这种壁垒,但却一直停滞不前。

这时,拼多多的出现,打破了这个壁垒。

史无前例的"拼多多"

拼多多的案例很好地验证、诠释了人际传播时代已来临。

2015年,市面上所有流量公平的市场都已被以淘宝、京东为首的电商平台占据。2015年9月,拼多多正式上线。2016年2月,拼多多单月成交额破1 000万元,付费用户突破2 000万。2018年,拼多多上市。

究竟是什么方式,让拼多多在短短3年时间内完成如此迅猛的发展呢?

要回答上述问题,不得不分析拼多多的产品发展模式。从拼多多的产品模式分析来看,拼多多的用户类型大体可分为三类:第一类是主动发起团购的团长;第二类是收到邀请的参团人员;第三类是平台商家。

它通过砍价等激励方式,成功地把这些商品链接打入用户的家族群、朋友群,完成了淘宝、京东等竞争对手都不曾做到的"壮举",打破了社交与电商的天然壁垒。

拼多多充分利用了其受众群体(低价电商平台对应的较低消费水平人群)对价格的敏感度极高的特点,以明显的价格优势来激励个体用户去拉新人,使得用户不断增长,最终实现个体社交关系的流量变现。云集、趣头条等的商业模式与拼多多类似,都是通过一传百、百传千、千传万的人带人方式进行流量变现。

而到现在,超级个体时代已经来临。

超级个体时代

直播能带任何货，作为电商平台的万能解药，"直播带货"似乎为广大电商找到了实现用户增长、流量变现的新途径。电商直播还一度被称为"移动互联网四大发明"之一登上热搜。

直播电商火热的背后，意味着超级个体时代已经来临。

前文提到的辛巴已经有4家自己的公司，他直播卖的毛巾、牙膏、面膜甚至加湿器等产品，都是自家生产的。他一个人"双11"一天的战绩，可以超过一些连锁超市一年的销售金额。淘宝"双11"预售首日，薇娅在直播间中预售的商品总值，已经是10亿元量级。"双11"当天，李佳琦更是创造了奇迹，开场10秒钟就卖了1万瓶洗面奶，各种口红、美妆护肤产品不计其数，前后短短半月左右，成交额预估在20亿～50亿元量级……

对于这些顶级网红主播来说，睡觉都是浪费时间。

上面的所有例子都在向我们证明，"个人大于公司"，甚至是"个人主宰行业"已经逐渐成为大趋势，众多网红和KOL（关键意见领袖）已经积累起巨大的流量，继续吸纳更多的资源，把个体融入网络，变成节点，最终成为压倒性的渠道赢家。我们必须留意这个时代的人际传播与超级个体传播，否则一不小心我们又将错过时代。

自主就业将成为政策支持的大趋势，继超级个体之后，越来越多的普通人将以全新的身份加入到商业建设中来。很多公司都在用类似的方法抢占新的渠道资源。云集在全国范围内拥有100万个店长；苏宁向全国招募10万名校园大使；淘宝推出了自己的社交平台淘小铺，把原来的C端店铺和B端店铺变成了供应商，将一群有影响力的KOC[1]当作新的增长渠道……

---

[1] KOC，即关键意见消费者（Key Opinion Consumer），是指对自己的朋友、粉丝的消费行为有影响力的消费者，相对于KOL来说，KOC的粉丝数更少，影响力更小。——编者注

但说到KOC的带动作用，更典型的案例，一定是电商直播。

2019年，电商平台借助直播带货迎来了行业的"第二春"，各路直播平台异常火爆，催生了一系列网红带货主播。2020年的疫情更是加快了电商直播的发展进程。线下门店停业，户外活动取消，居家时间变长……这一切都为网络电商的直播销售提供了条件。

国家发改委等13个部门公布的文件明确鼓励发展新个体经济，进一步降低个体经营者线上创业的就业成本，支持微商电商、网络直播等多样化的自主就业、分时就业。另外，还倡导大力发展微经济，鼓励"副业创新"。探索适应跨平台、多雇主间灵活就业的权益保障、社会保障等政策。

2020年疫情暴发以来，饿了么的"00后"骑手数量同比增长近2倍，1.2万名大学生在疫情下选择兼职送外卖增加收入，这些都是新个体经济逐渐崛起的标志，值得我们进一步思考与探索。

02
PART
面、线、点：
全场景渠道赋能

　　围绕全场景来构建激励体系，让每一个场景都能成为连接商业价值的渠道，通过渠道赋能对用户进行分类筛选，是全场景渠道赋能的全过程。

　　在数字化生活中，每一个人都被无数"智能场景"连接，越来越多的人习惯了被各种场景连接包裹的世界，物联网技术会进一步让整个物理世界成为数字化镜像的一部分，追求极致体验的互联网技术正在不断缩短人们与需求之间的距离。

　　虚拟世界与物理世界的界限越来越模糊，二维码无处不在，NFC[①]随处可用，微信小程序2019年的成交总额（GMV）已经超过8 000亿元，苹果也在iOS14中推出了名为"App Clips"的小程序，App Clips比微信小程序更底层，可以通过系统自带相机扫App Clips码，也可以触碰NFC卡片或标签触达，还可以通过浏览器链接、iMessage分享、系统地图App跳转、App资源库等方式激活查看。可以预见，未来的手机终端将会具备物理世界的无缝连接与启动，全

---

① NFC，即近距离无线通讯技术（Near-Field Communication），是一种可以让两个电子设备在几厘米内实现通信的技术，支持 NFC 的电子设备可以实现银联闪付等功能。——编者注

渠道场景赋能就是建立在一个无处不在数字化世界背景下的"全新概念"，一切皆为入口，一切皆可赋能。新数字（DIGINEW）机构在项目实践中总结了一套围绕"用户激励"系统展开的"全场景渠道赋能方法论"，帮助企业以数字化方式构建一个无处不在、可激励的全场景渠道赋能体系。

魔力！5.5 亿人上支付宝种树

"今天走路步数1万步，获得200克能量。""线下消费满1元，获得5克能量，每月上限10笔。""利用支付宝交电费、水费、燃气费，每个月可获得一次283克或者915克能量。""支付宝购买电影票，一次可获得400克以上能量，每月上限10笔。""通过12306或飞猪使用支付宝购买火车票，一次200~500克能量，同样是每月上限10笔。"……

如果在网上搜索"支付宝种树"，你就会看到成千上万份类似的攻略——这都是网友们在一次次能量收集中积攒的宝贵经验。如果你打开微博，更是能看到无数用户在微博上每日打卡分享，甚至还会有人每天定时定点在蚂蚁森林里偷好友的能量。在2020年的"Inclusion·外滩大会"主论坛上，蚂蚁集团首席执行官胡晓明透露，蚂蚁森林出现的4年中有5.5亿人在支付宝上"种树"，累计碳排放减排1 200万吨，种植树木超2.23亿棵，均分布在沙漠养护带，造林面积超过306万亩，相当于两个半新加坡的国土面积。

你可能不太理解，为什么会有这么多人热衷于这项看起来有些无趣的种树活动，事实上这恰恰是数字化激励的魔力。蚂蚁森林中的能量，就是一种数字化积分，用户通过能量可以换取真实世界中的树木。用户在线下消费、运动、低碳生活的同时能获得能量，对环保做出贡献，以趣味性的方式实现多重利好，用户自然会乐意自发参与。阿里巴巴通过能量积分激励用户种树，不仅保证了用户活跃度与用户黏性，还收获了良好的社会声誉。

数字化激励就是通过数字化积分，在超微个体层面实现激励的机制，效果极好。数字化激励往往是企业与用户互利，用户在激励机制中获得利益，而企业从中达到目的（如拉新、促活、扩大知名度等）。除了蚂蚁森林之外，数字化激励的方式还有很多，比如拼多多的砍价助力，得物App的分享抽奖，趣头条的用金币激励用户等。

上述所有激励方式，无一不体现出数字化激励的一大特点——人人获益。

场景激励：人人获益的数字化激励

趣头条是一个完全依靠数字化积分体系运作的资讯类App。

当用户注册这个App之后，所有的行为都会得到奖励，例如阅读文章会获得10金币，查看推送链接会有10金币，晒收入会有50金币，唤醒好友会有1 000金币，邀请好友则是直接得到现金奖励。用户每天做任务获得的所有金币，都将在第二天凌晨清零，直接转换为人民币储存在其账户中，供用户提现到支付宝或微信。

相比蚂蚁森林的能量，这是另一种更有实感的积分激励——可兑换为现金的金币。

对有的人来说，趣头条金币只是另一种形式的"烧钱"补贴。趣头条为了保证用户活跃度，还对金币提现有诸多限制，例如用户无法直接提现所有积分，而是需要每天使用App，获得特定数量的金币，才能提现相应金额的钱。

实际上趣头条的逻辑与滴滴"烧钱"补贴完全不同。滴滴"烧钱"补贴是通过资本融资再补贴，相当于把资本的钱直接给消费者，凭此抢占市场。但是趣头条则是人人获益的逻辑，本质是将用户的贡献用数字化积分的方式确定，再把当天总毛利中的一部分分给做出贡献的消费者。

不论是哪一个产品的成功，都离不开用户的付出。如果分众传媒的电梯广告没人看，分众不可能获得收益。如果没有人愿意用滴滴打车，那滴滴也不可能成为出行市场龙头。用户对这些产品的贡献因为难以精确计算等原因被忽视，而趣头条数字化激励的先进之处在于从根本上正视了用户对产品、企业的贡献，不再将用户的贡献视为理所当然。

数字化激励不只是简单地用利益驱动用户行动，而是根本上改变了企业与用户之间的关系，让用户发现自身行为的价值所在，给用户提供了另一种形态的工作变现。所以数字化激励的人人获益，本质上是用户与企业共同合作，各自通过努力推动产品发展，再根据各自的贡献获得收益。这就将原本权力不平等的关系变成了平等的合作关系，这才是数字化激励的根本。

渠道赋能：从人人获益到渠道资本化

如果想做成一件事，那最好的方式是让参与这件事的人都能从中获益。只有参与者都能获得收益，事情才能良性运作。

格力空调的成功，便是通过数字化激励成功实现了品牌方、渠道方和用户三者获益共赢。

在未来，数字化激励将不会止步于用户激励和渠道激励，而是会向渠道资本化方向发展。

渠道资本化就是通过数字化充分赋能每个环节，使得每一个层级都能实现流量价值与传播价值最大化。对擅长激励用户的互联网公司来说，如果能强化渠道，用户的能量将被进一步强化，企业就能获得新的增长空间。对擅长激励渠道的传统公司来说，如果能进一步激励用户，将积分和企业红利、销售红利进行某种捆绑，就能让传统企业多年的门店、经销商、代理积累的人际渠道红利与策略转化为更大的价值。

传统行业里，第一个一定程度上体现了渠道资本化、吃到螃蟹的企业是格力。格力成功通过数字化激励既有渠道，从中获取巨额收益。

2020年8月1日晚8时，格力董明珠店在河南洛阳正式开业。直播当天，河南线上线下格力董明珠店同步营业，最终达到销售额

101.2亿元。这进一步打通了格力线上与线下的闭环销售，"线上下单+线下体验"的格力新零售模式清晰落地。新零售模式给格力公司带来了巨大的利润，也让格力和其他公司更加坚定了数字化道路。格力的成功并不容易，这是其巧妙利用数字化激励的结果。

格力第一次尝试直播卖货时，踌躇满志但出师未捷，折戟沉沙，收入惨淡。但它并没有气馁，而是换了另一种逻辑直播。第二次直播不是格力总部的独角戏，而是格力与全国几千家经销商的组合技。

格力当时销售额一再刷新纪录，离不开三万家线下门店的共同努力。格力在家电领域深耕20年，渠道底蕴深厚，只是之前一直没有连通线上线下，导致大量资源浪费。但后来格力用数字化的方式统计每一个渠道，让门店传播消息，并把门店传播带来的流量贡献以数字化的方式锁定，再通过提成和积分的方式奖励经销商。因此格力直播一开始，其几千家经销商，立马会把身边的每一个用户都拉到格力的直播间，引导用户下单消费。这相当于将线下渠道收集的用户资源，全都一次性导流到线上引爆。为什么线下经销商愿意与线上联通？因为每一个用户的购买消费，都将直接转化为对经销商的奖励。这样经销商和总部的利益被直接连接，经销商为了自己的利益便会努力传播消息，刺激消费，而格力总部也可以从中获利，这就是一个完整的数据化激励链条。

在这个过程中，原本是对立关系的格力电商渠道与线下渠道，经过数字化激励达到利益共生，从原本带有摩擦的零和关系变为共生共赢的盟友关系。在这个过程中，不仅品牌方和渠道方获益，消费者也切实获得了利益。

说到底，渠道资本化就是将用户激励与渠道激励相结合，彻底赋能每一条渠道、每一个用户，实现价值最大化。渠道和用户在未来必然是密不可分的一体两面，而我们相信，这就是数字化激励未来的模样，也是每一个企业不可错过的增长路径。在线上渠道红利逐渐消退的同时，很多聪明的企业开始重回线下战场进行低成本的流量获客。

03 线下线上一体化

10 万+计划

对很多传统企业管理者而言，时代的风向总是让人捉摸不透。十几年前互联网逐渐兴起，阿里巴巴、百度、腾讯等互联网企业不只是在线下获取流量，而是重点把流量带到了线上。

那时传统企业的管理者完全没有跟上节奏，继续在线下耕耘。直到后来互联网直接冲击着传统企业的线下销量，后者才开始向互联网转型。但正当传统企业花了大量资源"接入"互联网时，互联网企业又杀了个"回马枪"，重新在线下开辟战场。看起来是传统企业的管理者思维总是慢半拍，但实际是互联网时代的发展速度实在太快。流量不像天然气等传统自然资源，能经得住几十年发掘。才过了几年，线上红利就迅速枯竭，我们需要重回线下战场。

线上"红海"少红利

在互联网里摸爬滚打，就像20世纪去旧金山淘金追梦。听说那里有金矿，淘金者便收拾行囊，匆忙上路。殊不知金矿储量有限，流量洼地没两年就变成了流量荒漠。过去的互联网世界宛如一张白纸，一般产品就能低价获取大量用户。而现在，产品让人眼花缭乱，用户也越发挑剔，获取用户的难度逐渐从新手级飙升到噩梦级。之前的好日子，也一去不复返。各大互联网企业苦思冥想，试图寻找新的出口。结果惊奇地发现，之前被他们视作弃履的线下流量，正是企业增长的下一个风口。

在线上红利时代，获取用户的成本极低，可能几角甚至几分钱就能获取一个用户。但在流量末世，线上成本飙升，线下获客成本反而极低。形象点说，线上和线下的成本区别，可以理解为300块钱和一个气球的区别。靠着线下地推成功的典型代表是美团，美团依靠着极其强悍的地推铁军，以线下战场的胜利谋取线上战场胜利，这才在"千团大战"中脱颖而出。

在入局新赛道时，美团延续了自身的地推优势，打算用这套线下地推的打法再下一城。如果生活在济南，在小区门口看到大爷大妈向你推销美团买菜，你无须意外，这样的"团长"在济南比比皆是。2020年6月，美团将社区团购的首个试点城市选在济南，短短三个月就在济南发展超出4 000家团长，其中包括宝妈、超市、烟酒店、快递店等，快速在济南获得大量线下地推人员。这些团长在高出同行业10%的返点刺激下，像打了鸡血一样在周边社区推广美团买菜。美团的地推逻辑一定程度上体现了数字化思维，实现团长与美团的双赢：团长靠在社区周边推广业务获得返点，而美团依靠线下地推大量获客，攻城略地。在大量地推团长的努力下，2020年9月初，美团优选在济南地区的日订单量便已经突破10万单。如果只通过线上渠道，想在三个月内达到同样的成绩，需要烧几何倍数的资源，这就是线下地推的优势所在。

很可惜，线上红利终结之后，许多企业依旧陷在互联网思维惯性之中，每天想方设法花大价钱获客，但效果极差、效率极低。在这期间，一些有意识、目光长远的个人或团队，已经重回线下，在用线下新战场突破企业增长的困境。

线下"蓝海"谱蓝图

支付宝团队研究了很多年，要如何把支付宝推广给更多的人群。最后，他们发现一件事：要想让人人都使用支付宝，关键并不在于C端，而在于B端。即重点不是在线上找到每一个用户，让用户下载支付宝，而是搞定线下商户。当线下商户接受支付宝时，便会倒逼用户使用线上支付。举个例子，支付宝可以通过利益驱使商户使用支付宝，这样商户会继续促使用户用支付宝付费。遍地都有的小卖部、小商家，都在线下而非线上，针对他们进行推广，便能给支付宝带来大量线上用户。因此，支付宝带着铁军，在线下展开了大规模地推。大规模地推，就是将支付宝二维码迅速普及到数百万商家当中去。到现在，即便在农村的一个普通小卖部里都能看到支付宝的二维码，其普及度是相当高的。这是从互联网转战线下的一个非常经典的"战役"。

支付宝的另一个获客妙招，也同样是巧妙地利用用户心理在线下场景获客展开。

很多爷爷奶奶没有使用过支付宝，但在"双12"时因为线下补贴，初次下载了支付宝。老人们大多勤俭节约，希望能省一点是一点。当他们发现注册支付宝后用支付宝付款能省一半的钱时，自然非常愿意注册并消费。例如，支付宝曾经在"双12"时和百果园合作，给百果园提供补贴。在"双12"当天，只要用户使用支付宝付款，立马享受五折优惠。这样的优惠成功刺激了大量对价格敏感的老人。就算是对手机半懂不懂的老人，都主动拜托工作人员帮忙下载支付宝客户端。经此一役，支付宝的用户数量增长明显，吸引了大量中老年用户。

淘宝也经历了线上线下的转变。淘宝经历了三个阶段：首先是给商家提供服务，然后是为用户提供服务，最后是为个人提供服务。这三个阶段实际是经历了三个不同的推广逻辑，前两个主要是在线上，但是它们都慢慢碰到了无法冲破的"天花板"。因为如果要在线上获取100万个商户，成本会高到无法估计。高额的流量成本和企业的流量焦虑始终是企业头顶的达摩克利斯之剑，你永远不知道流量何时会枯竭，何时会涨价，何时你会难以接受。

在2014年的时候，高价的智利车厘子被送上白领的餐桌，这是因为这些白领拼团购买，就可以以极低的价格得到大颗果肉饱满的车厘子。此时传统的1 000家线下公司就特别痛苦，因为他们发现自己正在被线上的这种流量集中和资本补贴的方式快速抢走用户。这段时间，线上平台如雨后春笋一样纷纷冒头。比如当时特别火热的天天果园，以及亚马逊投资的生鲜电商，在那一阵都极其火爆。但是随着时间的流逝，他们渐渐发现获取流量的成本居高不下，而且这些流量没有黏性，没有下沉，没有物理世界的入口。当线上补贴热潮过了之后，想再一次激活这群用户，得继续花费巨额的成本流量，但是此时他们已经没钱投放流量，就只能等着被淘汰。

线上流量的枯竭，驱使企业在线下掀起新一轮大战。但不论是线上还是线下，流量像传统化石能源一样不可再生，再多的流量总有耗尽的一天，烧钱引来的流量也会像潮水一般退去。在这样的局势下，有没有其他方法可以解决这个近乎无法解决的永恒悖论？

流量如何可再生——构建流量仓

前面的章节我们讨论了流量进化的过程，线上流量获取的难度越来越高，流量正朝着去中心化的趋势持续发展，线上获取流量的成本越来越高，越来越多的数字化先行者开始通过数字化链接的方式，整合线下星星点点的物理流量入口。与过往的线下传统模式不同，这一轮的线下整合是建立在数字化链接的基础之上的全新玩法。

我们将这种全新的玩法定义为"流量仓"。流量仓指的是通过数字化激励体系，构建一个开放式、无边界的线上线下一体化全渠道赋能场景。

流量仓实际上是一种全新的数字化整合，将线上社群、线下社区店和渠道捆绑在一块儿，实现线上线下一体化。流量仓将线下网点变成新的流量入口，迅速将流量聚合，极大地降低流量成本，拓宽销售市场。

流量仓在社交电商战局中诞生，给如火如荼的战局带来一种新思路：线下门店获客成本极低，可以在线上展示店加线下核心店的架构上补充无数个社区、迷你渠道，以此触达用户。

苏宁的案例就正好证实了这一点。苏宁以线下店而闻名，当它发现电子商务的浪潮已经不可逆转，便勇敢地自我改革，顺浪而上。它一口气砍掉所有无效业务，拉平线上线下价格线，希望追上互联网的浪潮。但相比其他纯互联网电商，苏宁因为线下还有很多门店，还需要承担额外的房租和人工等成本，压力很大。在历史的浪潮中，晚一步就要付出巨大代价，但苏宁并没有放弃。价格线它晚了一步，晚了一步出发就失去了很多优势。但好公司成功的秘诀就是：它并没有放弃。

苏宁一直在做两件事：一是产品向上，二是渠道向下。在2019年，苏宁提出了"大店加小店再加个体"的结构。大店就是苏宁的超级大店，未来会变成仓储中心。小店就是基于社区，以城市核心店为单位，布局在上百个社区的小店。这样的小店可能没有气派的装修和宽敞的展示间，但是就在小区楼下，给你的生活提供便捷有力的支撑。个体就是苏宁的合伙人。苏宁提出了"10万+合伙人计划"，希望能在全国范围内招募到10万个苏宁的代表和合伙人。这10万个合伙人就相当于淘宝的淘宝客和淘小铺的推广者。苏宁希望通过合伙人计划，获得一批连接线上社群和线下社区的中间人。这群中间人相当于苏宁的导购员，利用激励机制，他们可以更精准地触达用户，快速激活并放大苏宁的优势。他们还可利用数字化积分激励系统，推出苏宁云钻，在用户消费之后提供额外的云钻奖励，刺激用户消费。

在苏宁之后，其他传统企业也做了类似的尝试。例如，这几年风头正劲的樊登读书会。樊登读书会是由知名央视主持人樊登创办的线上线下一体读书机构，以"每多一个人读书，就多一份祥和"为愿景，以"帮助3亿国人养成阅读习惯"为使命。截至2020年8月1日，樊登读书会的用户数已超过3 700万，用户收听量达9.8亿次。在线上，樊登读书会通过App、微信公众号等形式沉积流量，线下则在各地开设分会，给会员提供线下体验。早在2013年年初创立时，樊登便着手布局线下，在中国广大的县城层级打造小型阅读空间，打造下沉市场。线下强调空间数量，线上强调传播效果和范围，用线下空间承接线上线下传播。当樊登读书会的用户通过公众号或者App等线上方式收听到相关内容时，他们会发现离家500米的地方，有一个线下阅读空间。这个阅读空间是一个用户间交流体验的场所，还能实现"同好阅读交流、分享"等复杂场景功能。在我们看来，樊登读书会还承担着流量收集器的作用，流量收集器恰恰就是流量仓的本质。换言之，樊登读书会也是一个流量仓。

我们认为流量仓是未来每一个有志于创造新零售产业的公司都需要思考的架构。像现在百果园拥有5 000万数字化会员，它的基石是在全国的5 000家门店及其线上群。一家门店可能有1～2个群，每个群大概有500人，加起来就有两三千万人，这其实就是一种流量收集器。流量收集器会使企业彻底摆脱投放展示、购买推广的获客方式，降低整体流量获取成本，回归到一种更尊重人的、更符合常理、以基于线下社交来获取流量的获客方式。

线上线下一体化的本质是整合社会闲散资源。樊登读书会、百果园等企业无疑迎合了中国当下最新的国家政策：自主就业和灵活用工。国家一直希望推进这一政策，以整合零散劳动力，但效果不显著。而我们就希望通过流量仓，用数字化的方式激励人们完成自主就业与灵活用工。在这一大政策背景下，每个企业所需要的岗位，他们所需要创造的终端，都会十倍甚至百倍地扩大。一个1 000人的公司，有可能需要2万人的渠道。这些人通过自主灵活、小成本、小投入的方式，参与到一个销售网络的协作中，这将催生两种不同类型的公司。传统的公司被称为"犀牛式公司",它们强大,但行动笨拙,不够灵活;新型公司称为"章鱼式公司",它们柔软,触角丰富,能够渗透到市场的每一个角落。

流量仓是一个新的玩法,一种新的概念,一个新的机制。这种线上社群加线下社区的逻辑,就是把线上线下变成一体两面,得出最优解。一个企业如果在未来的商业竞争当中成功地建起流量仓,它就能以最低的获客成本,获得最大的用户红利。

我们期待这样的改变,我们期待这样的机制能够改变中国乃至世界的商业格局,大家携手并进,走向数字化商业的未来。

04
PART 新零售的崛起和社区商业

纯电商的时代很快会结束，未来的10年20年，没有电子商务这一说，只有新零售这一说，也就是说，线上线下和物流必须结合在一起，才能诞生真正的新零售。线下的企业必须走到线上去，线上的企业必须走到线下来，线上线下和现在的物流合在一起，才能真正创造出新的零售。物流公司的本质不仅仅比谁更快，而是谁能真正消灭库存。这才能真正达到所有的物流真正的本质。

——马云 2016杭州·云栖大会

2016年10月13日，来自世界各地的四万人汇集杭州云栖小镇，参加主题为"飞天·进化"的2016杭州·云栖大会。在主论坛上，阿里巴巴董事会主席马云掷地有声地提出"新零售"这一概念，标志着新零售时代正式来临。在马云眼中，新零售将从根本上改变原本的零售行业。

"新零售的诞生又会给纯电商带来冲击，对线下也会带来冲击。" 马云金句频出，"必须打造新零售，原来以房地产模式为主的零售行业一定会受到冲击，今天不冲击，你活的时间也不会太长。"

新零售将线下实体店和线上网购两大渠道整合，实现直观体感与便利性兼顾，满足消费者多样化的需求。对用户而言，新零售意味着"更具实感的便利"，可以实现线下逛街、线上购买、线下感受的多场景结合，体验感显著增强。对企业来说，新零售意味着"全方位联通"。各个场景和渠道中的信息、资金、流量、货物连接为一体，就像一张大网一样，实现自由流动，极大地提高了运作效率和资源利用率。

新零售的核心是物流、数据与体验，新零售利用在线上线下各场景积累的用户行为数据服务用户，利用高效的物流实现货品快速配送，通过线上线下配合增强用户整体体验。

在2016杭州·云栖大会之后，新零售一跃成为2017年最火热的概念，许多传统线下零售巨头开始向新零售转型，例如永辉超市旗下的超级物种；线上互联网巨头也开始布局新零售，其中典型的就是阿里巴巴的盒马鲜生。

2020年10月1日，盒马鲜生上线"盒马鲜生X会员店"，对标Costco，成为首个售卖活鲜的仓储店。除此之外，"盒马鲜生X会员店"将配送范围扩大到20公里，承诺"半日达"，还推出了自有品牌"盒马MAX"。不难看出，盒马鲜生将品牌口号"鲜·美·生活"贯彻到底，以供应链为核心点实现配送范围、配送速度、品类数量的各项突破，让更多用户以更快的速度拿到更多种类的新鲜食物。盒马鲜生作为新零售的代表品牌，最突出的特点便是实现用户线上线下体验一体化。不论用户通过盒马App进入，还是通过线下零售门店进入，都能获得出色的用户体验。

从第一家盒马鲜生落地上海金桥，这条"鲜美"之路，盒马鲜生已经走过了四年。2016年2月，阿里巴巴推出筹备两年多的新零售品牌"盒马鲜生"。盒马鲜生实现了生鲜超市、线下餐饮、仓储运输三者合一，通过电子标签、货品数据和App实现线上、线下全渠道融合。盒马鲜生可以通过App向用户推广，用户也可以用App在线上下单。盒马鲜生利用门店的全自动分拣系统打包，专职骑手配送，三公里内用户半小时内就能收货。如果用户是在盒马鲜生线下门店购物，也能真实地感受线下门店购物的体验，购物结束后可用App结算。除此之外，还可以支付加工费，让盒马直接加工食材，实现"从货架到餐桌"的直接体验。

目前，盒马鲜生已经在全国范围内搭建起冷链物流系统，成功实现线上线下统一的会员、库存、价格、销售和支付，实现对用户可识别、可触达、可运营、可服务和全链路数字化运营，这被称为新零售1.0。

盒马鲜生CEO侯毅在2020联商网大会的演讲中更进一步提出"新零售2.0"概念，认为我们已经进入了新零售2.0时代，线上线下将真正实现不再区分。

新零售2.0时代

新零售2.0的核心就是线上线下全渠道运营与销售，具体有以下几大特征。第一，线上全渠道和线下全渠道变为互不可缺的共同体，绝大部分业务可能都在线上完成，而线下负责品牌营造和流量获取，谁也离不开谁。第二，建立统一的商品体系和完整的物流供应链体系，支持全渠道销售，用户不论在哪个渠道都能以一样的价格获取一样的商品。第三，公域流量和私域流量的统一运营，不论是沉积在盒马App的"公域流量"，还是沉积在淘宝店的"私域流量"，完全可以根据其不同的定位，采用不同的策略同时运营。第四，线下多场景流量获得，线上多场景实现转化。线下盒马目前已经有盒马鲜生、盒马MINI、盒小马、盒马F2、盒马X会员店等多个渠道，线上则有盒马App、盒马天猫店、支付宝小程序等多个渠道，当线上线下实现全渠道联通，就会爆发出完整强大的用户势能。第五，自营和平台运营双轮驱动，在自营带来大量流量后，平台化运营则将实现利润进一步扩大。

新零售2.0的概念显然已经超出传统电商与零售、线上与线下的区分，不再聚焦于商品，而聚焦于人的需求，通过整合全渠道满足同一个用户不同场景下的精细需求。全渠道已经从趋势逐渐变为现实，同时新零售必将进一步发展，新零售3.0乃至新零售4.0已不再遥远。

奔驰的案例

2020年，疫情无疑加速了各行业在新零售方面的探索。梅赛德斯－奔驰的"最佳客户体验"战略，就是顺应新零售发展趋势的选择。

梅赛德斯－奔驰从2013年就发布了这一战略，希望融合线上线下的销售与服务，给用户提供更好的集成体验。2020年6月，梅赛德斯－奔驰又在疫情的倒逼下，推出了数字化无接触解决方案，进一步升级一系列数字化销售与服务流程。

目前，梅赛德斯－奔驰已经建成以网站、微信、应用和车机为四大主体的线上数字化平台，进一步实现云端用户服务与线下零售门店的结合，为企业数字化进展赋能。"梅赛德斯－奔驰EQC在线展厅"小程序也上线开放，为用户提供3D看车、试驾预约，以及线上购车、轮胎一键换新，线上售后预约等多种线上服务，让用户足不出户就能感受到极强的互动体验。

梅赛德斯－奔驰的线下零售触点也多种多样，目前已经包括经销商店、城市展厅、EQ体验站、Mercedes me体验店等多种形态，给用户提供更为丰富的线下数字化服务。例如，研发数字化检测仪：当车辆通过时，检测仪将读取车牌，测量胎面花纹深度，并拍摄包括底盘在内的车体各个部分，进而为用户检测车辆健康，并将可见损伤告知维修顾问，将车辆健康信息以直观的方式向用户展示，为用户提供决策信息。如果用户有车辆需要维修，梅赛德斯－奔驰还开发了"可视化车间"，当车辆抵达维修车间后，服务顾问会用视频的形式详细地向用户说明，建议选择哪种维修保养服务，并将建议服务报价与视频一同发送给客户，便于用户最终决定。

预计到2025年，梅赛德斯-奔驰80%的服务预约和25%的乘用车全球销量将来自线上，这样的趋势变化值得我们关注。

扫描二维码，发送【全渠道传播】获得数字化时代传播方法论，指数级放大传播势能！

本章思考

1. 当流量聚集从媒体到个体，你觉得这种模式是否存在一些弊端？

2. 当个人积攒起巨大的势能，就会变成超级个体，成为压倒性的渠道赢家，企业应该如何适应这个趋势？

3. 你觉得与传统激励相比，数字化激励具有哪些特点和优势？

4. 面对流量枯竭，你如何看待构建流量仓这一尝试途径？

08
CHAPTER

第8章

数字化资产

数据，未来三十年最有价值的资产。

沉淀数据资产，开采数据金矿

不管是大型集团，还是中小企业，无论是toB企业，还是toC企业，一体化数字化战略是数字化升级的核心理念，贯穿这一理念的核心动作则是：构建数字化资产，开采企业数据矿场。

在第八章我们将围绕数字化资产展开讨论，通过对数字化资产的理解，企业在经营的过程中才会潜移默化地抓住和沉淀数字化资产。提到数字化资产，很多朋友普遍会觉得比较抽象，难以对其准确定义，本章将系统地对数字化资产进行阐述和拆解，并引入一些不被大众熟知的前沿案例来进行解析，以确保大家对数字化资产能够有清晰的认识。

在数字化战略架构中，数字化资产是贯穿始终的底层激励系统，每一个企业都承载着解决某个社会问题的使命，而每一个社会问题背后都有一座巨大的金矿，解决问题就是挖掘金矿的过程。每个企业都是一座无形的"数据矿场"，正确地开采自己的数据矿场，是企业领导者要深刻认识的命题。

数字化资产的形成是一个完整的体系，我在2014年曾担任百果园集团电商公司总经理。在百果园互联网数字化升级改造过程中，我提出了"数据化战略"，并阐述了数据化对企业"管理、服务、售后、营销、品牌"的系统性影响。

现如今，打造提升用户体验为核心的一体式数字化战略系统已经是企业数字化升级的必经之路。通过对"管理数据化、服务数据化、售后数据化、营销数据化、品牌数据化"的落地践行，百果园今已成长为拥有6 000万+数字化会员，数千家门店，10亿级消费数据、超百亿元年销售额的行业巨头。

构建一套完整的数字化资产体系，本质上是在构建一个具备拥有"自驱性、自愈性、自循环"特效的数字化商业生态系统。

在正式展开数字化资产内容之前，我们对数字化资产的核心结构做一个阐述，以确保读者能轻松理解数字化资产的逻辑。

数字化资产该如何分类

品牌资产

数字化品牌资产指的是，一个企业或组织在数字世界中所产生影响力和品牌信用的总和。与物理世界中的"品牌价值"有所不同，对于数字化的品牌资产，其有据可依的品牌数据包含但不限于：微博、微信公众号粉丝量，微信个人号好友量，电商平台粉丝量，短视频直播平台粉丝量，企业自媒体传播矩阵影响力等。

数据资产

数据资产指的是企业经营全链条所产生的最小颗粒化的数据资料，包含但不限于：营销推广数据、广告投放数据、用户消费数据、产品使用数据、日常管理数据、企业经验文档、供应链数据等。企业经营全链条中的数据颗粒度越小，带给企业决策、创新的价值就越大。

尺度变化带来价值变化。

用户资产

数字化用户资产与传统意义上的粉丝关注或流量有着本质区别，用户资产构建的过程是企业与用户成为"价值共同体"的过程。企业连接用户的深度决定了企业是否真正拥有"用户资产"。

以共创、共赢、共生为基本理念，构建深度连接的用户社群，让企业与用户深度绑定、成为一体。用户资产的本质是构建"用户为中心"的数字化资产激励体系。

数字化资产将去向何方？

现代商业文明经历了"供需关系时代""粉丝经济时代"，前者建立在物资匮乏的大背景下，只要能生产出来，就会有人买单。后者则建立在品牌大爆炸的大背景下，光是产品本身已经不能吸引消费者了。

拉近消费者与企业距离、构建参与感、产生品牌共鸣变成"粉丝经济时代"的核心方法论。

数字化资产时代是数字经济商业的又一次进化，可编程的数字化积分技术将品牌资产、数据资产、用户资产打通，进行全场景链接、赋能，让单一的数据孤岛变成自激励、可裂变、可循环的数字资产生态是本章想要带给读者的最大启发。

数字化资产的逻辑是基于经济模型的生态逻辑，并非是传统意义上的竞争、博弈逻辑。当一切动作可以被数据记录、定义、定价，数据资产将变成企业运营中的新引擎，所有的数据都将变成核心生成要素，数字化资产将变成企业内不可替代的"信用货币"。可编程的数字化积分将赋予数字化资产方方面面的价值，是一套全新的"可循环的柔性激励"商业模式，最终让企业经营从封闭式生长变成开放式循环，一个可循环的数字化资产生态将成为企业最具竞争力的底层架构以及最具确定性的价值仓储中台[①]。

最后，数字化资产对传统企业而言，是一个尚未被开拓的应许之地，是数字化世界中的房地产，有意识地构建自己的数字化资产体系，相当于提前在数字化世界跑马圈地。

---

① 中台，是指用户呈现页面与企业数据后台之间的中介，承担着企业层面各种资源的专业化、职能化管理，为企业数字化进程提供基础。价值仓储中台则是指完整的数字资产生态将成为未来企业数字化进程中核心的资源管理平台。——编者注

01

数字化资产时代

数字化镜像能定义"一粒沙"的价值

《小王子》中，小王子有一朵玫瑰花，他每天都会浇灌它，照顾它的成长。对小王子来说，这朵玫瑰花有独一无二的价值，但对其他人来说它就是一朵普通的花。这说明事物的价值只是取决于我们的喜好，不同的人对价值评估方式自然也不同，这也使得我们很难对世界上的某些事物，比如行为、情感等进行定价。但通过数字化，一切都将变为可能。

前面已经讲过数字化镜像的概念。当数字化镜像得以实现，将人在物理世界的每一个动作和环节定价就不再是幻想。在互联网中，有一个概念叫ipv6（互联网协议第6版），即世界上的每一粒沙子都能够拥有自己的IP地址。但不夸张地说，在数字化镜像的世界中，甚至可能每一粒沙子都能被明码标价。虽然听起来非常无厘头，但也许在不久的未来这些将变为现实。

通过数字化，以往所有难以定价的东西都将被明确价值，实现人类价值体系的共通。例如，现在我们可以对每一个商城进行定价，其中的内在逻辑便是因为我们将物理世界全面搬到线上，完成了数字化转化。基于数字化镜像，我们就能评估万事万物的价值，比如每一张桌子、每一把椅子、每一个厨具等。当我们能实现物理世界完整的价值评估时，数字化资产也将变成现实。

对我们每个人而言，最宝贵的东西便是时间。当我们看微信时，把时间给了微信；当我们看广告时，把时间给了广告……如果我们把时间替换成生命，那么作为一个人最有价值的部分被分散在互联网的各个角落。

从人的维度上来看，我们的所有行为都有价值。但现在我们的行为价值无法被计算，因此也无法变现。数字化镜像能保证我们的所有行为都被精确计算，即便是看一眼广告，产生的价值量也能被计算。

例如，我们在电梯里看到东方树叶的广告，下次在便利店买饮料时可能就会选择东方树叶或者推荐朋友买东方树叶，从而刺激该产品销量的增加，公司由此从中获利。一些专业电梯广告公司，实际已经可以统计出用户观看数据（前提是保护隐私）。他们在电梯里加设红外探头，以此检测有多少人路过这里看到广告，也可以检测出路人的身份、看过的次数等更详细的数据。将行为精确计算的数字化镜像基础，将给未来带来更多可能性，数字化时代即将到来。

虚拟价值也能变现

目前已经有很多数字虚拟价值变现的尝试，比如拼多多App中的多多果园种树。用户可以通过每天签到、分享给好友、邀请别人加入果园种树等途径获得肥料、水滴等树木生长所需的养料。当用户种成一棵树，拼多多会发来所种的树的果实，如杧果、橘子、苹果等。这些果实是真实且有价值的，说明拼多多某种程度上已经完成了虚拟价值和真实价值的转化。而且拼多多通过"种树"吸引了大量消费者，提升了用户黏性，拉升了用户生命价值，最终有利于拼多多的发展。同时，拼多多用真实水果来回馈用户，用户得到实物反馈，参与意愿会更强，因此可以形成一个良性闭环。实际的好处让拼多多App与用户之间的合作共赢得以实现。

另一个例子是新浪的App绿洲。绿洲是一个基于数字化的社交网络。在这款App中有一棵树，这棵树在沙漠中每天都会产生数字化资产：水滴。水滴的总量有限，也是绿洲中独一无二的资产。从某种角度上来讲，它类似于通证，既是一种积分，也是一种货币。它可以被赋能，被定义成各种价值。

数字化积分的无限可能性

现在，很多平台都在推行积分激励政策，形式五花八门。

比如有一个叫"享物说"的二手交换平台，这个平台中有一种叫小红花的数字积分，用户可以用小红花去兑换上面的产品。用户需要做出贡献才能获得小红花，例如邀请其他用户、上传一个产品（比如茶具不想要了，就上传）等。用小红花来给产品定价，就是数字积分的一个很典型的玩法。它实际上是一种激励措施，它使得每一个物理世界或者虚拟世界中的动作、物体都被数据化，再进行定价和交换。

再比如趣头条的金币激励。用户可以通过每天阅读App中的新闻、文章等来获取金币，而金币又以某种汇率换算成实际的人民币金额。当用户的金额达到一定数额时可以提现，用户就可以获得真正的资金。

抖音极速版通过看视频挣钱也是相同的道理。这是抖音在发展到一定阶段后研发出来的新玩法，目的是激励大家看视频，延长观看时间。积分奖励并非随便产生的，而是基于用户的观看时长贡献计算而来。

在未来，数字化积分还会有更多的形态。例如，可能会有一个健康锅，用户每按照指令炒一次菜，就可以得到一个积分；炒菜越多，积分越多，积分可以兑换盒马鲜生的菜……利用数字化积分是未来商业经营中一个非常重要的手段，具有无限的想象空间和可能性。数字化积分往往能打造良性的循环：商家激励用户—用户继续使用产品—产品给商家带来价值。

数据具有延展性，用户吃的原料决定用户的营养成分，营养成分决定用户的健康程度，用户的健康程度决定用户所需的医疗条件。不难发现，当数据联通之后，我们会进入一个极其透明的数字化资产时代。这个时代将以数据作为支撑，用户给企业贡献数据，企业通过区块链、人工智能等新技术高效地分析数据及其背后的价值，最后反哺用户。我们的每一个行为、每一个动作、每一次消费，甚至是睡眠都有可能被数字化，变现为真实价值。那是一个非常美好的未来，而这个未来已经在路上。

02
PART
数据货币：
数字化资产

2020年4月9日，中共中央国务院发布《关于构建更加完善的要素市场化配置体制机制的意见》。据报道，这是中央关于生产要素市场化配置的第一份文件。在此文件中，除了传统的几种生产要素——土地、资本、技术、劳动，数据也首次被认定为生产要素之一。这份文件的出台，意味着在国家层次上，数据真正地成为被认可的生产力源泉，给我们带来许多新的想象。

文件中的第二十一、第二十二条，强调了提升社会数据资源价值和加强数据资源整合和安全保护。前者就是我们说的数据生产力，后者则是数字化时代的隐私保护，这两个都是未来企业数字化转型需要关注的重点。

在探索将数据变为生产力，给企业运营与人们日常生活赋能的路上，微众银行——这家由腾讯等多家知名企业一同发起设立的中国首家互联网银行，给了我们很好的启示。

2020年10月27日，微众银行副行长兼首席信息官马智涛在第六届万向区块链全球峰会上阐释了微众银行希望通过打造数字新基建，释放数据生产力的观点。同年12月发布的《微众银行数据新基建白皮书》中，则对这一观点有了更全面的诠释。

在目前数字化飞速发展之际，数据与算力、算法的组合已经变成一种新型社会生产力，改变着人们的生活。在微众银行看来，数据生产力的束缚一共可以归纳成十大难点，而这些难点的解决都将依赖于数字化新基建这一发展基石。

什么是数字化基础设施呢？微众银行区块链底层平台研发负责人李辉忠曾有过这样的定义："与传统生产要素不同，由于数据的抽象、虚拟和数字特性，它的基础设施应该是一种基于数字技术的新型信息基础设施，以攻破在释放数据生产力中面临的三大核心要求，即数据的安全存储、可信传输以及协同生产。"

沿着这三大核心要求的脉络演进，微众银行在三个方向上都给出了深入的分析与对应的解决方案，其中有些研究已经初具成果。

在安全存储方面，微众银行开发并开源了一站式金融级数据管理平台套件WeDataSphere，涵盖了数据管理开发全流程，其中包含平台工具、数据工具、应用工具三大层次。这三大层次工具形成了完整的大数据平台技术体系，为数据的安全存储和计算进行了很好的探索。

在可信传输方面，2020年5月，为应对疫情后的人员流通问题，微众银行为澳门特区和广东省设计了健康码跨境互认系统，利用区块链技术，使广东与澳门两地的相关部门不需要完成用户数据传输与交换，就能直接验证用户提交信息的真实有效性，实现跨地区数据真实性核验。截至2020年11月，持粤康码通关凭证通关人次累计超过2 800万。

在协同生产方面，微众银行将联邦学习引入营销解决方案，利用联邦广告推荐技术，在保护隐私的前提下打通营销转化链路的前后端，通过积极有效的尝试，实现双边资源协同，有力地推动金融产品的营销推广。

但是，数字新基建没那么简单。在微众银行看来，未来的数据要素基础设施一定要满足四个条件：可管控的底层技术、可验证的安全性和稳定性、高效率的计算能力和健全完备的数据流通商业模型和激励机制。只有这样，才能实现基础设施源头可信、安全可靠、有效支撑并实现可持续运转。

微众银行最近的成果，对所有想要打造数字化引擎的企业都具有启发意义。然而，数据爆炸与隐私问题随着移动互联网的发展更加严重，这不仅是每个普通人面临的难题，而且制约着数据进一步释放生产力。但幸运的是，隐私问题同样有望用数字化的方式来解决。

远在大洋彼岸的脸书，就因为一场诉讼，开始试图用数字化的逻辑解决隐私问题。

2019年，脸书因隐私问题被起诉。扎克伯格被传唤，无数人质疑脸书道德有亏，没有保护用户隐私数据，反而出卖用户隐私牟利。脸书是一个巨大的社交网络，上面沉积了大量的用户隐私数据。然而，脸书通过精准分析，把数据卖给了可口可乐等一系列公司，方便广告精准触达目标用户。正是因为精准，脸书广告业务才得以快速增长，但这套商业逻辑严重挑战了用户权利。反对脸书这种做法的人认为隐私数据属于用户，脸书无权利用隐私数据，更不应该将其售卖给商业公司。在这种情况下，脸书选择改变，尝试另一条更加激进的道路——脸书在2019年7月发布了Libra白皮书，宣布其将推出数字货币Libra。

Libra是脸书推出的虚拟加密货币，他们最初希望其成为一款全球性的数字原生货币，追求稳定的实际购买力。脸书想借助区块链的技术，摆脱之前严重依赖广告收入的商业逻辑，成就一种更上游的商业逻辑。有了Libra之后，脸书可以完美地给全世界的用户做结算，用Libra积分购买用户的隐私数据，持有积分的人可以把积分兑换成自己想要的货币。

Libra潜力巨大，因为它可以依靠脸书上的24亿用户传播，促使他们在全球范围内使用Libra交易。同时，VISA、IBM、沃尔玛等各大公司都表示希望加入Libra体系。换言之，一旦Libra正式发行，它将迅速拥有数以亿计的用户流量池与无数针对性应用场景。

即便在这些流量池中只有部分用户使用Libra，Libra也能立即成为全球流通最多、最广的货币之一。这样强大的数字货币，激起美国国会的强烈反弹，美国众议院金融服务委员会主席甚至要求脸书立即停止Libra的研发。迫于压力，扎克伯格只能低头，宣布Libra只对标美元。扎克伯格的无奈就是源于用户隐私保护与商业变现之间的矛盾，所以他试图用Libra解决这一矛盾，但是由于政策限制，又无法实施。

Libra的白皮书中出现频率最高的词有两个：一是监管，二是合规。使用Libra，就要求从代理商到交易所，再到用户手中的钱包App，都要有人监管并且合规。这就是要在利用用户数据价值的同时，保障用户数据隐私安全。但目前，隐私泄露非常严重。不论是客观的隐私保护技术水平不够，还是某些企业管理者道德缺失、主动侵犯隐私，都让许多国家及地区的隐私保护变得非常困难。这无疑加剧了政府与民众对大规模推行数据货币的担忧。

目前，关于Libra，只是说会找到合规的接受审查的方案，但具体能否落实、落实到什么程度尚未可知。刚推开数据宝藏大门的我们有能力收集、处理、分享数据，但如何权衡用户隐私保护和数据价值变现之间的关系，依旧是未来推进数据货币发展的一大难点。

尽管隐私保护与价值变现之间的矛盾还有待解决，但我们不能因此裹足不前，我们应该大胆畅想数据化未来，在奔赴未来的过程中寻找解决方案。

03

数字信用新生态

品牌资产将被重新定义

在数字化视角下，个人的资产会被重新定义，品牌资产也在被重新定义。

我们都知道明星具备极高的价值，特别是那些顶流明星，其片酬、广告费、代言费都是天价，随便一条广告就抵得上普通人一年的收入。但为什么同样是人，明星的价值却远高于常人？这是因为明星的身份本质上是品牌，而品牌本身就是一种资产。这并不是新奇的概念，早在20多年前，"央视标王"就是具有巨大价值的品牌资产。只是这是用非数字化的方式定义品牌资产，较为模糊。数字化时代，我们会发现品牌的价值可以被准确定义，甚至是5万粉丝的"小V"或者拥有500好友的用户，都能定义自己的品牌资产。品牌资产不再是明星和IP的专属，它将成为最小颗粒度的定义。

在过去，很多传统中小企业一直无法被定价，但我们认为企业或个人一出现就是一个品牌。如果能够记录企业与个人的每一个动作，那么我们可以锚定过往的很多数据，把它们变成一种新的信用。随着行为增多，数据将增多，这个品牌将不断积累信用，而信用在未来社会将通过数字化手段变成一种无形资产。这种无形资产在过去无法被定价，但现在逐步能被定价成资产，如果客户履约情况非常好，额度也会越来越高，这些都是数字信用的初级应用形态。

数字信用的应用在未来会有越来越多的可能性。例如，可以用技术手段把资产进行数据化，这样这些资产在未来很有可能可以线上流通。换言之，每一个个体、企业、媒体……都有自己的品牌价值。数据化之后，这些品牌价值就可以被具象数字化。

用户资产：京东金融的估值逻辑

对个体和企业而言，还有一种新的资产叫用户资产或者社交资产。在过去，企业是通过卖给用户产品赚钱。但在数字化时代，企业不仅仅赚产品的钱，还可能会关注用户的其他延伸价值。例如，我有100万个用户，他们在我这里购买产品，完成一系列的行为后，会衍生出来新的可能性和新的价值。我们需要评估、定义和维护这种资产。具体的评估方式，其逻辑其实类似于自媒体的估值。当自媒体做到一定程度，其积攒的粉丝就会开始产生价值，而这些价值如何评估、如何判断，都属于用户资产的评估。不同行业的评估方式可能不同，给大家举个最简单的例子：可以通过粉丝计算自媒体消费金额以及该粉丝传播带来的消费金额来判断粉丝的价值，这就是一种非常简单直观的用户资产评估方式。

上海高级金融学院的蒋展教授提供过一种可参考的估值方法，即以流量为核心，用流量来定价。比如网红产生现金流价值，其来源有两类：第一类是流量产生的价值，从吸引粉丝到在平台做广告，这类叫作流量价值；第二类是用户认可这位网红某方面的特质，如漂亮、懂时尚、懂育儿，从而对其推荐的商品产生购买欲望。第二类就是一种认同，属于价值认同。广告产生的价值是相对较少的部分，认同产生的价值对估值的影响更大，真正的网红经济其实是要创造认同价值。

数据资产——信任算法带来的数据金矿

在数字化时代，数据已经变成"生产资料"，生产资料从原来的"土地、材料、工厂"升级为了"数据"本身。企业经营过程中的所有动作皆可转化为"数据"，这些数据的颗粒度将会随着5G、物联网等技术的持续发展变得越来越细小。数据颗粒度在数据时代的意义堪比计算机芯片，5纳米的手机芯片要比7纳米的手机芯片更厉害，这意味着在同样尺寸的芯片上可以拥有更大的计算能力。数据的采集、分类、计算、提取、重构、优化，是企业"数据金矿"挖掘的基本过程，通过企业经营过程中数据的可持续存储、挖掘，数据将变成真实的生产资料。

每一个企业都拥有一座无形的数据金矿，在非数字化时代，企业经营以及增长逻辑属于线性逻辑，一旦拥有了数据维度，增加了数据资产属性，企业经营将会变成指数逻辑。企业的数据资产存在形式包括但不限于照片、文档、图纸、视频、数字版权，这些数据的持续沉淀将会为企业经营带来可持续的发展动力，深化数据资产有助于提升企业数字化思维持续进化。

关键配方：信任算法

互联网时代"数据造假"已经变成了一个不可回避的魔咒，互联网带给人们信息红利的同时却加速破坏了"信任空间"。互联网时代的三大核心赢利模式——电商、游戏、广告，其中有两个都是造假的重灾区，电商刷单、广告刷量变成了常态，让商家苦不堪言，社交网络上"僵尸用户"的数量占比越来越高，线上投放效果越来越差……

如果不能破解"造假魔咒"，数据资产变现将成为笑谈。

基于区块链技术的"信任算法"就是破解造假魔咒的密钥，区块链技术最初脱胎于加密资产比特币，凭借其精巧的技术构思与治理架构，融合了数学、密码学、互联网、计算机编程等多个学科，完美地将分布式数据存储、加密算法、点对点传输技术、共识机制、时间戳技术等融为一体，最终解决数据"透明、诚实、可信"问题。

简单理解的话，区块链技术是一个分布式的共享数据库账本，具备去中心化、不可篡改、透明可追溯等特性，区块链技术被誉为"信任机器"，在各个领域的应用已经日趋成熟。

在未来，区块链技术将会变成一项基础技术服务，出现在商业的方方面面，区块链将与5G、云计算、AI、大数据、物联网等技术无缝融合，成为企业数据资产存储的标准模式。

数字化资产，是企业的更是用户的

上一个小节提到了积分，在传统积分领域真正将积分模式运用到经营中并取得了成绩的企业凤毛麟角，究其核心原因，还是在"初心"上，大多数企业设计积分机制的时候并没有真正站在"用户"的立场上去思考。让我们回顾数字化思维章节。

数据资产的价值一般体现在两方面：第一，数据可以为产品赋能。例如我们拥有100万用户时，除了卖产品给他们，他们还有什么价值？我们可以用资产变现的逻辑来理解。有的企业或者个人有很好的产品，但是没有渠道和用户，所以我们就可以用流量给这些企业或个人赋能，实现用户价值的复用。第二，数据本身可产生价值。例如贷款平台掌握了各金融机构的"失信人"数据后，当要放贷时，其对借款人信用的评估难度将大大降低，准确度将大大提高，从而降低贷款的风险。

当把品牌、用户和数据这三个维度整合在一起的时候，我们就拥有了数字信用。这种数字信用是一个可以变现，或者说可以定价的新概念。而这个新概念在历史长河中没有被单独讨论过，也没有被定义，更别提被极小颗粒化定价了。

其实用户在其行为的每一个过程、环节都能产生价值，而这些价值通过数据串联运算后，会得到一个数字化信用体系。这个数字化信用体系可以在流通中直接变成某种价值，或者某种有意义的东西。

数据对银行授信的帮助，便是通过数字化定义信用价值实现的。

例如，蚂蚁链就对企业帮助巨大、3C办公用品租赁服务商租葛亮科技有限公司便是其中的获益者，加入蚂蚁链后，它在2020年6月首次实现了以订单为基础的高额融资授信。其CEO李国云还提到，得益于蚂蚁链，他们的用户转化率提升了6倍，回款及时率提升了200%，坏账率下降到0.3%。这就是数据的力量。

数据价值巨大，未来拥有无限可能，有些问题也会随之而来。

04
PART

资产通证：
可编程可赋能的数字化积分

前文我们讲到"数据矿场"的概念，企业数据矿场开采和挖掘的是"数字资产"，数字化积分就是这座数据金矿中的金子，也是企业"数字资产"的显性化表达。

对于数字化时代的企业，每一个企业都是一座有待开采的数据金矿。正确地运营数字化积分，对于企业数字化升级有重要价值，可编程的数字化积分是本小节要跟大家分享的一个新玩法，希望企业能通过对"数字资产"的定义，通过数字化积分连接用户，与用户共创他们自己的"数据矿场"。

数字化积分通证的由来

大家看到"积分"二字，难免产生不屑一顾的感觉。实际上，正确认知数字化通证积分与传统积分的底层区别，决定了企业是否能在数字化战略中，将这一具备颠覆性想象力的技术及思想实践和应用。

作为一个消费者，传统积分可谓如影随形，从线下小卖部到线上电商平台，从充话费到购买机票，每一笔支出的背后除了获得具体商品之外，我们还得到了一笔相应的"积分"。积分的出现是企业用户运营的一次巨大进步，但由于传统积分发行缺乏统一标准，存在数据不透明、规则随意修改、技术体系落后等问题，也导致了绝大多数企业发行的消费积分形同虚设。

基于区块链技术的通证，曾一度被认为是继股权被发明后的又一次上升到"生产关系"范畴的革命性发明。

通证最开始是基于互联网计算机语言产生的专业术语，意为通行证。2014年后将智能合约构想带入到加密世界的以太坊诞生，通证逐渐演化成了一种更复杂、多元、多维的新玩意儿。

基于区块链发行的可编程数字化积分有以下特点：

第一，去中心化，确保了信任及所有权归属；

第二，公开透明，基于区块链的透明账本，发行数量及规则强制透明化；

第三，不可篡改，区块链具有不可篡改的技术属性；

第四，智能合约，奠定了其可自动执行以及可编程的可能性。

有了以上基础技术特性，数字化通证积分正式成为数字化战略中贯穿所有动作的底层要素。在未来，企业通过数字化通证积分构建一个开放式、透明、公开、可持续的数字化生态，将变成数字化战略不可或缺的基础部分。

在加密货币领域通证泛指"虚拟代币"。随着市场的不断发展，以及各国法律对其应用的监管和定义，通证逐渐分化成两大类：一类我们可以将其理解为可编程的"数字化积分"，主要特点是在企业级商业圈内起到激励作用。另一类则是加密货币属性，如比特币、以太坊。具有货币属性的通证不在本书的讨论范畴。

为了方便大家理解，本书将通证定义为"可编程的数字化积分"，通证是以数字化形式存在的权益凭证，是基于区块链技术发行的一套数字化积分。它具有去中心化属性，同时又具有可编程、可赋能属性。

可编程数字化积分给商业运营带来了巨大的想象空间。数字化积分是将企业价值与用户价值合二为一的全新商业模式，将会取代传统积分，给商业运营注入新的活力。数字化积分是一个全新的概念，底层除了依赖技术以外，还需要设计出完善的经济模型作为支撑。它是数字化战略中至关重要的一环，企业在应用数字化积分的时候要慎重地进行全局思考，不同规模、体量、行业以及领域的企业，在数字化积分应用中有完全不同的策略，盲目应用数字化积分会给企业的长期健康稳定发展带来隐患，正确且系统性的应用策略会让企业在竞争中如鱼得水。

数字化积分：多维度激励容器

数字化积分究竟是怎么运行的？有哪些价值？又如何使用？

我们对数字化积分的定义是：一种多维度的激励容器。企业通过发行可编程的数字化积分，来映射自己的数字化资产，通过数字化积分的多维度激励来完成对"所有利益相关者"的激励，将激励过程数字化、积分化。由于数字化积分是以区块链技术为底层支持的，所以具备了"不可篡改、公开透明、结算颗粒度可无限细分"等特性，在实际应用场景中，可根据情况进行二次定义和开发，甚至加入智能化、自动化的智能合约技术，是帮助企业实现智能自动化的重要手段。

技术原理

一般通过区块链技术进行区块链技术记账，确保数字化积分数据公开、不可篡改、数量透明，结合智能合约技术、可编程技术，我们可以将积分的应用场景进行多元化、多维度赋能，彻底打通物理世界与虚拟世界的界限。

赋能凭证

由于数字化积分具备可编程属性，我们可以对积分"价值"进行赋能，在用户运营治理层面，积分可以用于参与重要投票，可以成为活动门票，可以结合各自实际场景进行功能定义，成熟的数字化积分体系可以更好地拉近企业与用户的距离，最大限度地发挥用户价值。

价值流通

数字化积分一般情况下会在企业内部进行价值定义与价值流通，也是企业信用的一种象征。真正地将数字化积分当成企业的数字资产，才能真正发挥其长远价值，才能真正对用户建立激励效应。将数字化积分兑换为价值，才能真正体现其价值，价值的表现方式一般分为奖金兑换、产品兑换、福利兑换等。

全世界范围内已经有越来越多的互联网企业布局自己以数字化积分为核心的"数字资产"版图，纳斯达克上市公司新浪就开启了这样一个有趣的试验，被新浪命名为"绿洲"。绿洲发行的数字化积分被称为"水滴"。

绿洲官方对水滴的解释是："水滴是绿洲内唯一的数字资产，是用户在绿洲内社交价值的体现，是官方对用户建设绿洲的奖励。"水滴可以参与"瓜分现金"活动，用户可以将自己获得的水滴变现。目前，绿洲已经举办了30场"瓜分现金"活动，累计奖金超过1 000万元。

2021年3月17日，由上汽集团、张江高科、阿里巴巴集团三方联合打造的全新汽车品牌"智己汽车"官宣了一个新概念"算法造车"，并推出了名为"CSOP"的用户权益平台。其官方公众号发布了标题为《边开车边采集"原石"，你的每一公里都算数》的文章，详细阐述了CSOP用户权益的玩法。

智己汽车创始轮投资由上汽集团出资54亿元，持有54%的股权；张江高科与阿里巴巴分别出资18亿元，各持有18%的股权；

剩余股权中4.9%的收益作为背书，成立"CSOP用户权益平台"并发行3亿枚"原石"，映射该部分股权对应的资产收益与红利，CSOP利用区块链等数字化手段及科技赋能来确保其公平性。

智己汽车官方对原石的解释是："原石为车主独享，原石即代表智己汽车对车主日常旅途产生的数据价值的认可，仿佛每一次都是一次挖矿之旅。购车用户车辆使用越早，获取原石的机会就越大。购车用户日常用车产生数据有机会带来原石，开车越多，获取原石的机会和数量就越大。购车用户在日常参与App任务（即共创活动）获得的水晶积分，有机会抽取原石。"

智己汽车此次发行数字化积分"原石"并绑定实实在在的股权收益作为激励，预示着数字化积分与游戏化激励体系将会在越来越多的实体产业中出现。可以预见，未来将会有越来越多的大型企业参与到"数字化积分与通证赋能"的探索中，"用户数据主权时代"也将会随之到来。

可编程、可无限赋能，是数字化积分的技术特性，公开透明、不可篡改赋予了其价值内涵。基于区块链发行的数字化积分，其本质上是一种可编程的权益凭证，这种权益凭证的功能与价值可根据运营情况进行编程扩写，拥有巨大的可能性与想象空间。

通证可以是门票，可以是积分、优惠券，也可以是某种权益、能够分红的股权，或者是所有权，其存在形式存在无数种可能性。具体是哪种形式完全取决于运营者如何自定义。

基于中心化非透明方式发行的传统商业积分，其原本目的是激励用户忠诚度，但由于积分体系的价值过于单一，逐渐沦为鸡肋。

数字化积分的应用与想象

数字化积分的本质是建立激励系统，激励所有人参与商业活动的一套商业模式。现代商业社会中，人们的行为和意志都是被一套无形的"激励系统"控制着。

对人的激励分成两个层面：荣誉激励、利益激励。当两者完美融合的时候，就会产生意想不到的爆发力。

本书作者之一付圣强在研究了大量的激励案例后，策划了轰动一时的"现象级刷屏"课程销售事件，通过给予荣誉勋章+传播分佣的策略，4个小时内曝光量达到数千万，参与人数达数百万，9.7万人参与付款，收款金额超过500万元。由于闪电式的裂变和爆发式的增长，4小时后，微信团队修改了相关规则，该现象级刷屏事件才得以停息。

付圣强策划的刷屏事件给微信生态从业者带来了巨大启发，多个从事微信生态裂变营销的创业公司瞬间崛起，时至今日已经进化为大众所熟知的"私域流量"运营体系。

新数字团队将过往的经验与先进的数字化战略思维运用到了实际的项目当中，希望能给企业带来全新的增长思维。

倍轻松是一个创立于2000年的便携按摩器品牌，经过20年的发展已经成为该领域公认的头部品牌。过去20年倍轻松在全国上百家机场、高铁站、高端商场建立了倍轻松体验店，形成了强大的品牌势能，累计销售的便携按摩终端设备超千万台。对即将登陆科创板的倍轻松而言，从品牌影响力、销售额等方面来看，相比互联网公司的销售额、利润情况，倍轻松被严重低估，最重要的核心问题是，倍轻松缺乏"互联网基因"。2020年的疫情给全球线下商家带来了毁灭性打击，倍轻松线上销售业绩占比创历史新高，与此同时，新数字团队围绕"数字化战略"为倍轻松构建了一体式数字化战略结构，成立"轻松创新实验室"，并与倍轻松技术团队配合研发基于IoT"全智能化"新型产品。围绕"让科技赋能人类健康"的使命加入一整套数字化积分系统，让每一台设备都能数字化，让每一个用户的每一次使用都能被记录，最终形成"加密健康档案"。用户的每一次使用行为都是在参与倍轻松品牌"数据金矿"的挖掘，这个使用过程将被记录、定义且定价。在未来，倍轻松集团会拿出一定比例股权作为用户挖矿激励池，以此来奖励所有参与数据金矿挖掘的用户。

在倍轻松数据金矿挖掘的过程中，我们将建立起一个"以用户为中心"的数字化社群，通过荣誉勋章+数字化积分构建一套"开放式、自循环"的用户运营社群，广泛吸引对"健康事业"感兴趣的合伙人加入其中。该股权激励池的用途也将由所有用户来共同决定，倍轻松将以"共创、共赢、共生"为基础理念，构建创新实验室，以开放式组织架构吸引一切力量，轻松创新实验室将成为倍轻松一体式数字化战略的开端。相信随着越来越多"全智能化"终端到消费者手上，越来越多消费者的使用数据被加密上传，一家拥有20年历史的硬件公司将进化成一家真正对人类健康有影响力的科技公司。

数字化积分的出现给了我们一个巨大的想象空间和全新的可能性，数字化积分激励让企业与用户之间的关系进一步升级，变成了真正的"价值共同体"，我们正在做的或许并非是数字化积分的终极形态，但我们有理由相信，这一模式会被越来越多的企业采用，也会进化出越来越有趣、越来越有价值的新玩法，在数字化创新升级的浪潮中，商业进化的方方面面都将超出我们以往的想象。无论如何发展与进化，我们都将迎来一个"共创、共赢、共生"的新消费时代。

扫描二维码，发送【数据资产】
学会保护数据资产，找到人生的升值点！

本章思考

1. 请盘点您所在企业的"品牌资产"，并对数字化品牌资产的完成度进行打分（满分10分）。

2. 请寻找并收集使用5种以上具备"数字化积分"属性的互联网产品进行体验，并将其规则进行记录。

3. 请指出你所在企业都有哪些是被忽略了的"数字化资产"，并对其进行说明。

4. 请思考，在未来你的企业或行业应该如何建立自己的"数据矿场"，你打算如何给"数字化积分"赋能？

5. 加入新数字社群，领取本书"数字化积分"，尝试通过自己的朋友圈社群方式发行属于个人的"实验积分"，并为你的积分设计赋能体系以吸引参与者。

后记

"旅行"即将结束，本书的内容也如高速列车一般开始减速进站。在这里，我们给读者提供一个小小的内容上的彩蛋，即在筹备本书时所查阅的资料，企业的实际操作项目以及各大论坛及相关视频都未曾重点提及的部分——到底什么才是真正的数字化落地，企业应当以怎样的标准来检验这一成果。之所以有这样的疑问，是因为对中小企业而言存在以下三个最真实的困惑。

1. 做什么

市面上提供数字化转型咨询的供应商多如牛毛，企业通常需要几个供应商协作或者分阶段实施，而具备完整交付能力的咨询巨头又面临成本及实施低价的困境。因此，如何实施企业的数字化升级项目是需要企业在一开始就想明白的事。

2. 怎么做

数字化升级的方案各行各业有所差别，新项目落地首先面临的是内部适应性，先不论少有企业能做到当年华为花大代价请IBM合作的IT策略与规划项目正式启动，就单说任正非力排众议的"先僵化，后优化，再固化"三部曲，也需要极高的经营管理智慧和人格魅力。那么对中小企业的领头人而言，对数字化升级也能够有足够坚定的信念落地推进吗？

3. 怎么样

企业如何在执行过程中以及执行过程后确信完整的数字化引擎已经搭建起来，这是非常有迷惑性的，因为就大部分企业的经营实际状况而言，基础的流程再造及信息化打通，也能实现明确的效益增长，但这样的结果会偏离我们的初衷。

本书给出的工具是：数字化完备。还记得开篇序言那个关于葫芦娃的比喻吗，5ABCDIR不同的技术组合分散开来对企业而言都有着显而易见的帮助。比如企业通过5G在线会议系统降低了全国分公司回总部述职的频率，这算不算效率的提升？算，但这不是数字化。让我们回到《葫芦兄弟》的剧情，7个葫芦娃各有特长，但最终7个合为一体成为金刚葫芦娃才是进化的终点，企业的数字化升级也是如此。

所谓的数字化完备，是指企业在软件和硬件上都完成了数字化升级，就好比组装一台电脑，显卡、电源、主板、CPU缺一不可。对一个典型企业的业务流而言，数字化一定是以全流程数字化体现的。举一个前述的例子，酷特智能在做好生产设备（拆单及物料组合的工业自动化设施）及人员协作模式（改为基于RFID的"一事一干一结算"模式）的数字化升级后，花了很大力气研究如何让日薪1万元的高级西装制版师能够用1个月时间教会新人数十年的工作经验，分拆其工作流程，在最小颗粒度上规范技术要点，配合自动化软件，最终完美解决了这个问题。所谓的数字化完备，指的是基于全局，基于整体考量，而不是着眼单点。只有这样才能直奔远方的灯塔，而不会被深夜大海上的渔船灯火所吸引。

最后，数字化升级是企业面临的巨大机会，而这个机会真实且具体存在于企业的根本意义上——每个企业都在解决一个社会问题。作为企业的客户，他们需要的是知晓时间，而企业无须告知其钟表的制造流程，效率提升、产品品质变好、容纳更多个性化需求、维持更高性价比才是其核心要义。

数字镜像万物，从未偏离常识。

感谢名单

本书得以成书，一路得到许多人的帮助，特此感谢。

感谢卢俊老师及编辑团队所有成员一直以来的支持与付出，让这本书得以顺利出版。

感谢竹子科技为本书数字化实现提供技术支持。

感谢思明润色本书标题，让本书更具吸引力。

感谢刘家豪、张斌对本书视觉提供的帮助和指导。

感谢杨欣宜、郑晟勇、黄昊漪、赵家禾、杨宏博、何荣峰、郭晔楠、倪天昱、李昱函、刘培源、王司琦、卢悦、何雨茜、林小龙、李晓滢、齐淑妍、迟玉莹、王佳雯、刘思怡、刘金玲为本书成书提供的帮助。

感谢大家，期待下次再会。

参考文献

1.电子资源

[1]数字化内容[EB/OL].[2020-04-21]. https://xueqiu.com/719
3018371/147460171

[2]华为产业链公司市值超过3.7万亿[EB/OL].[2020-08-09]. https://xueqiu.
com/8021292198/156172344

[3]邬贺铨. 加快布局工业基础助力芯片产业摆脱当前困境[EB/OL].[2020-
08-21]. https://xueqiu.com/7539058388/157268865

[4]TikTok遇劫美国[EB/OL].[2020-08-02]. https://www.sohu.com/
a/411095013_116237？ _f=index_pagefocus_7

[5]微信iPhone不用二选一了，但给我们提了个醒[EB/OL].[2020-08-23].
https://xueqiu.com/6327707010/157357537

[6]百度打造智慧城市智能新基建　助力北京加快新场景建设培育
数字经济新生态[EB/OL].[2020-08-05]. https://www.sohu.com/
a/411564067_100091816

[7]"新基建"首入政府工作报告，它将如何改变我们？[EB/OL].[2020-
05-27]. https://www.sohu.com/a/397992915_740337

[8]天学网推动智慧教育落地，开启个性化教学新模式[EB/OL].[2020-06-
16]. https://m.sohu.com/a/402204841_120096334/

[9]智慧教育. 百度百科[EB/OL]. https://baike.baidu.com/item/智慧教育
/17858827？ fr=aladdin

[10]中国移动黄宇红：5G是社会信息流动的主动脉 | 搜狐科技5G峰会 [EB/OL].[2020-05-17]. https://www.sohu.com/a/395720051_115565

[11]疫情"逼"出真实力　上汽通用五菱秀出了哪些黑科技？ [EB/OL].[2020-03-26]. https://baijiahao.baidu.com/s？id=1662190396472863713&wfr=spider&for=pc

[12]上汽通用五菱入选科技战疫数字化转型成功案例[EB/OL].[2020-06-10]. https://www.sohu.com/a/400913283_122143？_trans_=010001_grzy

[13]赵凡. 从C到B，拼多多数字进化的3个基因 [EB/OL].[2020-07-29]. https://zhuanlan.zhihu.com/p/165092735

[14]从黄峥的个人公众号里读懂拼多多 [EB/OL].[2018-08-06]. https://www.sohu.com/a/245429246_115207？_f=index_chan30focus_2

[15]张一鸣 [EB/OL].[2018-05-08]. http://www.360doc.com/content/18/0508/23/197815_752301714.shtml

[16]2017双11—开启智能全链路压测之路[EB/OL].[2017-12-19]. https://developer.aliyun.com/article/293712

[17]王者归来，辛巴回归直播带货超12.5亿，再创快手记录！ [EB/OL].[2020-06-16]. https://www.sohu.com/a/402196232_120072901？_trans_=000014_bdss_dkmwzacjP3p:CP=

[18]巴芮.刘旌.杨轩. 对话包凡 | 华兴重建华兴[EB/OL].[2020-09-10]. https://www.sohu.com/a/417453187_114778

[19]2019年第一起重大空难！又是波音客机，157人遇难，现场惨不忍睹 [EB/OL].[2019-03-11]. https://baijiahao.baidu.com/s？id=1627713493874117061&wfr=spider&for=pc

[20]字节跳动5万人高效办公的背后，OKR是关键！ [EB/OL].[2020-02-22]. https://www.sohu.com/a/375009784_120543510

[21]信通院：每6个人就有1人使用钉钉，钉钉拥有2亿用户和1000万企业组织 [EB/OL].[2019-08-27].http://biz.ifeng.com/c/7pTiSAWfEXE

[22]Brendan Eich.[EB/OL]. http://www.120btc.com/people/725.html

[23]柔性组织. 百度百科[EB/OL]. https://baike.baidu.com/item/柔性组织

/4043199？fr=aladdin

[24]任正非：让听得见炮声的人来做决策（实战）[EB/OL].[2019-06-03].
https://www.sohu.com/a/318367703_404355

[25]捷报 ｜ 面试字节跳动时，我竟然遇到了原题……[EB/OL].[2019-06-
19]. https://www.sohu.com/a/321659767_185558

[26]人工智能对人的思维模拟 [EB/OL].[2019-11-25]. https://zhidao.baidu.
com/question/879137163981688892.html

[27]谁来清理海澜之家"男人的衣柜"中的存货？[EB/OL].[2020-08-
24].https://tech.sina.com.cn/roll/2020-08-24/doc-iivhvpwy2679848.
shtml？cre=tianyi&mod=pchot_tech&loc=5&r=0&rfunc=100&tj=none&
tr=98

[28]产品生命周期分四个阶段[EB/OL].[2012-07-22]. https://wenku.baidu.
com/view/d2cbf78d6529647d272852c2.html

[29]向沃尔玛Wal-Mart学习如何进行供应链管理[EB/OL].[2016-07-12].
http://blog.sina.com.cn/s/blog_be507bbb0102wa0k.html

[30]柔性制造的基本特征[EB/OL].[2016-05-18]. https://wenwen.sogou.
com/z/q921312387.htm

[31]张代理：从红领到酷特智能，看定制模式下的企业发展之道[EB/
OL].[2019-07-05]. https://finance.sina.com.cn/roll/2019-07-05/doc-
ihytcerm1592494.shtml

[32]什么是数字化供应链？[EB/OL].[2019-09-29].https://baijiahao.baidu.
com/s？id=1645997881464452710

[33]数字化供应链控制塔4.0[EB/OL].[2018-08-27]. https://www.logclub.
com/articleInfo/Mjc0LWM3Nzk4NmYw

[34]新浪财经."我的公司只能撑 2 个月"！一场"营救"中小企业的行
动，正在展开 [EB/OL].[2020-02-04].https://baijiahao.baidu.com/s？id
=1657616349272326470&wfr=spider&for=pc

[35]麦当劳始于一次"握手"[EB/OL].[2014-08-05].http://www.360doc.
com/content/14/0805/22/699582_399707079.shtml. http://blog.sina.

com.cn/s/blog_aa875eee0102uyqe.html

[36]受众所周知的原因显示 第一季度国内智能手机销量可能下降50% [EB/OL].[2020－02－15].https://baijiahao.baidu.com/s? id=1658512598134211166&wfr=spider&for=pc

[37]关于供应链管理的两个故事[EB/OL].[2018－04－23].http://www.360doc.com/content/18/0423/21/31582425_748170779.shtml

[38]苹果的供应链艺术，如何成了它的软肋？ [EB/OL].[2020－04－10].https://legacy.iyiou.com/p/126233.html

[39]我们跑去美国见"营销之父"菲利普·科特勒，你有啥想问的吗？ [EB/OL].[2019－03－07]. https://www.sohu.com/a/299773105_488677

[40]苹果公司是如何做市场营销的？ [EB/OL].[2016－10－08]. https://www.zhihu.com/question/19579203/answer/23508465

[41]华红兵：4S 移动营销理论 [EB/OL].[2019－01－07]. https://www.sohu.com/a/287258323_120075331

[42]宜家产品策略：先定价，再设计[EB/OL].[2012－10－19].https://www.huxiu.com/article/4855.html

[43]直播救急，数字化救命 [EB/OL].[2020－04－29]. http://news.leju.com/2020－04－29/6661246905294830780.shtml

[44]2019 年"双十一"快递发货速度为什么这么快？ [EB/OL].[2019－11－13]. https://www.zhihu.com/question/355275926/answer/892772459

[45]全国居民人均可支配收入 [EB/OL].[2020－01－17]. https://xueqiu.com/2287568951/139558030

[46]程维朋友圈表态滴滴新动作：快的品牌回归，专注出租车业务[EB/OL].[2020－09－01]. https://post.smzdm.com/p/a99wzl50/

[47]户外广告没效果？是因为你还没数字化转型 [EB/OL].[2020－09－02]. https://www.sohu.com/a/416133358_754926

[48]参与感——三三法则 [EB/OL].[2015－08－05]. https://www.cnblogs.com/PengLee/p/4705869.html

[49]快手带货一哥辛巴回归，直播当天送30台宝马，大家怎么看？ [EB/

OL].[2020−06−15]. https://www.zhihu.com/question/400503149/answer/1284486488

[50]搜索.搜狗百科 [EB/OL].https://www.zhihu.com/topic/19552128/intro

[51]李彦宏百度第二季度营收263亿元 [EB/OL].[2019−08−23].https://xueqiu.com/1954740949/131666193

[52]赵天成. 网视互联. 频道面临"关停潮"，但主流电视台依然坚挺 [EB/OL].[2020−07−17]. https://www.sohu.com/a/408238478_750267

[53]基于位置服务（Location Based Service）lbs [EB/OL].[2013−04−18]. https://blog.csdn.net/yanzl0724/article/details/8819696

[54]拼多多.百科[EB/OL].https://www.cifnews.com/tag/induoduo

[55]我们一起来回顾一下拼多多的发展史[EB/OL].[2018−07−18]. https://baijiahao.baidu.com/s？id=1606293627739094659

[56]如何成为像辛巴、薇娅、李佳琦一样的超级网红？ [EB/OL].[2019−11−19]. https://www.huxiu.com/article/326915.html

[57]国家发改委等13部门15日公布的文件 [EB/OL].[2020−07−15].https://www.xiaohongshu.com/discovery/item/5f0e6e77000000000101dd60

[58]谈谈新上的「苹果小程序」App Clips [EB/OL].[2020−09−29]. https://www.sohu.com/a/421691121_120715666

[59]支付宝最快种树攻略 [EB/OL].[2019−01−02].https://zhuanlan.zhihu.com/p/103116840

[60]蚂蚁CEO胡晓明：5.5亿人支付宝种树 4年种出2.5个新加坡[EB/OL].[2020−09−24]. https://finance.sina.com.cn/money/bond/2020−09−24/doc−iivhvpwy8522661.shtml

[61]格力全品类家电等亮相董明珠直播间，洛阳直播销售额达101.2亿元[EB/OL]. [2020−08−02]. https://www.sohu.com/a/411026825_250147？_f=index_pagefocus_3&_trans_=000014_bdss_dk5gfh

[62]樊登读书理念[EB/OL]. [2018−11−28]. https://www.jianshu.com/p/2f20f25646bf？utm_campaign=maleskine&utm_content=note&utm_medium=seo_notes&utm_source=recommendation

[63]从拉人到卖菜，滴滴能否拎住这个千亿菜篮子 [EB/OL]. [2020-10-13]. https://view.inews.qq.com/a/20201013A01W9E00

[64]蚂蚁链，比阿里云还盛大的一场冒险 | 甲子光年 [EB/OL]. [2020-07-24].https://www.sohu.com/a/409420573_100016644? _f=index_pagefocus_6&_trans_=000014_bdss_dklzxbpcgP3p:CP=

2.报告

[1]金融界. IDC公布上半年中国高端手机市场份额：华为苹果占比达88.1% [R/OL].[2020-10-19]. https://baijiahao.baidu.com/s？id=1680985731815506804&wfr=spider&for=pc

[2]每日经济新闻. 农行：数字货币在央行统一安排下有序进行[R/OL].[2020-04-16]. http://finance.ce.cn/bank12/scroll/202004/16/t20200416_34697219.shtml

[3]中国新闻网. 美团王兴：需求侧数字化基本完成 供给侧数字化刚刚开始[R/OL].[2018-11-09]. https://baijiahao.baidu.com/s？id=161663646454 9152942&wfr=spider&for=pc

[4]每日经济新闻. 世界首富也撑不住了！Zara母公司拟全球关店1200家，准备64 000平米直播室转型"带货" [R/OL].[2020-06-13]. https://www.sohu.com/a/401526099_115362？_trans_=000014_bdss_dkwhfy

[5]凡客败局：十年走出了一条发人深思的曲线 [R/OL].[2018-03-09]. https://www.sohu.com/a/225176296_467215

[6]钉钉商业生态系统及经济社会价值报告[R/OL].[2019-08-27]. https://wenku.baidu.com/view/ab4c698df4335a8102d276a20029bd64793e621f.html

[7]殷耀.林超.于嘉. "倒奶"风波背后：乳企利润大涨 奶农受累又担风险[R/OL].《瞭望》新闻周刊.[2015-05-10]. http://news.xmnn.cn/a/kdgd/201505/t20150510_4466054.htm

[8]国务院关于促进信息消费扩大内需的若干意见[R/OL]. [2013-08-14]. http://www.gov.cn/zwgk/2013-08/14/content_2466856.htm

[9]中共中央、国务院关于构建更加完善的要素市场化配置体制机制的意见[R/OL]. [2020-03-10].http://www.mofcom.gov.cn/article/b/g/202005/20200502967296.shtml

[10]2018年政府工作报告[R/OL]. [2018-03-05].http://www.mod.gov.cn/topnews/2018-03/05/content_4805962.htm

3.报纸中析出的文献

[1]李伟. 新时代中国经济高质量发展有六大内涵.人民日报海外版.[N/OL]. [2018-01-22]. https://www.docin.com/p-2080887879.html

[2]京东宣布入局"智能养猪"每年可降低行业成本500亿元.证券时报.[N/OL].[2018-11-20]. https://baijiahao.baidu.com/s? id=1617633764604883453&wfr=spider&for=pc

[3]目击一场5G远程手术遍地开花的5G医疗究竟改变了什么. 经济观察报.[N/OL].[2019-10-26]. https://xueqiu.com/3502728586/134658868

[4]刘勇.社区团购为啥又火了?"团长"佣金返点最高3成!还有额外奖励.经济导报.[N/OL].[2020-09-30]. https://dy.163.com/article/FNO4LQNU05506TTE.html

[5]科技战疫2020中国十大社会经济类数字化转型成功案例.人民日报.[N/OL].[2020-05-29].http://ip.people.com.cn/n1/2020/0529/c136655-31728749.html

[6]吕梦琦.王晓磊.新动力描绘"十三五"新蓝图.新华网. [N/OL].[2015-10-04].http://www.xinhuanet.com/politics/2015-10/04/c_1116739529.htm

4.期刊中析出的文献

[1]中本聪.比特币白皮书:一种点对点的电子现金系统.[J/OL].2008.10.31 https://wenku.baidu.com/view/f26c8d916bec0975f465e236.html

5.公开演讲、采访

[1]胡臣杰. 从信息化到数字化.2019中国数字企业峰会[Z]. 2019.07.05

[2]马云. 2016杭州·云栖大会[Z]. 2016.10.13

[3]马云.2015贵阳国际大数据产业博览会暨全球大数据时代贵阳峰会[Z]. 2015.05.26

[4]吴小莉. 对话马云：世界因小而美（4）[Z]. 2013.11.19

[5]蒋展.O2O、自媒体、网红们的估值逻辑是什么？[Z]. 2017.12.06

6.普通图书

[1]罗珉. 德鲁克管理思想解读[M]. 北京: 机械工业出版社.2009

[2]华红兵. 移动营销管理（第3版）[M].北京：清华大学出版社. 2020.01

[3]曾鸣. 智能商业[M].中信出版集团. 2018.11

[4]黎万强. 参与感：小米口碑营销内部手册[M]. 中信出版集团. 2014.08

[5]吴晓波. 大败局[M]. 浙江人民出版社. 2001.01

[6]马尔科姆·格拉德威尔.异类[M]. 中信出版社. 2009.06

[7]魏源.海国图志·筹海篇四[M].岳麓书社.2011.02.01

[8]亚当·斯密.国民财富的性质和原因的研究[M].1776

[9]菲利普·科特勒、凯文·莱恩·凯勒.卢泰宏. 营销管理（第13版）[M]. 中国人民大学出版社. 2009.04

7.汇编

[1]王进. 从洪门谈"公司"一词的来历. [G/OL]. http://www.hmyzg. com/5-hwhqyhm/hwhqyhm-tw/080101-hmygs.htm

名家推荐

（按姓氏拼音排序）

在数字化时代，数字科技、数字产业、数字金融共同构建成数字经济三要素，数据将成为未来国家和企业的核心资产，作为价值来源的用户也将逐步享受数据带来的价值，实现以数据为核心的多方共赢。

《数字化引擎》同时关注到数据的价值与用户的利益，并用生动的语言与翔实的案例给读者讲清了数字化，是一个很好的数字化世界入口。

陈晓华

中国移动通信联合会区块链专业委员会主任委员兼首席数字经济学家

当今，国家大力发展数字经济，加快数字化发展；企业面临着数字化转型；个人即将进入数字化生存。数字化必将成为未来发展的主流趋势，如何面对、迎接数字化时代？答案尽在《数字化引擎》中。

陈意斌

福建省区块链协会会长，熵链科技创始人

《数字化引擎》从一线数字化实战者的视角出发，由点及面地讲述了企业数字化转型的基本内容、必要性以及转型方向，既有理论支持也有实践方法。所有希望了解数字化并从中获益的企业家、先驱者读罢，想必都能对数字化有更深一层的认知。

储德群

山西美特好连锁超市股份有限公司创始人、董事长

近年来，数字化的价值已经通过互联网公司表现出来，并被全民了解。就经济发展规律而言，未来所有的商业元素必然朝着全面数字化的方向发展。对于企业家、创业者，了解如何发挥数字化在企业中的作用尤为重要。

《数字化引擎》通过数字经济对产业、企业及个体发展带来的各方面变

化，讲述了企业数字化的优势及解决方案，将助力企业抓住时代机遇，享受数字化红利。

邓永凯

零时科技创始人

全面数字化的浪潮呼啸而来，这本书可作为你进入"新世界"的随身手册。

方军

火币大学顾问合伙人，著有《小岛区块链》《平台时代》等

数字化的进程已经势不可挡，自比特币以来的区块链技术和加密数字资产的应用，更是在大幅加快这个进程。这样的发展会为我们社会的各个方面带来本质上的改变。不论是对于国家、机构，还是对于个人，尽早了解这个趋势并采取相应的决策，都会决定其未来几十年的发展。因此，《数字化引擎》这本书可以说是正当其时。

谷燕西

美国力询咨询公司创始人

作为社会和企业发展的新动能，大数据、人工智能、云计算、区块链等技术正改变着企业发展的运营模式和管理模式，传统企业数字化转型、智能化发展蓄势待发。《数字化引擎》逐一解读如何推动业务实现高质量发展，以"数字化引擎"为企业的未来提供原动力。

郝汉

深圳前海智慧版权创新发展研究院院长

时至今日，无数的企业都在承受销售下滑的压力，许多人都在感叹：做了多年的生意，现在突然发现自己不会做生意了。原因何在？是消费者变了！如何改变的？数字化！

数字化时代已经来临，未来的一切都将基于数字化。要不要数字化，这已经不是一个工具问题或者战术问题，而是一个生死问题，是战略问题！那么，如何才能数字化？这就是这本书要讨论的内容。

这本书的三位作者都是年轻人，但都跑在了数字化的最前沿，既是观察者和研究者，也是实操者和成功者；有理论，也有创意和技巧；有对趋势的把握，也有对消费者的洞察，还有对各类企业的熟悉。这本书他们酝酿了一年，但是却用分布式的思维和方法，在短短的21个小时里成书，的确令人惊叹。

因此，我觉得凡是不想被时代抛弃的人和希望抢食"头啖汤"的人，都可以读一读，相信必有收获。

花涛

深圳市零售协会会长兼深圳市智慧零售协会执行会长

宏观大势对企业经营影响重大，顺势而为成为企业发展的必要选择。本书说的就是当时代大势向数字化偏转之际，身处潮流中的我们如何找到正确的方向与方法，给企业和自己赋能。

如何突破？求之于数字化，求之于《数字化引擎》。

黄华坤

深圳市左右家私有限公司创始人、董事长

数字化似乎人人都在提，看似简单，内里却大有门道。许多想了解数字化、想将数字化运用在企业日常管理中的企业决策者，都没有抓住其中关键。《数字化引擎》一书从思维、组织、供应链、营销、传播、资产等各个方面全方位地讲解了何为数字化，为每一个想分享数字化红利的人打开了方便之门。

黄培钊

深圳市芭田生态工程股份有限公司创始人、董事长

未来商业的竞争将围绕数据展开，谁能掌握更多、更核心的数据，谁就能先人一步。但对于许多传统企业而言，如何积累用户数据，走上数字化道路，是现阶段的燃眉之急。从《数字化引擎》读起，逐渐深入找到适合的数字化升级路线，是希望转型的企业决策者的一个好选择。

李挥

北京大学信息工程学院教授，深圳市信息论与网络体系重点实验室主任

数字化是人类从物质社会转向信息社会的第一个历史进程，在计算机革

命和互联网革命创造经济奇迹之后，我们正步入密码革命时代。本书走在了数字化前沿，寻找数字经济中推动商业模式革新的动力源泉，视角宽广，内容丰富，深入浅出，富有启发性。

刘昌用

知密大学发起人

数字化不是单点式的战术运用，而是要从整体视角上开展企业战略级系统性部署，需要思维、营销、产品、传播等各部分紧密联动，协调一致。《数字化引擎》以生动的方式揭示了从战略高度上如何完成这一部署，推动企业的新时代转型。

卢柏强

深圳诺普信农化股份有限公司创始人、董事长

医疗、教育、交通……数字化逐渐从各领域改变世界，人类将真正生活在戈尔的"数字地球"上。单就个体生命而言，数字化便是一个赋权的过程；就企业而言，数字化发展才能做到先声夺人；就未来而言，数字化是人类逆熵前行的力量来源。《数字化引擎》为企业提供了新时代转型落地的系统性指南，我们将由此建构数字化思维，变革认知，拥抱未来！

罗金海

量子学派创始人

随着人工智能、区块链、云计算、大数据以及5G等新一代信息技术的扑面而来，人类社会仿佛一夜间被推到了一个新时代：数字经济时代或数据生产力时代。

新时代下，增量的数字产业化和存量的产业数字化，无疑是数字化红利下的重要风口。同时，它们作为新时代的"黄金"与"石油"，其数据价值将更为凸显。与互联网创业企业天生就带有数据资产不同，传统企业在数字化转型及商业价值重构中，如何形成、积累和运营好自己的数据资产，已是重估企业核心竞争力的主要判断依据。毕竟，在这场正在进行的从物理世界向数字世界的大迁徙中，在这个数据成为生产资料，边际成本趋零的数字经济体系里，长出一个个万亿美元市值的"独角兽"将会是一种常态。

红利诱人，那么，我们如何穿越横亘在物理世界与数字世界间的这条大河呢？龙典等三位青年才俊所著的《数字化引擎》就是指引人们和企业化河为路，给人以更好思维，给企业以更好未来，给现实以更好虚拟的一本好书。难能可贵的是，本书可能是出版史上第一部用数字化思维策划和创作的作品，其后续影响和"生命"更延展到了新数字研究机构和相关社群组织中。同时，作者力邀更多的专家、学者加入其中，共同推动企业的数字化转型升级，善莫大焉！

马方业

资深金融证券媒体人，《证券日报》社副总编

随着互联网的持续发展，熬夜、睡眠差等健康问题变成常态，科技在发展，身体在倒退，因此，数字化倍轻松应运而生。

便携式设备让人们能在碎片化时间享受轻松的同时，通过物联网、区块链等数字化技术，用数据的方式发现自身的健康状况，同时，倍轻松通过对健康数据的应用，提醒和激励使用者养成更好的健康习惯。我们希望用数字化技术打造以用户为中心的健康激励体系，用共创、共赢、共享的理念让用户一起分享倍轻松的发展红利。

相信随着《数字化引擎》一书的出版，越来越多的传统企业将会加入数字化升级的阵营，并打造属于自己的数字化引擎。

马赫廷

倍轻松董事长

全社会的数字化转型就像是电影《头号玩家》中的虚拟现实，不同的是，这一切即将成为真正的现实。个人、组织参与其中的底层逻辑和实践方向在本书中被一一阐明，更为绝妙的是，本书作为出版行业的数字化案例，其创作、发行乃至信息传递的方式都有着开创性的举措。

马文亚

知名对冲基金创始人

未来商业的竞争将围绕数据展开，但是不论是数据资源还是数据工具，目前基本都掌握在大型平台公司手里。中小企业如何积累用户数据，走上数字化

道路，目前还是一个全新课题。从《数字化引擎》读起，逐渐深入找到适合的数字化升级路线，是希望转型的企业决策者的一个好选择。

冉学东
金融专家

海棠未雨，梨花先雪。事物如期而至，不是因为我们注意到它，而是数字时代即如此。并且，它对金融的改变来势迅猛，超乎想象。金融业务流程线上化，大规模协同成为主流。与之对应地，实物资产也开始向数字资产转变，相比于实物资产的积累速度，数字资产的增加速度是几何级的，数字资产将成为未来的主流资产。

临渊羡鱼，不如退而结网——关注用户数据、价值的资产化，了解数字资产的多种形态，在数字资产领域提早布局。对此，《数字化引擎》这本书是个不错的指引。

任洪文
启迪金科总经理

还有什么比参与数字化更为贴近数字化的呢？本书就是一次以数字化的方式出版书籍的创新实践。而对读者而言，这可能是你第一次从多个维度审视一本书的一次体验，或者说是一张进入未来的"入场券"。

汤敏
友成企业家扶贫基金会常务副理事长

以往中心化公司机构的核心价值是节约信息成本，当信息传播成本极低，可以忽略不计时，世界将发生翻天覆地的变化，点对点协作时代即将来临。《数字化引擎》结合目前发生的案例，生动阐明了数字化的含义和未来的选择路径，值得思考学习。

王彬生
中国社科院研究生院金融专业特聘导师

数字化技术的发展已经为医疗领域带来许多创新，未来要推动数字化医疗产业化，我们需要更进一步地了解、跟踪研究数字化发展，密切跟进、推动数字化落地。《数字化引擎》立足于传统企业数字化转型升级，给读者提供简单易懂的介绍，将成为数字化医疗产业化的一大助力。

王晓泸

深圳阳光医院投资集团创始人、董事长

在中国新基建大幕开启的历史节点，全社会对数字化的关注带来了一种信息传递的难度，即许多信息在恰当的知识密度与应用场景的阐述之间失衡，使得读者往往产生一种不明觉厉又无从下手的感觉。本书的三位作者用自己的实践和经历，给出了一个罕见的、向上的朴实角度，这源于他们服务企业的咨询工作和自身的创业经历。本书将成为企业数字化转型及战略升级类书籍中难得的独特样本。

吴幽

镜湖资本创始人

"能看懂葫芦娃，就能理解数字化"，我是被书中这句略带萌感的话吸引的。浏览其间，这本书让数字化变得平易近人且有理有据，从国家大计到百姓日常，无比融洽。而书中所说的那些基于数字化基础设施可能带来的生产关系的变革，也体现了相当一部分应用层面的先进性，值得一读。

徐井宏

前清华控股董事长，中关村龙门投资董事长

创意创新是推动人类社会可持续发展的动力源泉。创意经济×数字经济，将开启一个全新的时代。"数字经济创意化、创意内容版权化、版权资产数字化、数字贸易全球化"是未来全球经济的底层逻辑。让我们一起阅读《数字化引擎》，建立数字化思维，迎接数字化时代！

宣宏量

版权链全国运营中心主任

随着数字经济的深入发展，对数据的获取、分析与使用成为传统企业分享新经济时代红利的重要策略，集消费者、管理者、投资者于一体的区块链共票（coken）机制将成为未来组织生产与利益分配的普遍形式，这对传统企业的组织治理与产销模式提出了新的挑战。

《数字化引擎》从实际案例出发，对数字化思维、组织、渠道、营销、资产等领域层层解析，为亟需转型的企业决策者提供了理论指导与落地思路，深入浅出，予以推荐。

杨东

中国人民大学区块链研究院执行院长，长江学者

2009年，应战略经营所需，百果园推出了战略承诺"不好吃三无退货"，即"不好吃，无实物、无小票、无理由退货"。2015年，百果园整个IT系统全面升级，对三无退货进行了全面数据化，精准管理，上线了"线上瞬间退款，退多少，你决定"的数据化管理功能。这是一场试验，一场耗时10年，由2万（门店）员工和近20个省76个从一线到六线城市近10亿次顾客共同参与的"国民诚信度试验"。这是中国历史上前所未有的，也是全世界闻所未闻的！这是首次将诚信这一感性认识，借助大数据上升为理性、科学的结论，这个结论就是：中国人，是值得信赖的！

数字化是大势所趋，将会影响每一个人的生活，通过数据的方式可以让商业更诚信，让生活更美好。相信，龙典等青年才俊所著《数字化引擎》的出版，定能助力千万中国企业加速经营与管理的数字化升级，全面提升企业的核心竞争力，更好地服务社会，造福人民。

余惠勇

深圳百果园实业发展有限公司董事长

在产业上链、万物互联的时代，数据已经成为最关键的生产要素，数字化成为驱动商业进步的核心力量，其影响已经辐射到社会生活的方方面面，既给各个行业的从业者带来了新的机会，也带来了严峻挑战和巨大压力。如何驾驭数字化力量？关键在于重塑数字化思维，而《数字化引擎》想把数字化的底层逻辑一次性地告诉所有读者，因此，我向大家推荐这本好书。

于佳宁

中国通信工业协会区块链专委会轮值主席，火币大学校长

数字化升级是引领数字经济和商业变革的重要驱动力，《数字化引擎》是一本可以系统了解数字化和企业数字化实战案例的指南书，值得所有想要在"数字化升级"这门时代必修课中取得好成绩的企业和个人读一读。

数字人才是实现数字化宏图的第一资源，《数字化引擎》从八大领域构筑数字化全景图，凝聚三位作者在市场一线的实操经验和前沿洞察，极具可读性，可帮助每一位数字人才更好地理解这个前沿领域最新的理念和趋势。

张晓媛

链人国际创始人，区块链产业人才研究所负责人

数字化对商业模式变革和经营管理创新带来了巨大冲击。很多人把数字化看成一系列独立的信息化项目，比如上线一个电子商务网站、微信小程序或机器人客服，但其实对管理者来说，更重要的工作是考虑在数字化时代如何更好地为用户创造价值，是思考数字化技术如何改变企业的商业模式、产品服务、业务流程和用户运营。

正如《数字化引擎》这本书中所言，如何运用数字化思维促进管理创新、提升运营效率，才是管理者需要重点审视的事情。

张永军

创业的北京大学教授，未来博雅集团董事长

数字化正在变成我们的未来，我们的工作、生活无处不在感受着它的魅力。无论是对于产业、企业还是个人来说，数字化都蕴含着无穷的机遇。

《数字化引擎》是基于数字化思维的"新物种"，是一本"活着"的书，这本书从思维、组织、创新、供应链、营销、资产等方方面面，系统、生动地展望数字化对商业未来的影响，带您超越未见，脑洞大开，拥抱未来。一起加入这场"未来之旅"吧！

赵一丹

火讯财经联合创始人兼媒体事业部总经理，资深财经媒体人

数字经济新时代已经到来，数据成为最重要的生产要素，数字产业化与产业数字化是未来经济社会发展的主基调，新的时代迫切需要与工业经济时代完全不同的数字新思维，创建数字新组织，产生数字新商业模式，形成数字新资产。希望在这个伟大的新时代，我们能够抢抓战略新机遇，早日实现中华民族的伟大复兴！

赵永新

全国优秀创新创业导师、资深金融科技专家、亚洲区块链产业研究院副院长

在逐步深化的线上化、社交化、数据化生活和工作中，数据被全程沉淀与利用成为常态，越来越多的企业开始用数据驱动决策，并且希望进一步理解如何用数据改造商业模式、业务结构，比如营销、供应链、组织形态……本书对此做出了清晰的、结构性的介绍，是推动数字化的极佳指导书籍。

周宏骐

数字化新商业转型专家，新加坡国立大学商学院兼任教授

数据资源向资产化的演进路径，就是经济数字化腾飞的新引擎！2021年，作为数据要素发展的第一个年头，大家对于数据要素的认识已经从大数据资源的聚集向数据资源的反垄断不断演进、提升，如何推动数据要素的合规安全运行已经成为社会热门话题，也是专家学者们急需解决的问题。

相信《数字化引擎》一定能启发善读者思考，帮助从业者实践，辅助企业家决策。

朱江

火讯琅琊榜第四期阁主